100

寻找乡村印迹
学习党史故事
—— 100个乡村中的党史故事

文化和旅游部资源开发司 ◎ 主编

中国旅游出版社

责任编辑：赵　芳
责任印制：冯冬青
封面设计：中文天地

图书在版编目（CIP）数据

寻找乡村印迹　学习党史故事：100个乡村中的党史故事/文化和旅游部资源开发司主编．－－北京：中国旅游出版社，2023.5

ISBN 978-7-5032-6806-9

Ⅰ.①寻…　Ⅱ.①文…　Ⅲ.①中国共产党—农村—基层组织—党史—通俗读物　Ⅳ.① D267.2-49

中国国家版本馆CIP数据核字（2023）第067583号

书　　名：	寻找乡村印迹　学习党史故事——100个乡村中的党史故事
作　　者：	文化和旅游部资源开发司　主编
出版发行：	中国旅游出版社
	（北京静安东里6号　邮编：100028）
	http://www.cttp.net.cn　E-mail: cttp@mct.gov.cn
	营销中心电话：010-57377103，010-57377106
	读者服务部电话：010-57377107
排　　版：	北京中文天地文化艺术有限公司
印　　刷：	北京工商事务印刷有限公司
版　　次：	2023年5月第1版　2023年5月第1次印刷
开　　本：	787毫米×1092毫米　1/32
印　　张：	13
字　　数：	270千
定　　价：	68.00元
ISBN	978-7-5032-6806-9

版权所有　翻印必究
如发现质量问题，请直接与营销中心联系调换

前言

为贯彻落实党中央《关于在全党开展党史学习教育的通知》精神，引导干部群众把党的历史学习好、总结好、传承好、发扬好，挖掘发生在乡村中的党史故事，彰显乡村地区在中国共产党发展历程中的重要地位，助力乡村振兴，文化和旅游部于近日推出《寻找乡村印迹　学习党史故事——100个乡村中的党史故事》。

本书以党的百年历史为基本线索，选录新民主主义革命时期、社会主义革命和建设时期、改革开放和社会主义现代化建设新时期、中国特色社会主义新时代四个历史时期发生在乡村地区的代表性党史故事，内容涵盖建党伟业、抗日战争、红军长征、解放战争、土地改革、三大改造、农业农村改革、市场经济建设、生态文明建设、脱贫攻坚等，故事主人公既有国家领袖，也有工人农民，既有著名将领，也有无名英雄，通过一个个平凡感人的小故事，以小见大，反映我党百年奋斗光辉历程，体现乡村地区和乡村群众在这段历史中的重要地位。每篇故事后均附有相关乡村的现状介绍，通过挖掘并宣传党史故事，展现乡村发展成效，为广大干部群众开展党史学习教育提供更多学习素材及实践选择，助力乡村振兴。

目录

01 ▎重品行　做表率　　　　　　　　　　　　　　　　　　　/1
——北京市房山区韩村河村党委"廉洁自律九条规矩"背后的故事

02 ▎红歌唱响中国　党旗飘扬百年　　　　　　　　　　　　　/6
——北京市房山区霞云岭乡堂上村诞生真理之歌的故事

03 ▎英雄母亲，当代佘太君　　　　　　　　　　　　　　　　/10
——北京市密云区石城镇张家坟村英雄母亲的故事

04 ▎一个作风很好的合作社　　　　　　　　　　　　　　　　/14
——天津市津南区迎新农业合作社助力乡村振兴的故事

05 ▎中国农村的第一面党旗在这里高高飘扬　　　　　　　　　/19
——河北省衡水市安平县台城村"台城特支"的故事

06 ▎了解百团大战　铭记革命历史　　　　　　　　　　　　　/24
——河北省石家庄市井陉县洪河漕村的抗日故事

07 ▎太行山深处的骆驼湾成为幸福湾　　　　　　　　　　　　/28
——河北省保定市阜平县骆驼湾村脱贫致富的故事

08 ▎弘扬西柏坡精神　谱写赶考新篇章　　　　　　　　　　　/32
——河北省石家庄市平山县西柏坡村传承革命精神的故事

09 ▎告别田赋鼎　见证全面取消农业税　　　　　　　　　　　/36
——河北省石家庄市青廉村农民自制"告别田赋鼎"的故事

10 ▎太行山上的丰碑　　　　　　　　　　　　　　　　　　　/40
——山西省长治市西沟村李顺达倡议开展爱国丰产竞赛运动的故事

11 | 因地制宜建工厂，后勤生产有保障 /44
——山西省长治市黎城县黄崖洞兵工厂的建设故事

12 | 撸起袖子加油干　特色发展迎改变 /48
——山西省忻州市岢岚县宋家沟乡宋家沟村的蝶变故事

13 | 坚持党的领导　共创民族团结佳话 /52
——内蒙古自治区乌兰察布市四子王旗脑木更苏木"三千孤儿入内蒙"的故事

14 | 扎根草原　全心全意为农牧民服务 /56
——内蒙古自治区乌兰牧骑的故事

15 | 发扬白老虎精神　建设过得硬连队 /60
——辽宁省锦州市古塔区士英街道白老户村英雄白老虎连的故事

16 | 发扬"干"字精神　牢记初心使命 /64
——辽宁省凤城市大梨树村"干"字的故事

17 | 抗联精神　薪火相传 /68
——吉林省通化市通化县老岭村杨靖宇奇袭老岭隧道的故事

18 | 冰天雪地议戎机　一锤定音挽危局 /72
——吉林省白山市七道江村七道江会议的故事

19 | 七十年　三代人　一座精神丰碑 /77
——黑龙江省佳木斯市新中国第一个集体农庄星火村的故事

20 | 从"北大荒"到"北大仓" /83
——黑龙江鸡西856农场"北大荒"人屯垦开荒的励志故事

21 | 衣冠承忠骨，牡丹祭英魂 /87
——上海市宝山区罗店镇天平村野战医院的故事

22 | 用生命诠释英雄气概 /91
——江苏省淮安市淮阴区刘老庄村"八十二烈士"的故事

23 | 建成新海军　扬帆新征程 /95
——江苏省泰州市高港区白马庙人民海军诞生地的故事

| 24 | 人民就是江山 | /98 |

——江苏省徐州市泉山区淮海战役纪念馆支前的故事

| 25 | 铭刻望道记忆，传承信仰力量 | /102 |

——浙江省金华市义乌市分水塘村中信仰的故事

| 26 | 点燃燎原火种，传承"虎将"精神 | /106 |

——浙江省杭州市萧山区衙前镇凤凰村的农民运动故事

| 27 | "两山"实践背景下的余村变迁 | /110 |

——浙江省湖州市安吉县余村的蝶变故事

| 28 | 革命岁月里的军民鱼水深情 | /114 |

——安徽省安庆市水畈村"红军洞"的故事

| 29 | 风起的地方 | /118 |

——安徽省凤阳县小岗村"红手印"的故事

| 30 | 群英会师朱氏祠 | /121 |

——安徽省金寨县斑竹园镇"立夏节起义"的故事

| 31 | 没有调查就没有发言权 | /125 |

——福建省龙岩市上杭县才溪乡的调查故事

| 32 | 念好"山上戴帽　山下开发"致富经 | /129 |

——福建省厦门市同安区军营村柿子林的故事

| 33 | 古田会议永放光芒 | /134 |

——福建省龙岩市上杭县古田镇古田会议的故事

| 34 | "三进下党"开启乡村振兴新征程 | /138 |

——福建省宁德市寿宁县下党村"三进下党"的扶贫故事

| 35 | "将军农民"甘祖昌 | /143 |

——江西省萍乡市莲花县坊楼镇沿背村甘祖昌将军的故事

| 36 | 支部建在连上 | /148 |

——江西省吉安市三湾村三湾改编的故事

37 ▎中国第一个全国性的工农民主政权 /151
——江西省赣州市叶坪村"中国第一个全国性的工农民主政权"的故事

38 ▎朱德的"赣南三整" /156
——江西省赣州市安远县、大余县、崇义县朱德"赣南三整"的故事

39 ▎第一面军旗的诞生 /162
——江西省九江市修水县义宁镇第一面军旗诞生的故事

40 ▎坚持真理宣言　播撒革命火种 /165
——山东省东营市刘集后村一本《共产党宣言》的传奇故事

41 ▎一笔珍藏 40 年的党费 /169
——山东省滨州市刘家邢王村"512 枚铜圆党费"的传奇故事

42 ▎奋斗路正长，行者方致远 /173
——山东省济南市三涧溪村脱贫致富的故事

43 ▎忠心向党　大爱无疆 /178
——山东省临沂市桃棵子村、东辛庄村和威海市田家村"沂蒙精神"的故事

44 ▎赤诚报国　书写抗日传奇 /183
——山东省枣庄市沙沟西村铁道游击队的传奇故事

45 ▎干群齐心同奋斗，沙丘变良田 /186
——河南省开封市兰考县张庄村焦裕禄带领群众防治风沙的故事

46 ▎除险修渠任羊成，舍己忘我筑忠诚 /189
——河南省安阳市林州市任村镇古城村红旗渠除险英雄任羊成的故事

47 ▎奉献为人民　携手奔小康 /192
——河南省新乡市新乡县七里营镇刘庄村老书记史来贺的故事

48 ▎幸福大塆美丽蜕变，绿水青山红色记忆 /195
——河南省信阳市新县田铺乡田铺大塆依托红绿资源发展乡村旅游的故事

49 ▎巾帼英雄，热血永存 /199
——湖北省麻城市乘马岗镇红星社区一把生锈钥匙的故事

50 ┃ 忠堡大捷彪炳千秋 /203
——湖北省恩施土家族苗族自治州咸丰县高笋塘村忠堡大捷的故事

51 ┃ 守护忠魂 永葆初心 /207
——湖北省黄冈市红安七里坪镇熊家咀村老党员姜能山义务守护烈士墓的故事

52 ┃ 无字家书背后的红色爱情 /211
——湖南省湘阴县金龙镇燎原村陈毅安无字家书的故事

53 ┃ 努力革命,永不叛党 /216
——湖南省韶山市韶山村"韶山五杰"的故事

54 ┃ 革命初期 红旗飘扬 /220
——湘赣边界第一个县级红色政权茶陵县工农兵政府的故事

55 ┃ 半条被子,温暖初心 /224
——湖南省郴州市汝城县沙洲瑶族村"半条被子"的故事

56 ┃ 断肠明志 与世长存 /227
——湖南省永州市道县石马神村陈树湘断肠明志的故事

57 ┃ 铁血铸丰碑 革命存火种 /230
——广东省梅州市汇东村三河坝战役的故事

58 ┃ 点燃革命烽火 信仰力量不息 /233
——广东省汕尾市海丰县海珠社区中国农民革命运动先驱的故事

59 ┃ 红色印记 精神传承 /237
——广西壮族自治区河池市河池镇红军标语楼的故事

60 ┃ 支部勇于担当 党员引领示范 /241
——广西河池市巴马坡纳屯抓党建促旅游脱贫的故事

61 ┃ 时代楷模 感动中国 /245
——广西百色市乐业县百坭村挂职第一书记黄文秀的扶贫故事

62 ┃ 创新基层民主建设 深化村民自治实践 /249
——广西宜州合寨村"中国村民自治第一村"的故事

63 | 二十三年红旗不倒　琼崖人民的一面旗帜　　　　　　　　　　／254
　　——海南省海口市琼山区云龙镇长泰村冯白驹将军的故事

64 | 战天斗地谱新篇　贫穷山村创奇迹　　　　　　　　　　　／257
　　——海南省儋州市那大镇石屋村"农业学大寨"的故事

65 | 驰骋琼崖　英名永流传　　　　　　　　　　　　　　　　／260
　　——海南省琼海市阳江镇岭下村"红色娘子军"战士王运梅的故事

66 | 坚定跟党走　迈向新生活　　　　　　　　　　　　　　　／264
　　——海南省琼中黎族苗族自治县番响村黎族苗族同胞主动寻找共产党的故事

67 | 打通绝壁天路　踏上幸福新程　　　　　　　　　　　　　／267
　　——重庆市巫山县竹贤乡下庄村"下庄天路"的故事

68 | 彝汉结盟一家亲　团结光辉映后世　　　　　　　　　　　／271
　　——四川省凉山州冕宁县彝海村"彝海结盟"的故事

69 | "有手有脚有条命，天大的困难能战胜"　　　　　　　　　／275
　　——四川省广元市青川县枣树村"两幅标语"的故事

70 | 重温红色瞬间，铭记长征精神　　　　　　　　　　　　　／279
　　——贵州省遵义市苟坝村苟坝会议的故事

71 | 铸大国重器，开向星辰大海　　　　　　　　　　　　　　／283
　　——贵州省平塘县时代楷模天眼巨匠南仁东的故事

72 | 会议审时势，决策明方向　　　　　　　　　　　　　　　／287
　　——贵州省六盘水市盘州市双凤镇长征路上的红二、红六军团盘县会议

73 | 昔日贫困村，今朝大变样　　　　　　　　　　　　　　　／291
　　——贵州省毕节市化屋村的脱贫故事

74 | 不忘初心　坚守如一　　　　　　　　　　　　　　　　　／295
　　——云南省保山市施甸县共产党人杨善洲的故事

75 | 彩旗飘扬迎红军　红旗直指金沙江　　　　　　　　　　　／299
　　——云南省丽江市红军长征的故事

76 | 光辉照雪域，红旗映党心 /303
——西藏自治区林芝市立定村"一面红旗"的故事

77 | 正气留千古　肝胆映河山 /307
——西藏自治区那曲市巴青县拉西镇勒玛唐村"草原英雄"的故事

78 | 农村党支部书记的楷模 /310
——陕西省铜川市印台区红土镇惠家沟村郭秀明的故事

79 | 传承先烈志，迈步新长征 /313
——汉中市宁强县烈金坝村"长征一家人"的故事

80 | 从群众中来　到群众中去 /317
——陕西省榆林市绥德县郝家桥村走群众路线的故事

81 | 革命战争胜利前夜 /321
——陕西省榆林市小河村小河会议的故事

82 | 从落后村到美丽旅游村的蜕变 /325
——陕西省延安市安塞区南沟村的故事

83 | 十二月的曙光 /329
——陕西省榆林市米脂县杨家沟的故事

84 | 学习提升文化水平　争做新时代文明新人 /333
——甘肃省酒泉市肃州区银达村毛主席光辉按语的故事

85 | 依靠红色遗迹打造精神高地 /337
——甘肃省平凉市继红村界石铺红军长征会师的故事

86 | 老院装载革命故事　村镇红绿发展喜开颜 /341
——甘肃省陇南市两当县老南街"张家大院"的故事

87 |《七律·长征》道征途 /346
——甘肃省定西市通渭县《七律·长征》毛主席诗篇发表的故事

88 | 信守承诺巧治沙　忍辱负重铸丰碑 /351
——甘肃省武威市古浪县土门镇八步沙"六老汉"的治沙故事

89 ▎易地扶贫搬迁　迎接幸福好日子　　　　　　　　　/355
——青海省海东市班彦村易地搬迁的故事

90 ▎驼铃响彻历史　脚步书写忠诚　　　　　　　　　　/359
——青海省海西州农垦莫河骆驼场的奉献故事

91 ▎高原赤子　用生命守护可可西里　　　　　　　　　/363
——青海省玉树藏族自治州治多县索加乡莫曲村索南达杰的故事

92 ▎情洒盐州的《王贵与李香香》　　　　　　　　　　/367
——宁夏回族自治区吴忠市盐池县《王贵与李香香》的创作故事

93 ▎厚植长征精神　走好新一代长征路　　　　　　　　/371
——宁夏回族自治区固原市西吉县将台堡会师圣地的故事

94 ▎闽宁携手筑新梦　　　　　　　　　　　　　　　　/375
——宁夏回族自治区银川市闽宁镇易地搬迁脱贫的故事

95 ▎库尔班大叔喜洋洋　　　　　　　　　　　　　　　/379
——新疆维吾尔自治区和田地区于田县托格日尕孜村库尔班·吐鲁木的故事

96 ▎双拥花开天山美　军民团结一家亲　　　　　　　　/383
——新疆维吾尔自治区阿克苏地区库车市伊西哈拉镇兰干村卡德尔·巴克老人和解放军鱼水情深的故事

97 ▎一棵小白杨　　　　　　　　　　　　　　　　　　/387
——新疆维吾尔自治区伊犁哈萨克自治州察布查尔县扎库齐牛录乡一棵小白杨的故事

98 ▎屯垦戍边的激情岁月　　　　　　　　　　　　　　/391
——新疆生产建设兵团第一师十二团"塔河五姑娘"的故事

99 ▎他的青春将永远芬芳　　　　　　　　　　　　　　/395
——新疆生产建设兵团第四师"中国薰衣草之父"的故事

100 ▎忠于祖国　献身兵团　　　　　　　　　　　　　　/399
——新疆生产建设兵团第十师185团一面国旗和一座水坝的故事

01 重品行　做表率
——北京市房山区韩村河村党委"廉洁自律九条规矩"背后的故事

2009年3月25日，时任中共政治局常委、国家副主席的习近平同志到北京房山区韩村河村视察。在该村社会主义新农村建设展览馆里，习近平对"韩村河党员干部多年来廉洁自律的九条规矩"十分感兴趣[1]，时任韩村河村党委书记的田雄向习近平一一解读这九条规矩。习近平同志十分高兴，立刻让工作人员抄下这"九条规矩"，并在会上多次提及。习近平同志说："看到这'九条规矩'，就觉得老的作风还在弘扬，非常具体，非常有现实针对性，感觉是用心做的规定，做了就去兑现。说得实实在在，让我想起了红军制定'三大纪律八项注意'时那些具体规定。联系当前实际，求真务实很重要，我们改变作风就是要改变'假、大、空'，就是把身边的事、一点一滴的事做好，这就是实现远大理想的实际举措，这是一个共产党员的本色，一个领导干部的风范。"

（一）不能破坏干部队伍的作风

韩村河村的"廉洁自律九条规矩"，并不是写在纸上、挂在墙上的"风景"，而是扎根于以田雄、田广良为代表的韩村河党委班子成员心底不可动摇的行为准则，它随着韩村河事业的发展不断深

---

[1] 来源：《王晓方　高维海：做了就准备去兑现——韩村河党委"廉洁自律九条规矩"背后的故事》，2009年07期，《北京支部生活》期刊。

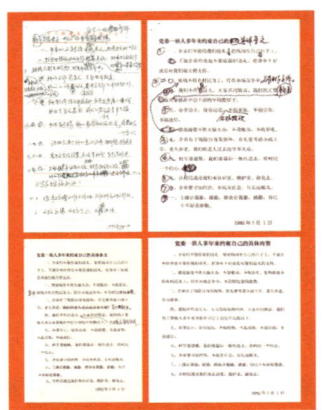

《廉洁自律九条规矩》手稿及修订稿

化,成为韩村河村"让群众通过我们来认识党、拥护党、跟党走"的重要法宝。

在韩村河村,谁家有事情发生,乡亲们都会出一份力,这既是风俗习惯,又是人情世故。1997年元旦,田雄26岁的儿子结婚时,很多村民都打算去随礼,因为田雄为村民做了很多事情。结婚当天,田雄家一点动静都没有,亲家在家里吃了顿团圆饭,没办婚宴,也不收份子。田雄说:"我给乡亲们随份子,那是表达亲情,理所应当。反过来,事情就变味儿了,有人会认为这是借机敛财。对于乡亲们来说,不随份子,面子过不去,又怕日后被穿小鞋;随份子吧,少了拿不出手,多了又不情愿,无形中增加了心理压力。我干脆不办,省得乡亲们破费,也免得坏了干部队伍的风气。"

(二)我们的企业只姓"公"不姓"私"

1999年,全国掀起企业产权改革、改制热潮,京郊很多建筑企业完成了改制。韩建集团由于一直忙于新村建设,改制工作一拖再拖。区里主管领导说:"不要拖全区的后腿,要尽快改制,或者直接变成私企。"有朋友劝韩村河党委一班人:"当年你们创业没拿村里一分钱,如今哥儿几个另起炉灶,自己给自己当老板,合情合理合法,何乐而不为?"

田雄说:"我们从几十人的建筑队,发展成拥有23个工程处、100多个项目部、5万多建筑工人的大企业,凭的是党的富民政策,靠的是集体这棵大树。我们的企业只姓'公'不姓'私',搞'私有化',丢掉的是人心,失望的是百姓。"

就在一些企业为财产分割与股份多少纠缠不清时,韩建集团已经在全公司开始了审计清查工作,集团与下属公司按照权责明确、产权清晰、收支明细的原则,完成了科学规范的现代企业制度转型。改制后的韩建集团,以4亿元资金的雄厚实力,成为当年北京市唯一一家获批国家特级资质的建筑企业。

(三)比第一批住楼的乡亲整整晚了6年

1992年年底,为了让百姓过上幸福生活,韩村河村党委一班人经过深思熟虑,决定启动新村改造工程,计划用10年时间让全村人住上别墅,并制定了优惠政策。一年后,首批18户村民住进了别墅,一些曾经持观望态度的群众急了,大家争着抢着要购楼。田雄认为,对于党员领导干部来说,早一天上楼是身体上的舒适,晚一天上楼是心灵上的安逸。但对普通群众来说,早一天、晚一天喜迁新居,心气儿大不相同。让群众信任,最有效的办法,就是用实际行动给村民信心。在村民代表大会上,田雄代表党委一班人向全体村民承诺:党委班子成员绝不提前上楼!田雄的话,掷地有声,

美丽乡村韩村河

给父老乡亲们吃了一个定心丸。1998年年底,田雄等韩村河党委班子主要成员最后一批搬进新房,比第一批住上新房的村民整整晚了6年。

韩村河村曾是一个贫穷村庄,改革开放以来,韩村河村党委通过"廉洁自律九条规矩",把党的好政策变成干部的好行动、致富的好路子、百姓的好生活、发展的好前景,每个村民都成为受益者、拥护者、实践者,获得感、幸福感、安全感不断增强,真正实现了"让群众通过我们的行动来认识党、拥护党、跟党走"的目标。

韩村河村党委在事业发展的每个阶段,都把"让父老乡亲生活得更美好"作为理想信念,内化为精神追求,外化为自觉行动,以实际行动"讲党性、重品行、做表率",塑造了党的形象,凝聚了民心,形成了强大的发展合力。在全党开展党史学习教育,以及党领导全国各族人民推进巩固拓展脱贫攻坚成果同乡村振兴有效衔接的重要历史时期,韩村河村党委"廉洁自律九条规矩"背后的故事,值得学习和借鉴。

韩村河村基本情况

韩村河村地处北京市房山区韩村河镇，全村总面积2.4平方公里。现有自然户1417户2970人，中共党员253人。

中华人民共和国成立前，韩村河村是一个典型的贫穷村，可供耕作的土地仅占全村总面积的三分之一，村民生活在"靠天吃饭"的状态下。改革开放以来，韩村河人在田雄和田广良两任党委书记的带领下，在"廉洁自律九条规矩"的指引下，坚持发展集体经济，走共同富裕道路，把村级建筑队发展成为韩建施工、韩建地产、韩建管业、韩建金融、韩建文旅等各项产业齐头并进的国家特级资质大型企业，把贫穷落后的韩村河发展成为生态型花园式美丽乡村。

02 红歌唱响中国　党旗飘扬百年
——北京市房山区霞云岭乡堂上村诞生真理之歌的故事

1943年，在抗日战争出现胜利曙光之际，蒋介石出版了《中国之命运》一书，书中声称"没有中国国民党，那就没有了中国"。这一说法引起了中国人民的极大愤慨。同年7月，新华社发表了《评〈中国之命运〉》等一系列文章，针锋相对地驳斥蒋介石的荒谬言论，指出"没有共产党就没有中国"。之后《解放日报》《晋察冀日报》分期连载，大众出版社、晋察冀出版社等出版了单行本和中英文小册子。1943年7月12日，毛泽东为《解放日报》撰写社论《质问国民党》，深刻揭露了国民党破坏抗战的行径，呼吁真正爱国的国民党人行动起来，制止内战危机，共同挽救民族危亡。围绕中国命运之争，《解放日报》《晋察冀日报》相继发表了专题文章和社论。

根据地军民和广大文艺工作者认真学习中共中央《评〈中国之命运〉》等重要文章，认清了国民党和蒋介石假抗日真反共的真实面目，这也为歌曲《没有共产党就没有（新）中国》的诞生奠定了思想基础。

1943年8月，晋察冀边区抗联委派群众剧社40余人，组成若干个小分队到平西房山和涞水县新解放区做宣传工作。10月，曹火星（原名曹峙）、赵珂、张学明等人到堂上村，他们吃住在中堂庙不远的茅草屋里，开会学习在中堂庙的东侧偏殿，一边搞减租减息，一边把党的抗日政策编成深受群众欢迎的文艺节目进行宣传，

光辉圣地

北京

红歌唱响中国 党旗飘扬百年
——北京市房山区霞云岭乡堂上村诞生真理之歌的故事

在中堂庙院里教群众唱歌、跳舞、打霸王鞭。他们利用"霸王鞭"的流行曲调填新词,一连创作了4首宣传党的抗日主张、批驳国民党消极抗日的歌曲。同时,意识到还需要一首能进一步说明共产党是中国人民的中流砥柱,只有共产党才能领导人民驱逐日本帝国主义,人民才能彻底翻身得到解放的词曲,这个创作任务由曹火星完成。

东偏殿里,坐南朝北的土炕上放着一张小木桌,曹火星点燃桌上煤油灯,把一只小板凳放到炕上坐下,专心致志地创作词曲。根据地军民对共产党的热爱和不怕牺牲、顽强抗日的精神激发了他的创作灵感,他在纸上写下一句真理性的话"没有共产党就没有中国",词曲题目定下后,歌词跃然纸上。他一鼓作气谱出曲子,写下bB调和2/4节拍,采用民歌曲调完成了谱曲,曲调谱好

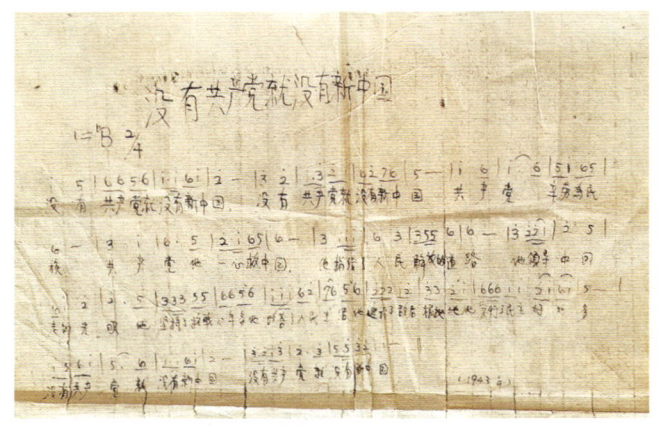

《没有共产党就没有新中国》手稿

时天已大亮。

后来,曹火星的词曲中有两处变动:一是抗日战争胜利后将六年改为八年;二是加了一个"新"字,即"没有共产党就没有新中国"。中共中央文献研究室主任逄先知在《毛泽东和他的秘书田家英》一文中回忆说,是毛泽东同志提出加个"新"字。1950年的一天,毛泽东听到女儿李讷唱这首歌,立即纠正说:"没有共产党的时候,中国早就有了,应当改为'没有共产党就没有新中国'。"2001年6月初,李讷对这一说法予以了肯定,说:"确有此事。"

《没有共产党就没有新中国》这首歌写出了老百姓的心里话,表达了中国亿万人民的心声。歌曲饱满热情、旋律激昂,很快唱遍了晋察冀,响彻长城内外、大江南北,鼓舞激励更多抗日志士参加革命,投身战场英勇杀敌。这首歌始终如旗帜、似号角,坚定着人民跟党走的信念。在抗日战争、解放战争、现代化建设、实现两个百年奋斗目标等重要时期,始终鼓舞和激励着中国人民在中国共产党的旗帜下奋勇前进。

《没有共产党就没有新中国》这首歌用最朴实的语言表达了一个最深刻的真理，即只有共产党才能领导中国人民推翻三座大山，翻身解放，当家做主。中国共产党不愧是伟大、光荣、正确的党！正如习近平总书记指出的，中国有了中国共产党执政，是中国、中国人民、中华民族的一大幸事。

堂上村基本情况

堂上村位于北京市房山区霞云岭乡，是《没有共产党就没有新中国》的词曲创作地。该村系大石河源头，村域面积2.5万多亩，平均海拔1000米以上，距天安门106公里。现有自然户437户1024人，中共党员74人。

堂上村耕地面积约670亩，主要种植核桃树、玉米、小米、土豆，主导产业为红色旅游。此外，该村还依托两委办公楼、展览路平房、中心片区闲置宅基地改造出租，停车场、大队食堂等服务外包等补充收益，积极改善人居环境，持续增加农民收入，目前人均可支配收入近2万元，村民的获得感、幸福感显著提高。

03 英雄母亲，当代佘太君
——北京市密云区石城镇张家坟村英雄母亲的故事

1891年出生在密云云蒙山深处水泉峪村的邓玉芬，嫁给了本县张家坟村的任宗武。婆家也是穷苦的庄稼人，婚后，她和丈夫借住在亲戚家，靠租种地主的几亩地为生，含辛茹苦地养活了7个儿子。

1933年长城抗战失败后，日本侵略者把邓玉芬的家乡强行划入伪满洲国。为了糊口，他们家被迫搬到张家坟村东南的猪头岭山上开荒度日。

1940年4月，八路军10团挺进密云，来到了她的家乡，宣传发动群众抗日。邓玉芬听了八路军的讲述，意识到只有穷苦人抱团，拿起刀枪打鬼子，才能救己救国。

1940年7月，八路军10团组织白河游击队。邓玉芬夫妇将大儿子永全、二儿子永水送到游击队，成为首批队员。随后，又将三儿子送到游击队。1941年年底，日本侵略者实行"三光"政策，制造"无人区"。邓玉芬响应党的号召，开展反"无人区"斗争。她叫丈夫把在外干活的四儿子、五儿子找回来，参加了村里的自卫军模范队。

1942年3月，邓玉芬一家和许多当地群众响应抗日政府号召，重返"无人区"搞春耕，结果在返回途中遭遇日军偷袭，她的丈夫和五儿子同时遇害，四儿子被抓走。一夜之间，邓玉芬失去了丈夫和儿子，悲痛欲绝。但她没有被敌人的残暴吓倒，她拉起两个小儿子,坚定地说:"走,回家去。姓任的杀不绝,咱和鬼子拼了!"

1942年秋天,她的大儿子永全在保卫盘山抗日根据地的一次战斗中英勇牺牲;1943年夏天,被抓走的四儿子永合惨死在鞍山监狱。同年秋天,二儿子永水在战斗中负伤回家休养,因伤情恶化,不治身亡。

白发人送黑发人,她是八路军战士们的"邓妈妈"。

一个接一个的沉重打击,邓玉芬都咬牙挺住了。她掩藏住内心的悲痛,为八路军做鞋做袜、照料伤员,她的家成了八路军和伤病员的经常性住所。她把战士们当成自己的儿子,为他们烧水做饭、缝补衣服,悉心照料伤病员,把收获的粮食送给八路军,自己和两个小儿子吃粗糠野菜充饥。为了给伤病员增加营养,她专门养了几只老母鸡,却一个鸡蛋也不舍得吃,都给了伤病员。许多八路军都知道,猪头岭上有个家,家里有一位勇敢、善良的"邓妈妈"。

1944年春天,日伪军对"无人区"进行了七天七夜的疯狂扫荡,慌乱中,邓玉芬的六儿子跑丢了,她忍着内心的伤痛,搀扶着伤病员,背着发烧的七儿子,和乡亲们一起躲进山洞。生病的七儿子哭闹着要回家,为了伤病员和乡亲们的安全,她从破棉袄里扯出一把棉花套子,塞进小儿子的嘴里,把孩子紧紧地捂在怀里。当天晚上,连大名都还没有的孩子,病死在母亲怀里。

北京市优秀百姓宣讲员尉红英宣讲"英雄母亲"邓玉芬的事迹

1945年8月15日,日本帝国主义投降了,中国人民胜利了。邓玉芬眼噙泪花,告慰九泉之下的丈夫和孩子们:咱们胜利了!

1946年6月,国民党发动全面内战,邓玉芬又做出一个重要决定,送六儿子永恩参加县支队。她叮嘱六儿子:"记住你爸和你哥是咋死的,好好打仗,立了功回来见妈!"

六儿子没有让妈妈失望。1947年8月,他在密云县河北庄战斗中立了功,受到嘉奖;1948年,在攻打黄坨子据点的战斗中壮烈牺牲。

党和人民没有忘记邓妈妈对革命做出的贡献。中华人民共和国成立后,党和政府在生活上照顾邓玉芬。1961年春节,她出席了北京市烈军属代表大会,受到彭真、刘仁、吴晗等领导接见。1970年2月5日(农历除夕),邓玉芬因病医治无效不幸逝世,享年79岁。临终前,她嘱咐公社干部和亲人:别把我埋在深山里,把我埋在大路边,我要看着10团的孩子们回来!

为了缅怀邓玉芬的英雄事迹,2012年,中共北京市委宣传部、密云县委、县政府在石城镇张家坟村修建了"英雄母亲"邓玉芬主题广场和雕塑。"英雄母亲"邓玉芬伫立在山岩上,左手握布鞋,右臂挎针线筐,眺望着远方,盼望亲人和战士们胜利归来。

"英雄母亲"邓玉芬为了党和国家,献出6位亲人的生命,给后人留下了宝贵的精神财富,在她身上有四种精神值得我们学习:誓死不当亡国奴的爱国主义精神、为国家舍小家的无私奉献精神、不畏强暴和百折不挠的勇敢斗争精神、把子弟兵当亲人的伟大母亲情怀,集中体现了中华民族的伟大抗战精神。这一精神跨越时代,至今传承不衰,是我们永远的精神财富。

邓玉芬之孙捐赠的奶奶遗物

张家坟村基本情况

张家坟村位于北京市密云区石城镇,村庄面积25060亩,现有村民234户,党员44名。张家坟村党支部是1941年密云区建立的第一批中心村党支部之一,是抗日战争时期的老根据地,拥有丰富的红色资源。该村曾用名"七烈营",以纪念该村1942年惨遭日本侵略军杀害的7名中共党员干部。村中心建有"英雄母亲"邓玉芬主题广场和雕塑,纪念其在抗日解放战争时期,为革命奉献了6位亲人的生命,被后人称为"当代佘太君"。

张家坟村自然风景优美,旅游资源丰富,有天门山、京都第一瀑等景区。该村以乡村旅游为导向,结合红色历史资源,大力发展旅游休闲产业,全面带动村民增收致富,年人均收入达2.95万元。

04 一个作风很好的合作社
——天津市津南区迎新农业合作社助力乡村振兴的故事

"这个合作社的领导干部，具有社会主义的工作作风，值得各地参考"，这是我国社会主义革命和建设时期，第一个五年计划开局之年，伟大领袖毛泽东同志对一个农民生产合作社的评价。这个合作社就是天津市津南区迎新农业合作社的前身——迎新农业生产合作社。合作社的事迹材料曾作为党的七届六中全会会议材料，印发给参加会议的各省委、市委、自治区党委和地委的负责同志，引起极大轰动。2021年是建党百年，更是精准扶贫向乡村振兴转移的开局之年，回顾历史、展望未来，讲好迎新合作社的故事，传承迎新合作社的精神，是回顾党的百年光辉历程的需要，也是新时期推动乡村振兴的需要。

迎新农业生产合作社是由陈德智领导的三个互助组于1953年冬合并起来成立的，1954年开始集体生产。第一年入社的23户，社员中有党员3人、团员4人。1954年秋收以后，群众纷纷要求入社，到土地改革为止，入社新老社员共109户，内有党员9人、团员13人。迎新社分布的四个自然村里面，入社农户占总农户的99%，入党积极分子也不断增多。如今的迎新农业合作社，每年为迎新村新增一大笔集体经济收入。

迎新合作社为何会有如此大的魅力？

党的政策好：走集体发展的道路，社员的生活提高了一大步

自成立以来，迎新合作社的水稻产量高、社员收入多。1954年该社水稻产量平均每亩807斤，比原来互助组的产量多100多斤。社员王富和入社前饭都吃不上，1954年秋收以后，除了吃穿不愁，还准备盖三间房子，并且给合作社投资了250元，乐得他逢人便说："合作社集体力量大，嘛困难都解决得了，还是入社好哇。"未入社的农户羡慕地说："迎新合作社跟党走、听党的话，社员们的生活一步登天。"迎新合作社走集体发展的道路，显示了农业合作社的优越性。

集体发展道路的优越性一直在迎新村延续并发展至今。2008年起，当时的副书记郑玉清同志秉承集体发展道路，坚持党建引领集体经济，主导对村经济管理体制进行改革，创新形成了村民转股民、资源转资产、资金转股金、分散转集约的"四转"发展模式，对村集体经济飞跃发展具有里程碑意义，村民福利待遇显著提高。在从事第三产业不断发展壮大村集体的同时，他又瞄准近郊农业优势，打造精品农业，社内建了智能温室大棚和农业园区，迎新草莓、樱桃节享誉天津，使迎新合作社成为都市型农业的一张亮丽名片。

党的干部正：公道能干，作风民主

中华人民共和国成立后，贫困出身的陈德智翻身做了主人，分得了土地，被选为副村长。他带头发动群众，成立了互助组、初级社。由于陈德智工作作风好，当地的群众都自愿加入陈德智领导的合作社，这个社越来越红火，集体经济逐年扩大。西耳河张荣昌的

土地，和新新社毗连，却入了陈德智的迎新社，他说："这个社里有好人陈德智，办事公道，有事和大家商量，他是百里挑一的好主任，能干、作风正派。"

刚成立互助组那时候，集体财产没有家底，也没个办公的地方，大家推举陈德智当会计。那时没有办公条件，他就一个口袋进，一个口袋出，白天的账目，晚上回家整出来。就这样到了年终，互助组的账目进哪门、出哪门，他交的账目清清楚楚，深得大家信任。陈德智一家五口人，妻子又常年生着病。他常常白天工作一天，晚上回到家中伺候病人、料理家务。第二天早早起来给家人做好饭，然后嘱咐孩子们照顾好家，自己揣上个饽饽到几里地外的社办公室上班，中午吃冷饽饽喝开水，直到深夜才回家。他就是这样起早贪黑地工作着，他像一支蜡烛，照亮了全社、温暖了社员。

党的干部好：关心群众，为群众所公认

看到社员有困难，陈德智永远悉心帮助。有一年初春，陈德智看到社员陈秀珍的大儿子李维金在铺子里帮着干零活，陈德智知道李维金正在小学读书，退学从业可能是家里遇到了困难。他马上到他家，仔细一问，陈秀珍确实生活困难，不得不让大儿子退学挣钱养家。陈德智立刻与学校联系，让李维金回校读书，立刻和大队干部研究决定，借给陈秀珍家一些钱，帮她买了苇子和麻，让她织鱼箔搞副业。陈秀珍每当提起这件事，都感动得热泪盈眶，她说："要是旧社会，我们这孤儿寡母的，谁管呐？我一定好好参加劳动，让儿子好好上学，学好本领为国家出力。"后来，李维金毕业后，当了建筑工人，并被评为天津市劳动模范。

1955年3月,他们的事迹由当时的南郊区工作组写成调查报告上报,被收入《中国农村的社会主义高潮》一书,毛泽东主席亲笔修改这篇文章并拟题为《一个作风很好的合作社》。同年12月27日,毛泽东主席又亲笔加了按语:"这个合作社的领导干部具有社会主义工作作风,值得各地参考。"

如今,迎新合作社不仅是老一辈的精神象征,更是迎新村乡村振兴道路的"引路石"。近几年,迎新合作社瞄准近郊农业优势,跟上第三产业旅游行业的发展车道,2020年带动村民新经营了30个家庭农场,在"十四五"开局之际,规划"现代农业产业园"建设。未来,合作社定将续写当年迎新农业合作社的辉煌。

迎新村党员干部始终传承老一辈的优良作风,迎新村"一村三劳模",这些党的好干部为了党和人民事业,勇担当,善作为,艰苦奋斗,廉洁自律,以他们优良的作风和高尚的情操影响并谱写着优秀共产党人的美好篇章。

《中国农村的社会主义高潮》封面

迎新农业合作社基本情况

天津市津南区迎新农业合作社位于津南区小站镇迎新村，现有村民1751人，其中党员62人，实行党管村建的模式，坚持党建引领，走集体化道路。迎新合作社充分挖掘小站稻米文化、农耕文化、乡土文化以及民俗文化内涵，发展高效农业和都市农业，在1100亩土地上，种植了多种优质农产品，实现"南果北移"，打造出一年四季有花可赏、有果可摘的热带植物园。

在新时期进一步拓展和夯实合作社基础，采取"村社合一、村建社营、社盈民富"理念，实现强村富民的目标，迎新村包含迎新合作社在内，陆续成立了8个经济主体，资产由2008年的2000万元发展壮大到2020年的3.4亿元，村集体收入由过去的100多万元发展到2020年的2050万元。村民福利也由2003年的一袋面，发展到现在的全体社员人均年分红5000元，全村老人每人每月养老补助700元，大学生助学资金7000元，医疗保险全额担负，如今全村每年用于村民福利的资金已突破1400万元。

近年来，迎新合作社充分继承光荣传统、发扬优良作风，先后荣获"全国新型职业农民培育示范基地""全国农村创新创业孵化实训基地""全国农产品500强""天津市农产品金农奖""天津市休闲农业园区示范点""津门老字号"等荣誉。2019年，合作社被益农信息社评定为资源旅游型特色站点、市级益农信息社，大力发展数字农业。

05 中国农村的第一面党旗在这里高高飘扬

——河北省衡水市安平县台城村"台城特支"的故事

安平县是革命老区,素有"红色安平"之称。在这片英雄的热土上,诞生了全国第一个农村党支部和河北省第一个县委;在峥嵘的革命岁月里,冀中抗日根据地在这里创建,留下了爱党卫国团结抗战的红色华章。98年前,在中国共产主义先驱、中国共产党主要创始人之一李大钊同志的直接领导下,他率先把红色的种子播种在了农村广袤的大地上,让中国农村的第一面党旗在这片红色沃土上高高飘扬,他就是全国第一个农村党支部的创建者——弓仲韬。

河北台城特支

信仰如山，回乡革命。弓仲韬，1886年出生于直隶省安平县台城村。弓家世业耕读、为学笃敬，是安平县的名门望族，乡村里的书香门第。弓仲韬受家风熏陶，年少读书时就忧国忧民，立志为国进取。1911年，弓仲韬抱定"深研法政以期救国图强"的理想，考入天津北洋法政专门学堂。1911年至1912年，北洋法政学堂师生成立北洋法政学会，通过出版《言治》杂志和编译书籍传播政治主张，高年级的李大钊为学会编辑部部长。弓仲韬思想活跃、意气风发，入学即成为学会的一期会员，二人自此相识。李大钊的政论文章和大家风范，以及其"矢志努力于民族解放之事业"的壮志雄心对弓仲韬日后走上革命道路产生了深刻的影响。

1923年，在北京沙滩小学任教的弓仲韬经李大钊介绍加入中国共产党，随后受李大钊派遣，毅然决然地辞掉北京的工作，回到家乡农村进行革命活动。实践出真知，弓仲韬回乡革命的实践探索，使李大钊对农村、农民问题的思考从理论层面转变为实践。

弓仲韬回到台城后，面对家人的反对与质疑，不为所动，卖掉田地，筹集资金，开办平民夜校。他心中清楚，夜校办起来，自己就有了阵地，就可以对乡亲们进行革命启蒙教育，让心如枯井的他们重燃希望之火，唤醒他们反对剥削压迫、争取自由解放的抗争意识。

他腾出自家院里放农具的三间东屋，购置了桌凳和教具，奋战了多个昼夜，编写了通俗易懂的《平民千字文》，从人、口、手，水、火、土讲起，并由浅入深，结合实例，宣传革命道理。例如，在学习"手脚"时，他就说到，世上人人都有手和脚，可是穷人们的手脚一年到头三百六十天忙活不停，还是吃不饱穿不暖，过着苦日子，那些地主财东，有手不干一点活，有脚还要骑马坐轿，吃鸡鸭鱼肉，穿绫罗绸缎，这到底是因为什么呢？为了加深理解，他还出了一个字谜让大家来猜，"头戴绫罗宝盖，底下八字分开，见人躬身施礼，家里少米无柴"，有人抓耳挠腮，有人苦思冥想，此时，有一个十七八岁的年轻后生，大声说："这是个穷人的'穷'字！"此人便是弓凤洲。弓仲韬又讲到，我们不光要认识这个字，还要弄清这个"穷"到底是怎么来的。这"绫罗宝盖"不就是官府吗，穷人不光一无所有，还得"见人躬身、逢人施礼"，这官府老欺负着咱们，咱平头百姓能有好日子过吗？接下来他又讲穷人为什么穷，富人为什么富，中国的现状，列强和军阀们的暴行等，使学员们茅塞顿开。"弄清了这穷是怎么来的，咱们该怎么办呢？"教室里刚还议论纷纷，这一问，立马安静了，把大家给问住了。这时候，弓凤洲说了："人家官府势力大，外国洋大人也厉害，咱们干不过他们啊！"弓仲韬说："一个人两个人是干不过，要是咱们所有的穷苦人都挺起腰杆子，都发动起来，那会是什么样呢？"通过"平民夜校"，弓仲韬慢慢启发了农民的觉悟，宣传了党的主张，起到了良好的效果。创办平民夜校，这对建党初期在农村地区团结群众、开展宣传提供了重要的参考支撑和宝贵的实践经验。

星星之火，燎原冀中。弓仲韬以夜校为阵地，对穷苦大众进行革命启蒙教育，引导他们向共产党靠拢，并秘密发展共产党组织。他先后发展了思想进步、向往革命的弓凤洲、弓成山加入中国共产党。经过几个月艰苦细致的工作，建立农村党组织的时机和条件已经成熟。1923年8月的一个深夜，在平民夜校里，弓仲韬、弓凤洲、弓成山三人组织召开了台城村共产党员会议，弓仲韬压低声音说：

"根据中共中央北方局负责人李大钊同志的指示,再结合我们台城村革命斗争的实际情况,有必要建立党支部,壮大党在农村的力量。"三人经过讨论,一致同意推选弓仲韬为特别党支部书记,弓凤洲为组织委员,弓成山担任宣传委员,支部设在弓仲韬的家中。因为直隶省和安平县尚未成立党的组织机构,支部直接受中共北京区委的领导,所以也称台城特别党支部。

台城特支是全国创建最早的农村党支部,开创了中国农村党建史的先河。这一革命火种对中国北方农村早期党组织的建设产生了不可估量的影响。在台城特支的领导下,广大贫雇农紧密地团结在一起,发起了增资增薪等一系列斗争,在全县范围内产生了巨大的影响。随后,北关高小支部、敬思村支部相继建立,到1924年8月,安平县已有中共党员20名,成立了河北省第一个中共县委——安平县委。至此,由李大钊同志亲自组织,经弓仲韬等人亲手发展的革命力量汇集到一起,星星之火开始在冀中大地蔓延扩大。

河北台城特支

台城村基本情况

台城村位于衡水市安平县城西南3公里处,东连大广高速,南接石黄高速,省道231贯穿南北,省道302贯穿东西,国道G338临村而过,交通四通八达,交通优势明显。台城村占地800亩,耕地3850亩,现有630户,2360人。台城村的经济主要依靠丝网产业和传统农业。近年来,台城村以全国第一个农村党支部纪念馆为依托,谋划建设了平民夜校、老毛巾厂、支部书记大讲堂等陈列室和文旅业态,打造了集党性教育、红色旅游、研学体验为一体的红色文旅综合体——星火台城红色旅游景区(国家3A级旅游景区),红色研学游、农业观光游,已成为台城经济发展的新引擎。

06 了解百团大战 铭记革命历史

——河北省石家庄市井陉县洪河漕村的抗日故事

1940年8月至翌年1月24日,为粉碎日军对华北抗日根据地的"扫荡"和"囚笼"政策,在中国共产党领导下,八路军总部对华北日军发动了以破袭敌人交通线为重点的名震中外的"百团大战",陆续参战的部队达到105个团20余万人。当时的前线指挥所设在洪河漕村,聂荣臻司令员坐镇农家小院,胸怀全局,指挥若定,运筹帷幄,取得了第一阶段(井陉矿区至平定县)战役的胜利。井陉作为"百团大战"第一阶段的主战场之一,在晋察冀军区司令员聂荣臻的指挥下,井陉人民与作战部队紧密团结,英勇杀敌,炸桥毁路,攻城克矿,沉重地打击了日寇的嚣张气焰,牵制了敌人对正面战场的

新馆内景

进攻，同时遏制了妥协投降主义的危险，在全民族抗战中发挥了极其重要的作用，为夺取新民主主义革命胜利奠定了坚实的基础。

20世纪90年代初，6位花甲老人——李化民、李化瑞、许永堂、李景堂、李风、李化卿，抚今追昔，为定格这段历史，启迪后人，传承红色记忆，决心兴办展室。他们协同村干部，联系县里有关部门和领导，共同努力，筹款5000元，买下了当年聂司令员坐镇指挥"百团大战"的四合院作为展示地。他们通过两个渠道来收集资料展品：一是发动当地村民捐赠。原房东李化西的后人，将聂司令员当年用过的桌子、圈椅、马灯、棉油灯、炕桌等物品捐献给展室；有村民把当年送美穗子姐妹俩的扁担、荆筐遗物捐献给展室；有的把当年打过日本鬼子的吊雷、石雷、猎枪送到展室。二是到民政局、档案局、武装部、图书馆等部门收集资料。想到1980年《解放军画报》社印发的与当年有关照片，就向当事人刘铁生、肖岩发了信函，他们很快就寄来放大的"百团大战"有关历史照片和资料，共计20余篇（件）。撰写解说文字15万字。6位老人和村民共同捐献木材，请村里两名木匠做了十几天，共制作展牌18块，分别将图片和资料贴到展牌上，按顺序挂在展室墙上。1993年3月8日，展室正式建成开展。报纸、电台、电视台连续采访报道。其中，新华社发文称：6位老人创办全国第一家民间展览室；中央电视台"夕阳红"栏目做了一期节目向全国播放。

1940年8月，八路军总部发动了震惊中外的"百团大战"，时任晋察冀军区司令员聂荣臻，率领八路军39个团打响了"百团大战"第一战役——破袭战。破坏石太铁路，攻克天险娘子关，占领井陉煤矿。杨成武将军指挥了攻克井陉煤矿新井车站的战斗，八路

百团大战指挥部旧址内景

军战士冒着生命危险从火海中抢救出两个日本小姑娘,一个叫美穗子,一个叫瑠美子。经请示指挥部后,聂帅怕孩子在前线不安全,于是指示:速将两孤女送到指挥部。孩子们来到指挥部后,聂帅亲自抱起小一点的查看伤口包扎好了没有,亲了亲小脸蛋,给找了奶妈。给大的糖果、饼干、梨子吃,对两名孤女给予了慈父般无微不至的关怀,又怕孩子在异国他乡有后顾之忧,亲笔写信给日方,派本村基干民兵李化堂持信将两个姑娘送到日军兵营。

中华人民共和国成立后聂帅仍关心两个弱女是否回到日本,通过《人民日报》记者姚远方发表了《日本小姑娘你在哪里?》的报道和历史照片,就在报道后的第6天奇迹般地找到了阔别40年音信全无的美穗子。真可谓一代名将救孤女,千秋佳话传人间。聂帅的革命人道主义精神令人钦佩,被中外广为传颂。为了铭记历史,2004年新建了百团大战美穗子获救井陉、都城友好纪念馆,占地面积900平方米,其中馆舍建筑面积为240米的两层楼房,院内有汉白玉聂司令员和美穗子雕像,总投资55万元。纪念馆由井陉县与日本都城市友好人士捐款修建。经过逐步完善,纪念馆展出内容丰富、教育面广、有特点,广受参观者好评。

洪河漕百团大战纪念馆和百团大战美穗子获救井陉、都城友好纪念馆,已成为缅怀先辈丰功伟绩,弘扬革命人道主义精神,牢记历史、坚定理想信念,促进中日友好的永久性标志,也是进行爱国主义教育,弘扬中华民族优良传统的红色教育基地。

洪河漕村基本情况

井陉县洪河漕村位于井陉县城西北40公里的深山区,冀晋交接,唐初建庄,历越千秋,自古为交通要冲,军事重地。2016年11月被中华人民共和国住房和城乡建设部等部门列入第四批中国传统村落名录公示名单。百团大战前线指挥部就在此地,是河北省爱国主义教育基地。

07 太行山深处的骆驼湾成为幸福湾

——河北省保定市阜平县骆驼湾村脱贫致富的故事

骆驼湾村位于太行山深处,是河北省阜平县龙泉关镇的一个特困村,人均可支配收入950元,平均海拔1500米。全村277户分布在9个自然村,最远的离中心村有8公里,最小的自然村只有4户8人。除主村一条3米宽的水泥路与外界相通外,其他自然村都是坑坑洼洼的石头路,只能勉强通行小推车和三轮车。村内房屋大多是建于20世纪三四十年代的土坯房,几乎找不到一处水泥浇筑的房屋。院内猪圈、厕所、鸡窝、玉米堆交杂在一起,农具散落,夏天气味难闻,蚊子滋生;冬天村民家里没有取暖设施,只能早睡晚起,依靠火炕和火盆取暖,不能洗澡,衣服也很少换洗,脸蛋冻得红彤彤的。村外到处都是乱石滩,土地贫瘠,耕种困难,收入微薄,"山高沟深龙泉关,石头缝里挣钱难"的山歌传唱了一代又一代。

唐荣斌是村里的老党员,担任过村支部副书记。他家紧邻村里公路,三间土坯瓦房,一个大屋一个小屋,大屋里面土炕占去了一半空间。黄土夯实铺成的地面,因时间太久高低不平,两个灶台,一个板柜又占去了不少的空间。大大小小的食品袋堆在地上、挂在墙上,就是老唐的全部家当了。屋顶是报纸打的顶结,因年久和屋子做饭时的蒸气烟熏已泛黄,变得皱皱巴巴,一盏节能灯散发着幽幽的黄光。窗户是用塑料布和旧报纸糊着的。院外是石头砌成的低矮围墙,院内靠里的一侧两块大约十几吨重的大石头,一头陷在山体,一头突出

河北
太行山深处的骆驼湾成为幸福湾
—— 河北省保定市阜平县骆驼湾村脱贫致富的故事

骆驼湾村貌对比（2013年2月与2019年10月）

来，让院子变得更挤了。旁边有一个地窖口，这是老唐存放蔬菜和土豆的仓库。

2012年12月30日，寒风刺骨，白雪皑皑，深冬的阳光将太行山映照得异常闪亮。这一天，习近平总书记深入走访了唐荣斌家和骆驼湾村其他几户村民家庭，了解情况后，深情地鼓励当地干部群众，"只要有信心，黄土变成金"，关键是因地制宜，下功夫探索有效办法。总书记的鼓励使大家备感温暖、深受鼓舞，鼓足了脱贫致富的勇气和信心。

如今，"扶贫不是养懒汉，致富要靠自己干！"这样的励志标语，不仅刻在骆驼湾村的墙上，也深深刻在村民的心里。经过近8年的脱贫攻坚，2017年骆驼湾村率先实现全村整体脱贫，2020年人均可支配收入达15660元。家家户户住上了干净、整洁、结实的房屋，外观是典型的太行新民居风格，石条基、青砖瓦、翘屋檐、黄泥墙；内部装修等同于城市的单元楼标准，室内水冲厕所、热水器淋浴、整体厨房等一应俱全，取暖为空气源热泵地暖方式供暖；村里的年轻人也多了，老人们一个个忙起了民宿和农家乐，幸福的笑容洋溢在每个村民的脸上；村里也有了自己的产业，山上种满了特色林果,荒山上建起了香菇冷棚,特色乡村旅游引来的游客络绎不绝,来往车辆穿梭在贯穿村内的6车道柏油马路上。

"在扶贫路上,不能落下一个贫困家庭,丢下一个贫困群众。"太行山深处的骆驼湾成为幸福湾,没有辜负习近平总书记的嘱托,成为我国乡村实现全面小康的美丽缩影。2018年,骆驼湾村被评为"河北省十大旅游扶贫示范村"。2020年,骆驼湾村和顾家台村入选全国乡村旅游重点村,被河北省文化和旅游厅授予"河北省乡村旅游和旅游扶贫培训基地"称号。同年,《河北保定市阜平县顾家台村、骆驼湾村:有计划、按步骤助力全县脱贫攻坚事业》入选《世界旅游联盟旅游减贫案例》。

骆驼湾进村公路对比(2014年2月与2019年10月)

骆驼湾村边的荒石滩对比(2014年2月与2020年9月)

骆驼湾村因地制宜,坚持把产业扶贫作为脱贫致富的根本举措,生动诠释了"只要有信心,黄土变成金"的深刻内涵,今天骆驼湾的绿水青山就是金山银山,是始终坚持和完善生态文明制度体系、促进人与自然和谐共生的体现;骆驼湾产业发展就是以人民为中心的发展思想、走共同富裕道路的显著制度优势的体现,更是落实习近平总书记关于旅游扶贫工作重要指示精神的生动实践。脱贫不是终点,而是新生活奋斗的起点,沿着总书记指引的道路,我们将牢记总书记的嘱托,苦干实干,在乡村振兴的道路上继续奋勇拼搏。

骆驼湾村基本情况

骆驼湾村位于阜平县龙泉关镇南部约4公里处,距阜平县城38公里,平均海拔高度1512米。全村辖骆驼湾、瓦窑、辽道背、木桥、菜树塔、朱行塔、杨树塔、高石堂沟和藏粮沟等9个自然村,共277户576人,总面积3.4万亩,其中林地面积2.2万亩,森林覆盖率64.7%,年平均气温9.6℃。现有主导产业包括食用菌、林果种植、民俗旅游等。骆驼湾村,在古代是东接燕赵、西连三晋、聚合山水之灵气、兼得塞外遗韵和中原风骨不可或缺的小村落,是清朝康熙帝五次西朝五台、雍正一次瞻礼、乾隆六拜圣地、嘉庆一次进香的古御道必经的小村庄。受地理区位及山西影响,村民的主要民俗表演形式有大秧歌、霸王鞭以及山西梆子,村里人人会唱、人人会演。骆驼湾村于2017年年底顺利脱贫,成为脱贫攻坚的典型范例,也是践行乡村振兴战略的前沿阵地。

08 弘扬西柏坡精神　谱写赶考新篇章
——河北省石家庄市平山县西柏坡村传承革命精神的故事

起源于山西省繁峙县的滹沱河，流经河北省平山县，在太行山余脉拐了个弯，环抱起一个静谧的村庄，这就是西柏坡。72年前的3月23日，滹沱河畔阳光明媚。这一天，党中央从西柏坡动身前往北京。毛泽东主席说，今天是进京赶考的日子。

小山村西柏坡成为全国革命的领导中心

1947年7月17日，在村里恶石沟的一块空地上，大家在沟端的一个旧房基上搭了一个布棚，放上一张桌子，几条凳子，摆放成主席台。没有座椅，100多位代表，都是以石头为凳，膝盖为桌，有的干脆就席地而坐参加整个会议。近两个月的时间，全国土地会议通过了《中国土地法大纲》草案，这使亿万农民在政治上、经济上获得了解放。①

1948年4月，周恩来、任弼时率中央前委到达西柏坡，叶剑英率中央后委也同期到达，分开了一年的前委、工委、后委又汇

西柏坡七届二中全会旧址

---

① 来源：《西柏坡："赶考"出发地》，2021年2月9日05版，《光明日报》。

合到了一起。5月27日,毛泽东乘车到达西柏坡,中央完成了从陕北到西柏坡的转移。西柏坡这个小山村成为全国革命的领导中心。

70多年前,"滴滴答答"的电报声把一次次的战略部署从西柏坡传到大江南北的各大战场,掀起了大决战的高潮。

1948年9月至1949年1月,辽沈、淮海、平津三大战役期间,党中央从西柏坡共发出197封电报。人民解放军以横扫千军如卷席之势,创造了平均一天歼灭国民党近一个师的奇迹。三大战役的胜利,奠定了人民解放战争在全国胜利的坚实基础。

从"六条规定"到"八项规定"

在西柏坡中共中央旧址,一间面积不过几十平方米的土坯房,屋里没有扩音设备,座椅是从四处拼凑借来的,高低不齐……这就是中国共产党七届二中全会会址。正是在这间简陋的土坯房里,中国共产党的领导亲手绘制了新中国的宏伟蓝图。

"夺取全国胜利……务必使同志们继续地保持谦虚、谨慎、不骄、不躁的作风,务必使同志们继续地保持艰苦奋斗的作风。"1949年3月,在这间几十平方米的会议室内,毛泽东主席面对即将执政的中国共产党人,谆谆告诫全党。

也是在这里,1948年9月,党中央召开了撤离延安后的第一次政治局扩大会议——九月会议。1949年,中共七届二中全会作出六条规定:一、不做寿;二、不送礼;三、少敬酒;四、少拍掌;五、不以人名作地名;六、不要把中国同志同马恩列斯并列。这六条规定是中国共产党人"进京赶考"前定下的铁规矩。党的十八大以后,中共中央出台了"八项规定",与西柏坡时期的"六条规定"

一脉相承，体现了共产党人不忘初心，不断改进作风，永葆党的先进性和纯洁性的优良传统。

在新时期我们必须始终牢记全心全意为人民服务的宗旨，保持党与人民群众的血肉联系，严格执行中央"八项规定"，切实解决作风上存在的形式主义、官僚主义等突出问题，把"谦虚谨慎、艰苦奋斗、实事求是、一心为民"的要求落实到履行职责的各个环节，确保我们的党永远不变质，我们的红色江山永远不变色。

从西柏坡出发去"赶考"

1949年3月23日，西柏坡村前屋后，大大小小的几百辆车从西柏坡村一直延伸到十几里外的郭苏河滩里……今天，是中共中央离开西柏坡的日子。

周恩来知道主席肯定又是一夜未眠，上午才休息一会儿，关切地问："主席，休息好了没有？"

毛泽东望着远处连绵雄伟的太行山，意味深长地说道："今天是进京赶考的日子，不睡觉也高兴啊！进京赶考去，精神不好怎么行？"

周恩来答道："我们都应当考及格，不要退回来。"

毛泽东坚定地说："退回来就失败了。我们决不当李自成！我们都希望考个好成绩。"

这就是西柏坡时期两位伟人的"赶考对"。这个"进京赶考"，"进京"意味着执政，"赶考"是要接受考验，其中有着中共中央领导人对未来深刻的思考，也有着在战争年代、在西柏坡时期对"考试"丰富而扎实的准备。

西柏坡，新中国从这里走来。

西柏坡实景剧《梦回西柏坡》

西柏坡村基本情况

平山县西柏坡镇西柏坡村毗邻岗南水库，环境优美，旅游资源丰富，是中国五大红色圣地之一，国家5A级旅游景区。西柏坡纪念馆、七届二中全会旧址，毛泽东、周恩来、朱德、刘少奇、任弼时五大书记旧居、石刻园等著名红色旅游景点都在西柏坡。全村共有85户，271人，耕地61亩，总面积700亩。主导产业为旅游服务业，全村从事旅游服务人员50多户，100多人，年集体收入达60余万元，年人均收入达1万元以上。

09 告别田赋鼎　见证全面取消农业税
——河北省石家庄市青廉村农民自制"告别田赋鼎"的故事[①]

2009 的夏天，中国农业博物馆展出了一尊青铜鼎，三足双耳，高 99 厘米、直径 82 厘米、重 252 公斤，它的名字叫"告别田赋鼎"，上有 560 字魏碑体铭文："田赋始于春秋时代，封建社会形成田赋而生……乾坤转天地变……从 2006 年 1 月 1 日起依法彻底告别延续了两千六百多年的田赋，并且还让国家反哺农业……我是农民的儿子，祖上几代耕织，辈辈纳税。今朝告别了田赋，我要代表农民铸鼎刻铭，告知后人，万代歌颂永世不忘……"这鼎的铸造者是王三妮。

"2005 年 12 月底，我从电视新闻上看到 2006 年国家要正式废止农业税，特别激动！"王三妮老人每当说起铸鼎情由，总是忍不住热泪盈眶。"我们祖上都是贫苦农民，辈辈纳税。中华人民共和国成立前，贫苦农民没有自己的土地，要活命就得给别人扛活儿、打苦工。1952 年前后，我们南宅公社基本完成'土改'，无地、少地的农民无偿分到了土地。不过，除了小块儿自留地外，土地由新成立的农业合作社统一经营。那时候，粮食产量很低，家家粮食不够吃。"

20 世纪 60 年代，农民还不懂小麦种植技术。当时，国家号召

---
① 来源：《"三农"发展潜力进一步得到激发》，2021 年 4 月 9 日 04 版，《人民日报》。

告别田赋鼎

告别田赋鼎 见证全面取消农业税
——河北省石家庄市青廉村农民自制"告别田赋鼎"的故事

给冬小麦浇冻水，农民心里犯嘀咕不敢浇，怕把麦苗冻死了。落后的农业技术，原始的耕作方式，再加上固有的种植观念，导致当时的小麦亩产只有 200 斤左右，交了公粮之后几乎没有剩余，农民的生活很艰辛。那时，灵寿的村民偶尔才能吃上白面馒头，谁家要是蒸白面馒头，那香味能让四邻八舍羡慕半天。

改革开放后，农村实行家庭联产承包责任制，土地的所有权和经营权实现分离，分田到户，随着农业生产力、农业技术的提高，粮食产量也增长了。

"自分田到户，家里地就不少了，家里最多时有 7 口人，14 亩地。公粮每年夏天要交 700 多斤的小麦，秋天交 800 多斤的玉米。每年'三提五统'和农业税费，平均下来每人要交 76 元，全家一年 532 元。"提起交粮纳税，王三妮有些感慨，"免田赋是咱农民祖祖辈辈的梦想啊！"

2006年1月1日，国家正式废止农业税，这标志着延续了2600年的田赋制度退出历史舞台。而作为国家级贫困县的灵寿县早在2004年就响应国家逐步免除农业税的号召，为全县农民免除了农业税。

这是一件载入史册的大事，值得永远铭记。王三妮带领家人，举全家之力，运用家传的青铜铸造技艺，自己设计、铸造，历时1年，耗资7万多元铸了"告别田赋鼎"，用以纪念国家废止农业税这件惠泽万民、利达天下的大事。

中国的赋税自夏商萌芽，之后历经了初税亩时代、租庸调制时代、两税法时代、一条鞭法时代、摊丁入亩时代等，包括近现代的三提五统、农业税，中间虽有"轻徭薄赋""与民生息"的弱税赋时代，但总体来说，皇粮国税一直存在，且有律法护航。如今，党和国家施惠于民、让利百姓，免除农业税，告别田赋，并以法律形式固定下来，为9亿多农民开启了新命运，为中国农村面貌开启了新变革，也为中国的农业发展开启了新时代。

"农业税废止后，我们农民不仅不用交钱了，而且家里种地，政府每年还补贴216元。这可是天大的好事啊！"王三妮激动地说："这是以前想都不敢想的事儿啊！"

铸造"告别田赋鼎"让王三妮名声大噪，王家家传五代的青铜器铸造技艺名扬四海。2013年，灵寿青铜器制作工艺被认定为省级非物质文化遗产，王三妮也被认定为省级非遗工艺传承人，他的儿子王英洁被认定为市级非遗工艺传承人，他们制作的青铜器工艺品到各地展销，甚至走出了国门，生活越来越忙活，日子越来越红火。

如今，在党和国家一系列"三农"政策的指引和保护下，灵寿县的农业发展和农民增收驶上了快车道。尤其是青廉村及周边村镇，香菜种植、西瓜改良、药材培育、葡萄种植、葡萄酒酿造、蛋鸡养殖、生猪饲养等产业发展得红红火火。

告别田赋，告别的是旧制度，开启的是新时代。一尊鼎，铭刻的不仅仅是告别田赋，还浓缩着两千多年的沧桑巨变，它为农民增收、农业发展、农村稳定奠定了基础，也为中华民族的伟大复兴开启了的新篇章！

青廉村基本情况

青廉村位于南寨乡政府北2公里处，东隔慈河与行唐县相望。全村2个自然庄，共有966户3790人。辖区面积5.43平方公里，耕地面积7209亩，沿慈河有滩涂荒地。村内主导产业有香菜、西瓜、药材种植。村民王三妮的青铜器制作工艺是河北省级非物质文化遗产。

10 太行山上的丰碑

——山西省长治市西沟村李顺达倡议开展爱国丰产竞赛运动的故事

中华人民共和国诞生之初,刚刚获得土地的广大农民第一次自豪地以主人的身份在自己的土地上劳动,镇压反革命的开展使农村有了安定的生产环境,抗美援朝运动又大大激发了广大农民的爱国热情。在这三大运动的基础上,农民的生产积极性和政治积极性空前高涨。由于新成立的中华人民共和国面临一穷二白、经济落后的严酷现实,需要尽快发展生产,恢复经济,为巩固新生的人民政权奠定坚实的经济基础和物质基础。在这样的关键时刻,山西省长治市西沟村李顺达互助组向全国发出了开展爱国丰产竞赛活动倡议书,在全国掀起了轰轰烈烈的爱国丰产竞赛活动。

1951年,中央人民政府农业部根据政务院决定,正式发出了"在全国范围内开展爱国主义丰产运动"的号召。3月6日,李顺达互助组率先向全国各地互助组发起开展爱国丰产竞赛运动的倡议,提出保证当年农作物丰产的挑战书。

1951年3月9日,《人民日报》全文刊登了李顺达互助组向全国发出生产竞赛挑战的消息,题为《保证今年农作物丰收!李顺达互助组向全国挑战 农业部号召奋起应战形成爱国竞赛热潮》。同时发表了中央人民政府农业部负责人讲话,"要求各地领导机关对李顺达的生产倡议,应当引起高度重视,大力动员和组织当地农业劳动模范和互助组奋起响应,以便形成一个全国性的爱国丰产竞赛热潮，顺利完成今年全国农业增产的重大任务"。

挑战书经过农业部批准发布后，得到了各地领导的重视和广大农民的热烈响应。各地先后组织本地的劳动模范积极应战，并由这些劳模在本省范围内掀起挑战、应战，这样在1951年就形成了一个全国性的纵横连环的爱国丰产竞赛运动。

李顺达互助组爱国丰产竞赛倡议发表后，各地的应战书雪片似的飞来，一场轰轰烈烈的爱国丰产竞赛热潮在全国各地迅速掀起，全国多个省、区的农业互助组和劳动模范向李顺达互助组发起挑战。

1950年，美帝国主义悍然出兵侵略朝鲜，将战火烧到了鸭绿江边。为了支援抗美援朝战争，响应中国人民抗美援朝总会关于推行爱国公约、捐献飞机大炮的号召，李顺达互助组又向全省农民发出捐献"爱国丰产号"和"新中国农民号"飞机的建议书。从6月到9月，西沟互助组共捐旧币51.2万元，李顺达个人捐款15万元（1万元旧币相当于现在的1元）。"新中国农民号"飞机的照片至今还展出在辽宁丹东抗美援朝纪念馆。

1952年3月16日，中央人民政府农业部颁布命令，奖励1951年农业爱国生产模范。授予山西省平顺县西沟李顺达互助组、山东省莒县吕家庄鸿宾互助组等互助组爱国丰产奖状一张，奖金500万元（旧币）。

1952年冬，李顺达、郭玉恩、吴春安、任国栋四人获得全国爱国丰产运动最高奖——"爱国丰产金星奖章"。1954年2月13日，受农业部委托，山西省政府在省城太原举行隆重的颁奖大会。裴丽生主席亲自把"爱国丰产金星奖章"挂在了李顺达、郭玉恩、吴春安、任国栋胸前。

1954年3月21日,《人民日报》头版头条刊发《李顺达等荣获"爱国丰产金星奖章"的消息,推动了山西农村春耕生产和互助合作运动》的新闻。头版二条刊发了《中央人民政府农业部颁发爱国丰产金星奖章 授予任国栋、李顺达、郭玉恩和吴春安》的消息,同时刊登了胸佩"爱国丰产金星奖章"的四大劳模照片,并发表社论《向金星奖章获得者学习》。

爱国丰产竞赛运动的开展,有力地促进了农业生产和产量的提高,丰收的成果也极大地鼓舞和支援了志愿军官兵在前线的英勇作战。李顺达这位普普通通的农民用自己的辛勤和汗水浇灌出了上党大地的丰收和繁荣,他也用超乎常人的英雄气概在中华人民共和国的历史上写下了浓墨重彩的一笔。

如今的西沟村天蓝地绿

西沟村基本情况

　　西沟村位于太行山南麓，平顺县南部，距县城3.5公里，是著名全国劳模李顺达，著名全国劳模、第一至十三届全国人大代表、"共和国勋章"获得者申纪兰的家乡，是太行精神、纪兰精神的重要发祥地。全村国土面积30500亩，耕地1080.86亩，辖9个自然庄，695户、1945口人。近年来，西沟村紧紧围绕"四大产业"布局（红色教育培训、绿色生态旅游、农副产品加工、纺织品生产），打造了西沟展览馆、李顺达故居、革命岩、金星峰、西沟森林公园、纪兰党性教育基地、西沟国防教育基地等红色旅游景点，逐步形成了具有地域特色、能够引领群众增收致富的新兴产业。

因地制宜建工厂，后勤生产有保障

——山西省长治市黎城县黄崖洞兵工厂的建设故事

八路军建厂房，可是一件新鲜事。在此之前，各部队的修械所都是利用当地的庙宇和老百姓的住房来开展工作。就连规模较大的八路军总部韩庄修械所，也是建在一所大庙里。

在黄崖洞盖厂房建工厂，对八路军来说可是"闺女初嫁头一回"，也是一件大事，一件喜事，意味着八路军正规的兵工厂即将诞生，标志着从"没有枪，没有炮，敌人给我们造"，到"没有枪，没有炮，我们自己造"的根本转折。从首长到战士到工人，大家兴致很高，劲头很足。

1939年8月，在兵工厂建设最紧要的关头，朱德总司令来到黄

黄崖洞兵工厂旧址

崖洞兵工厂建设现场,视察指导工作。朱总司令对兵工厂的领导说:"现在大敌当前,作战紧急,枪弹是我们的命根子,这唯一的大型兵工厂,可以说是我们八路军的'掌上明珠',工厂建得越快,部队战士就越能早日得到杀敌的武器。"朱总司令的指示传达后,"掌上明珠"一说传播开来,士气大受鼓舞。

群峰壁立的黄崖洞地区多见石头少见土,砖瓦材料奇缺,如何把厂房修盖起来?成为摆在大家面前的一道难题。

建厂初期,根据左权副参谋长的总体布局和设计要求,总部军工部部长刘鹏和总工程师陈志坚带相关设计人员来这里,经过丈量确定了厂区空间布局和厂房结构。原定车间厂房窗台以下用石头垒墙,窗台以上是砖木结构,屋顶用灰瓦。兵工厂所在地森林茂密,盖房子用的木材很好解决。但当地山高石头多,泥土缺乏,能烧制砖瓦的黏土很不容易找到。恰巧那年的夏秋,又遭遇多年不遇的连阴天,一连下了48天大雨,即使有烧制砖瓦的原料,这样的阴雨天气也根本无法烧制。时间不等人,砖瓦是用不上了,怎么办呢?

受当地山民"石头屋"启发,军工部和兵工厂的同志们决定调整原来的方案,用石头替代砖瓦,用石头垒墙,用红石板作瓦盖顶,利用当地丰富的石头资源解决建筑原材料问题。

要把山里这些七扁八棱的石头砌成墙,可不像用砖砌一样容易。垒墙之前,要先对这些大大小小不规则的石头进行粗加工,用锤子敲掉多余的部分,加工成或方或长有一定"形状"的石头。盖房顶的红石板更难获得。在当地石英砂岩的断崖面上,可发现一种奇特的现象,岩石层理十分清晰,层层岩石均匀地上下叠在一起,像一页页书页。很早以前,当地村民利用这种岩石分层、平整、坚硬的特性，使用特制的工具，从岩体的上部开始，一层一层地把分层的石片撬、掀起来，再加工成一片片的石板，当地老百姓称之为"起石板"。

从1939年5月动工，不到半年，一栋栋容纳动力机工、钳工、木工、锻工、组建等5个独立工部的约6000平方米的石头厂房沿山谷建起。其中，机工房2000平方米左右，最大的钳工房有1000余平方米，二层结构，楼下生产，楼上住宿，一举两得，坚固结实又实用。虽然房子的二层很矮，一不小心就会碰着脑袋，但毕竟是两层。大家高兴地说："在深山里住楼房，真有点大城市的味道。"除工房外，黄崖洞兵工厂还陆续建起了职工宿舍、食堂、俱乐部及其他生活设施。

一栋栋厂房拔地而起，一台台机器安装到位，太行山老根据地

黄崖洞保卫战殉国纪念塔

最早的兵工厂诞生了。

黄崖洞兵工厂的诞生标志着从"没有枪,没有炮,敌人给我们造",到"没有枪,没有炮,我们自己造"的根本转折。激励着当代人发扬"自力更生、艰苦奋斗"的作风,在新时代做出自己的贡献。

黄崖洞兵工厂基本情况

黄崖洞兵工厂位于山西省长治市黎城县东崖底镇下赤裕村西北的深山之中,是抗战时期华北敌后八路军创建最早、规模最大的兵工厂,研发出我军第一种制式步枪——"八一"式步枪,八路军第一种自产"掷弹筒"等,为人民军工培养了大批优秀技术人员。黄崖洞兵工厂不仅为抗日战争的胜利制造了大量武器,而且在艰难困苦的环境下,锤炼出了一大批工业建设人才。中华人民共和国成立后,这些人才奔赴各地,成为各级工业部门的领导骨干。1941年黄崖洞保卫战谱写了一首中国人民抗日战争可歌可泣、激动人心的壮烈史诗,被中央军委评价为"1941年以来反扫荡的一次最成功的模范战斗"。

12 撸起袖子加油干　特色发展迎改变

——山西省忻州市岢岚县宋家沟乡宋家沟村的蝶变故事

宋家沟乡位于岢岚县城东13公里处，素有岢岚"东大门"之称。宋家沟乡全体干部牢记嘱托，勠力同心，运用"党建+"模式，成功将该乡宋家沟村打造成一张鲜活的名片——山西省首批4A级乡村旅游示范村。

2017年，按照岢岚县"五个一批"脱贫政策措施制定的"1+8+N"的易地移民搬迁政策，宋家沟村作为8个中心集镇之一，于当年率先启动集中安置点建设，同步推进全村特色风貌整治，逐步建成学校、卫生院、文化广场、演艺舞台、图书室、村史馆、党员活动室、超市、饭店、公共澡堂等公共服务设施，打造出一个乡土特色氛围浓厚、公共设施齐备的生态宜居新村庄。新村建好之后，历时77天的移民搬迁工作，让145户265人移民搬迁户全部入住。一线行动、现场施工，坚持党建引领，突出产业发展、生态宜居、乡风文明三个重点，多措并举有效推进，保证搬迁户"搬得出，稳得住"，集中安置示范新居。2017年6月21日，习近平总书记来到位于岢岚县东川的宋家沟考察。宋家沟是岢岚县易地扶贫搬迁的8个集中安置点之一。当时，安置移民的新房已经建好，大家正在陆续搬迁。"请乡亲们同党中央一起，撸起袖子加油干！"习近平总书记的话，深深刻在宋家沟人的心底。

在建设易地扶贫移民搬迁集中安置点时，岢岚县将特色风貌整

宋家沟村里温馨的农家院落

山西

撸起袖子加油干 特色发展迎改变

——山西省忻州市岢岚县宋家沟乡宋家沟村的蝶变故事

治融入其中,跟进实施小康教育、小康卫生、小康房、小康水、小康路、小康电、小康网等15项行动,让村民过上"水管子接到灶台,出门就能坐上车"的便捷生活。公共浴室、公共卫生间、卫生院、养老院、小学、文化广场、图书室、村史馆、党员活动室等全配套,使迁入户"一步搬入新房子,快步过上好日子"。

强化党建引领转面貌。科学合理划分党小组,党支部及时将原宋家沟村31名党员和易地搬迁来的48名党员,共79名党员划分成立了7个党小组,并将原村民与搬迁来的村民插花编成了7个村民小组。优选配强重塑党支部,乡党委经过严格筛选,决定选派综合素质高、农村工作经验丰富的宋家沟乡副乡长雷文斌出任村党支部书记,并将3名搬迁来的原任村干部充实到新"两委"班子。层层传导建立新格局,实行党支部抓党小组,党小组结对村民小组,党员划片包干联系村民的新格局。以奖代补示范转观念,建立爱心超市,设立孝善基金,制定生产奖补、洁家净院奖补和劳务输出奖补实施办法，以奖代补激励贫困群众自主脱贫致富。评选自主脱贫、率先小康红旗示范户，遏制"以贫为荣""等靠要"等不良倾向，贫困户脱贫致富的积极性、主动性和创造性，被最大限度地激发出来，使"勤劳致富光荣、懒惰致贫可耻"的观念深植人心。

致力旅游开发促增收。串联旅游发展新思路，宋家沟村委托专业部门精心编制了乡村旅游专项规划、景区发展总体布局，健全了旅游管理、服务、宣传等相关制度。完善基础设施强配置，2017年以来，村内配套建设了停车场、游客接待中心、标识标牌系统，建起公共浴室、演出舞台等设施，组织2批次30多名村民到外地考察，引进岢岚天成旅游文化公司进行指导运营。因地制宜着眼乡村游，到目前为止成功举办三届"6·21"宋家沟乡村旅游美食季，共接待游客48万人次，创收260余万元。四年多时间，宋家沟一口气摘下国家3A级旅游景区、全国乡村旅游重点村、中国美丽休闲乡村、全国乡村治理示范村等诸多荣誉。眼中的绿水青山成了宋

今日宋家沟全景

家沟人握在手里的金山银山。

宋家沟村的蝶变是岢岚县委政府按照习近平总书记的嘱托践行脱贫攻坚的具体实践,激励着干部、群众牢记嘱托,共同奋斗,努力创造更加美好、幸福的生活。

宋家沟村基本情况

宋家沟村四分之三的土地是陡坡地。2017年,作为易地扶贫搬迁的集中安置点,周边14个村265人搬进宋家沟,搬来的几乎都是深度贫困户。到2018年年底,宋家沟村农民人均可支配收入达到7791元,贫困人口全部脱贫。昔日的穷山沟逐渐成为美丽的新农村。依托不远处全国唯一一段宋长城、华北地区最大的亚高山草甸荷叶坪草原,宋家沟村大力发展乡村旅游,2018年成为岢岚县首个国家3A级旅游景区,2019又入选首批全国乡村旅游重点村。

13 坚持党的领导　共创民族团结佳话
——内蒙古自治区乌兰察布市四子王旗脑木更苏木"三千孤儿入内蒙"的故事

　　1959年年末，上海、浙江、安徽、江苏等几十座孤儿院的孤儿因为缺乏粮食面临着夭亡和疾病的威胁，仅仅3个月的时间，上海福利院有弃婴5277人入院，最多的一天收容109人。

　　1959年12月底，时任内蒙古自治区政府主席的乌兰夫在北京开会期间见到了全国妇联主席康克清同志，共同商讨如何救济上海等几座城市孤儿的问题。康克清同志说，希望能从牧区调拨奶粉，支援江南各地的福利院。乌兰夫陷入了沉思。奶粉只能救一时之急，孩子以后怎么办？而黄浦江边的危急情势，大量婴儿和幼童面临夭亡的危险。时间不等人，乌兰夫召开会议，决定把这些南方孤儿接到内蒙古大草原，让牧民抚养。

　　于是，一列列火车从黄浦江出发，穿过江南水乡，掠过平原山川，跨长江、过黄河，奔向了辽阔的内蒙古大草原。三千个孱弱的生命重新点燃了生命的希望，三千双惊恐的眼睛看到了慈爱的笑脸。

　　孤儿陆续到达内蒙古后，乌兰夫提出了"收一个、活一个、壮一个"的要求，还让政治水平高，思想觉悟高的牧民家庭来领养这些孤儿，为这些孩子们创造更好的生活条件。

　　在乌兰察布市四子王旗脑木更苏木，有一位善良质朴的蒙古族姑娘，名字叫都贵玛。1961年，她被分配到内蒙古四子王旗临时建立的保育院工作，一下子成了28个孩子的额吉。他们年龄最小的不满周岁,最大的也仅仅5岁,需要在保育院调理好身体之后才能被牧民们领养。年轻的都贵玛在一位助手的帮助下要照顾这些体弱多病的婴幼儿,让他们慢慢适应北方的寒冷、牧家的饮食,向党和国家履行"接一个、活一个、壮一个"的承诺。

"孩子们,吃饭啦。"

"你是谁?这是哪儿?我害怕……"

"我是额吉。乖宝宝,不害怕,这里是大草原,这里可好啦,额吉喜欢你。"

"额吉是什么?"

"额吉是妈妈。你们都是额吉的宝宝!"

那时候,有个两岁小男孩,只有躺在都贵玛怀里才能安静入睡。他会撒娇喊"妈妈",总要跟"妈妈"一起睡。从小失去母亲的都贵玛,理解孩子对母亲怀抱的渴望。每晚,都贵玛都会抚摸着他的头,哄他入睡。

在内蒙古四子王旗脑木更苏木乌兰希热嘎查,都贵玛(中)和女儿查干朝鲁(左)在她们居住的蒙古包前合影

"我7岁失去父母,对这些孤儿有着特殊的感情。"看着这些来自遥远地方的可怜孩子,都贵玛立志为他们打造草原上的第一个温暖的家。为此,这个未婚姑娘克服了常人难以想象的困难。给28个婴幼儿换尿布、喂奶粉、哄睡觉、教蒙古语、照顾饮食起居……都贵玛白天忙得焦头烂额、晚上睡不上一个整觉。孩子生病时,她冒着凛冽的寒风和被饿狼围堵吃掉的危险,深夜一人骑马奔波几十里去找医生。

"我从小就受过疾苦,亲身体会过孤儿的苦难,所以我不能放弃。"在都贵玛的悉心照料下,28名来自上海的孤儿,没有一个因病致残,更无一人夭折,在那个缺医少药、又经常挨饿的年月,称得上是奇迹。超越民族、博大的母爱,给了都贵玛无比的勇气和力量,创造了感天动地的人间奇迹。

汶川地震后,她主动联系嘎查党支部交纳了3000元的"特殊党费";得知当地一所小学有50多名贫困学生,她拿出5000元帮他们交纳相关费用;她是当地边防派出所的"编外"教导员,每年都为边防官兵讲政治教育课。

"我这辈子做的这些事情,其实都是我应该做的事情,党和国家给了我荣誉,我非常荣幸。人的一生总有忙不完的事情,只要身体允许,我还会用自己的能力帮助更多的人。"都贵玛说。

脑木更苏木牧民都贵玛和她28个孩子的故事以不同的形式在全国流传。她的名字在歌声中传扬,她的故事在荧幕上重现,她的善行被写进书中,她被人们称为草原最美的额吉。前不久,这位博爱行善的蒙古族老人被授予"人民楷模"国家荣誉称号,她的身上,体现着国家和民族的大爱,体现着民族团结的精神。

2018年,在内蒙古四子王旗乌兰花镇,76岁的都贵玛(右)和女儿查干朝鲁(左)在自家楼下合影

脑木更苏木基本情况

　　脑木更苏木——隶属内蒙古自治区乌兰察布市四子王旗,地处四子王旗正北部,东与锡林郭勒盟苏尼特右旗图格木苏木毗邻,南与白音朝克图镇、查干补力格苏木相连,西南与红格尔苏木接壤,北与江岸苏木为邻。脑木更苏木境内已探明的地下矿藏有铁、萤石,有629.5万亩天然草场,林地3.5万亩,其中胡杨林500亩。境内现有野生动物5种,野生植物23种。脑木更苏木以畜牧业为主,名优特农产品有杜蒙羊肉,绿色环保农产品有戈壁羊肉。

14 扎根草原　全心全意为农牧民服务
——内蒙古自治区乌兰牧骑的故事

2017年11月21日，习近平总书记给锡林郭勒盟苏尼特右旗乌兰牧骑队员的回信，对乌兰牧骑的历史贡献给予了充分赞誉——"全国文艺战线上的一面旗帜"；对乌兰牧骑队员的优良传统和奉献精神给予高度褒扬——"迎风雪、冒寒暑，长期在戈壁、草原辗转跋涉，以天为幕布，以地为舞台，为广大农牧民送去了欢乐和文明，传递了党的声音和关怀。"回顾乌兰牧骑的发展史，一个个小故事徐徐打开的画面，串成岁月里叮咚作响的乐曲，给人们留下了深刻印象。

旭日其其格是原昭乌达盟翁牛特旗乌兰牧骑的一名主力队员，她曾参加过1964年的全国少数民族群众业余观摩会演、1965年的乌兰牧骑全国巡回演出队。她出生在一个贫苦牧民的家庭。中华人民共和国成立前，父亲和大哥都被巴音（大牧主）逼死，母亲带着几个儿女在草原上四处流浪，旭日其其格的三哥和二姐患病无钱医治，都在流浪中丧生。共和国成立后，母亲才带着他们安居下来，能歌善舞的她带着感恩的心情参加了乌兰牧骑。她练功刻苦，腿肿了、脚伤了，都不当回事。下乡演出，背着行李，拿着乐器，从不叫苦喊累。在三年自然灾害最困难的时候，她和社员们一起除草间苗，宁可吃着野菜和豆粕充饥，也不肯离开乌兰牧骑。

旭日其其格婚后育有一子，爱人在呼和浩特工作。乌兰牧骑要长期下乡演出、宣传、服务、辅导，她就把刚满月的儿子送到布力彦公社阿日善大队的娘家由母亲看护。

1970年9月23日，翁牛特旗乌兰牧骑完成了在阿日善大队的演出任务后，要奔赴格日增、白音塔拉公社演出。这时，旭日其其格的儿子得了肺炎。队里的领导要她留下来看护孩子，但旭日其其格知道，格日增、白音塔拉公社的牧民居住分散，全队要分成几个小队深入嘎查、放牧点才能完成任务。乌兰牧骑队员一专多能，缺了一个人，就缺了几个角色。她不能光顾着自己的孩子，影响全队的工作。她请医生诊治后，把孩子交给母亲就随队出发了。

10月中旬，她离开家不到20天的时间，突然接到了一个电话，让她火速回阿日善。那时，翁牛特旗东部的牧区信息、交通十分不便。旭日其其格借了一匹马，跑了两天才回到阿日善。

在家门口，她跳下马，但门口却没人迎接，这以前，若听到马嘶声，母亲一定会抱着儿子在门口笑盈盈地迎接她。屋里传来了母亲撕心裂肺的哭声，远在呼市的爱人已经在一天前回来了，白白胖胖的儿子闭着眼躺在炕上，静静的，没有一声哭泣与欢笑，母亲哭着告诉她：娃娃已经去世了。本来肺炎已经好了，可不知道为什么，又发起烧来……

旭日其其格疼得昏死过去，儿子是她身上掉下来的肉，每一个表情、动作都历历在目，都在揪扯着她的心。儿子8个月大就会看着她的眼睛，咿呀学语，儿子就这么走了，是割走了她的心头肉啊！她的心不能颤动，和她一样木了。在路上给儿子买的饼干和糖果，儿子一口也吃不上了。

几天后，旭日其其格安葬了儿子，压抑着巨大的悲痛，骑着马归队了。接下来，乌兰牧骑还要在格日增公社巡回演出，有多少牧民还在望眼欲穿等着看乌兰牧骑的演出呢！

在乌兰牧骑这支队伍中，有多少队员白天安葬了父母亲人，晚上就得上台演出，遇到哈哈大笑的剧情，也得笑出声来，戏比天大，救场如救火。

乌兰牧骑是全国文艺战线的一面旗帜，一代代乌兰牧骑队员扎根草原、贴近群众，舍小家为大家，为广大农牧民送去欢乐和文明，为传递党的声音和关怀付出了艰苦努力，为推动农村牧区文化建设，促进民族团结进步，维护边疆和谐稳定做出了卓越贡献。

乌兰牧骑队员在演出

乌兰牧骑基本情况

1957年,乌兰牧骑诞生在内蒙古大草原,蒙古语原意为"红色的嫩芽"或"红色轻骑",意为红色文化工作队。乌兰牧骑,是我国民族文化在内蒙古地区独特的创举,以活跃在草原的短小精悍、队员一专多能、节目小型多样、装备轻便灵活为特点,是兼具草原特色、民族特色、地域特色、时代特色的文艺工作队伍。乌兰牧骑,是在毛泽东、周恩来、邓小平、乌兰夫等党和国家几代领导人的亲切关怀下,在布赫等自治区老一代领导人亲手扶持下成长起来的,是振兴民族文化、满足基层牧民群众文化生活的一支草原轻骑兵,在国内外具有广泛的政治与文化影响。

 发扬白老虎精神　　建设过得硬连队
——辽宁省锦州市古塔区士英街道白老户村英雄白老虎连的故事

在锦城的发源地古塔区，有这样一座隐没在乡村中的战斗遗址——"白老虎连"战斗遗址，它位于辽宁省锦州市古塔区士英街道白老户村村内。提起"白老虎连"战斗遗址，让人的思绪不禁走进那个硝烟弥漫的岁月长河。

1948年9月，锦州战役拉开了国共两军大决战的序幕，这场战役的胜负将对东北乃至全国战局产生关键性影响。攻克锦州的前提和关键是要夺取敌军在锦州周边构筑的外围阵地。锦州守敌凭借锦州西北的大山，以帽山为中心，构筑坚固工事，把防线延伸到义

锦州市古塔区白老虎连战斗遗址

县，以敌22师为防守主力。为消灭锦州城北的外围敌人，"东总"于9月24日下午以4A急电命令9纵队25师于当晚以夜摸渗透战法割裂锦北防线。枪炮声忽然划破了夜的寂静，随着一声令下，9纵25师如神兵天降，痛歼睡梦中的敌22师，切断敌22师退路，并阻击锦州之敌北援，配合我9纵26师协同8纵消灭敌22师，夺取锦北有利地势，为最终攻占锦州创造了有利条件。

1948年9月24日夜间，东北野战军第9纵队25师74团1营1连奉命插入敌人心脏，任务是在次日天亮之前插到锦州城北的白老虎屯，配合主力部队攻打配水池的国民党守敌。这是最漫长的一个夜晚，星星似乎不忍看到激烈的战火，也隐去了光芒。

全连183人在该屯激战16小时，这是怎样的16小时？一寸山河一寸血，冒着敌人的飞机、大炮、坦克呼啸着交织成的立体火网，1连官兵被炸得抬不起头来，这仗该怎样打？10倍于己的敌军先后发动了15次冲锋，如何能抵御得住？183人就像是183颗钢钉，死死地钉在阵地上，敌人火力太猛，1连个头最小的一名小战士在自己身上绑了十几颗手榴弹，扑向敌人主力，只听一声巨响，敌人主力哑了火；一位高个子的战士击退了敌人一个连，当他自己的枪和身边牺牲战友枪里的子弹统统打光了时候，他怒吼一声扑向敌人，永远不倒的身躯死死挡住敌人的子弹，身下的焦土被成串的鲜血皴染；还有几位不知名的战士身负重伤，他们知道多坚持一分钟，就能为大部队赢得胜利的希望，于是他们红着眼睛从掩体爬向敌人的火力点，长长的血路蜿蜒，他们用血肉之躯架起了通向胜利的桥梁。

时间一分一秒地过去，敌人的进攻一次次被打退，但是究竟还

辽　宁
——发扬白老虎精神　建设过得硬连队
辽宁省锦州市古塔区士英街道白老户村英雄白老虎连的故事

锦州市古塔区白老虎连战斗遗址碑

能坚持多久,谁也不知道,全连都只有一个信念,那就是坚持!死打硬拼也要坚持到最后一秒。最后全连只剩37人,退守到该院的这个小屋,仍坚持战斗,25日夜间在我援军的支援下,该连仅剩的37人成功突围。

战斗结束后,纵队司令部政治部为了表彰一连的英雄业绩,授予他们"死打硬拼"锦旗一面,现陈列在辽沈战役纪念馆,并命名一连为英雄"白老虎连";37位同志被誉为37勇士。给连长陈学良、指导员田广文各记三大功,各授予毛泽东奖章一枚。

1949年8月,在布达佩斯召开的世界民主青年代表大会上,中国代表团团长萧华将军报告了"白老虎连"的英雄事迹。1992年7月28日,时任中央军委主席的江泽民同志到该连队视察,为该连队题词:"发扬白老虎精神,建设过得硬连队。"

2019年在庆祝中华人民共和国成立70周年阅兵式上,"白老虎连"荣膺全国百面"阅兵战旗"参加阅兵仪式,再次彰显了英雄连队的光辉历史和辉煌战绩,也昭示着红色血脉代代相传。

"白老虎连"广大官兵在战斗中表现出的"铁心向党、死打硬拼、压倒一切、敢于胜利"的白老虎精神,是他们在长期的革命斗争实践中成长壮大的真实写照,是他们所具有的优良传统和作风的高度凝练和直接体现。

白老户村基本情况

白老户村位居辽宁省锦州市古塔区士英街道。地处锦州市城北,东邻锦州医科大学,西邻北方明珠,南邻东电三公司,辖区总面积0.68平方公里,总户数479户,1347人,共有党员20人,村内有辽沈战役解放锦州"白老虎连"战斗遗址。近年来在古塔区委区政府和士英街道党工委的正确领导下,通过村"两委"的共同努力,村内环境有了明显的改善,村内道路全部硬化、亮化,交通便利。"白老虎连"战斗遗址现存3间西厢房,院落约200平方米,门口立有石碑,正面刻有"辽沈战役红色旅游主要景点白老虎屯战斗遗址"。

16 发扬"干"字精神　牢记初心使命

——辽宁省凤城市大梨树村"干"字的故事

有一个字寄托着一位村书记对初心的坚守、对百姓的热爱、对事业的执着,这个字就是"干"字,这个村书记就是毛丰美。毛丰美纪念馆里展陈的实物、图文和影像,无不传递着"干"字精神。

翻开 2016 年 3 月 2 日的《人民日报》,在长篇通讯《山头矗立一个字:"干"(时代先锋)——追记辽宁凤城大梨树原党委书记毛丰美》中有这样一段文字:"2014 年 9 月,年仅 65 岁的毛丰美积劳成疾,因病逝世。虽然没有墓碑,但他在乡亲们的心中铸就了一座不朽的丰碑。"

1980 年,面对"吃粮靠返销,花钱靠贷款"的穷日子,毛丰美许下承诺,"让大梨树村民过上和城里人一样的好日子"。

毛丰美带领 3 名村干部,北上黑龙江,蹲车站、啃饼子、喝凉水,冒着犯"投机倒把罪"的风险,贩运土豆小米。一年下来净剩 1 万多元,大梨树挖到"第一桶金"。

闯市场,尝甜头,毛丰美干劲越来越足。1983 年,他进城开小旅店。1985 年,他贷款 100 多万元,修建凤城第一家宾馆。1992 年,他建起辽东最大的封闭式贸易市场——凤泽大市场。1997 年,他建起 2.5 万平方米的龙泽农贸中心。两个市场安置 3000 多人就业,为村集体带来源源不断的收益。

与此同时,大梨树村相继办起了铸造厂、缫丝厂、服装厂等十多个集体企业，许多村民变身工人，大梨树人的命运开始整体改变。

1989年，毛丰美带领村民治理荒山。家家户户齐动员，男女老少全参与，锁头"看家"，烟囱"站岗"。鸡叫亮天干，头顶烈日干，披星戴月干。一干十年，荒山变成2.6万亩梯田，栽下各种果树100多万株。毛丰美说："我们改不了天，但可以换地。"

山西大寨村党总支书记郭凤莲赞叹："大梨树村造地规模是大寨当年的10倍，我向农民实干家致敬！"

大梨树村凭借"干"字精神，"造"出了花果山、药王谷、仿古新村、影视城等大型景观，成为国家4A级旅游景区，每年接待党员群众达数十万人，兴起以"干"字精神为统领的红色旅游。

毛丰美曾连任五届全国人大代表，城乡用电同网同价、取消农业特产税、免征农业税等建议和议案，都是他提出的。他履职22年，提出的建议、议案总计232件，几乎件件涉农，被誉为"全国农民的代言人"。

毛丰美逝世后，中宣部、中组部分别追授他为"全国时代楷模""全国优秀共产党员"。

如今，在大梨树村住洋楼、开轿车的村民比比皆是，村民们"过上了和城里人一样的好日子"。大梨树人在村委会主任毛正新的带领下，"干"字当头再出发，已踏上"二次创业"新征程。"过上让城里人都羡慕的好日子"是他们的新梦想。

"大道至简，实干为要。"毛丰美怀揣着一名共产党员的忠诚和为民情怀，将自己"燃烧"，融入大梨树村的山乡巨变。如今，在大梨树村的青山之上，矗立着一座9.9米高的"干"字碑，这是大梨树从穷山沟变成中国美丽乡村的"秘诀"，也是毛丰美"干"字精神的丰碑。

"干"字精神，创造了大梨树村今天的财富，也必将在未来成为大梨树村发展的不竭动力。"干"字精神不仅属于大梨树村，更属于每一个奋斗着的中国人。

改造荒山的场景

如今的大梨树万亩果园

大梨树村基本情况

　　大梨树村位于辽宁省凤城市凤山区西南10公里,设有22个村民组,1642户,4854人,其中满族人口占总人口的76.6%,总面积48平方公里,耕地7440亩,山地5.4万亩,是一个八山半水一分田,半分道路和庄园的山村。大梨树村坚持集体经济与民营经济同步发展,农工商旅一体化推进,建成了以万亩果园为代表的特色农业、金翼钛业为骨干的规模工业、凤泽市场为购物中心的现代商业、赏花摘果为品牌的乡村旅游产业。集体总资产超过4亿元,村可支配财力突破3000万元。大梨树村坚持以人为本、生态兴村的发展理念,实施了治山治水、污染防治、村庄绿化、舒适宜居等环境建设,培育乡村文化,实现了人与自然的和谐。全村人均居住面积超过40平方米,村民100%就业,年人均收入20300元。大梨树村先后被授予国家4A级旅游景区、中国人居环境范例奖等。

17 抗联精神 薪火相传
——吉林省通化市通化县老岭村杨靖宇奇袭老岭隧道的故事

为了打通东北到日本的快速通道,1937年4月,日本关东军开始修建梅辑(集)铁路,一是将东三省丰富的煤炭、铁矿、木材等资源较快地运往日本本土,二是通过这条线路将日本本土的关东军运送至东北,快速占领东北战场。

1938年,日本人在老岭村十二道沟开始修建老岭隧道,杨靖宇将军得知消息后,多次带人秘密侦察施工现场及周边地形、驻军情况,发现敌人守备力量空虚。3月12日晚,杨靖宇将军召开军直属部队干部会议,决定奇袭老岭隧道施工现场。

第二天清晨天还未亮,杨靖宇率领警卫旅一团、三团和司令部

杨靖宇老岭隧道战斗遗址——第一老岭隧道

直属部队，会同二军一部 500 多人冒着严寒，兵分三路，从辑安东岔沟出发，蹚着没过膝盖的雪，向老岭十二道沟工地急行军。

下午 3 点左右，第一路部队到达老岭十一道沟，隐蔽在密林中休整。另两路部队分别到达十一道沟发电所和十二道沟供应仓库的岭上。为进一步掌握敌情，杨靖宇将军派出侦查小分队，发现沟底和山坡上有 400 多名劳工正在伐运木材，杨靖宇得到情报后，迅速转移到离伐木场不远的山头上。

下午 4 时，杨靖宇将军一声令下，抗联战士将伐木场包围起来，手枪队一跃而起，从林中如猛虎下山一般冲进伐木场，现场的十几个鬼子、伪警察、工头都吓傻了，只得乖乖地缴了枪。在场的劳工一听是抗联，纷纷拿着斧头和锯高声喊道："咱们也打鬼子去！"

随后，在劳工的协助下，抗联战士扮成劳工，混在收工的人群里，和工友们一起前往敌人哨卡岗哨，以迅雷不及掩耳之势拿下敌人岗哨，并乘势冲进了拉有电网的老岭隧道工事大柜院里。当时，一个伪工头正在追打劳工，这个伪工头听到声音后立马转到房后，发现是抗联战士，他没命地喊叫道："不……不好了！抗……抗……""联"字还未出口，一名手提铡刀的抗联战士冲上去斜肩带背砍倒了这个卖国贼。

抗联战士连续冲破了三道铁丝网和电网，攻占了防守严密的东亚土木株式会社大柜。当时，日本守备军和隧道工地监工山田劳松、荣田太十郎等一伙人躲在屋内负隅顽抗，最后被抗联战士一一击毙。

同时，第二路和第三路抗联部队顺利地攻入十一道沟隧道工地发电所和十二道沟物资供应仓库，破坏了发电设备，击毙了日军警备小队的漆烟千代松及铁路工地调度久保直左、卫门等人。

至此，抗联部队占领了老岭隧道西口工事区全部的仓库、工厂和工地，缴获了 800 袋面粉、12 包大米和一批服装、弹药等物资，全部运回了东岔基地。

晚上 10 点，杨靖宇留下 500 名精兵，布下口袋阵断后。果不其然，敌人从六道沟调来的伪军和通化城里出动的角田部队先后而至。杨靖宇打响指挥枪，顿时机枪、手榴弹刮风似的射向敌人。不大工夫，把后山的鬼子打得稀里哗啦，仓皇地逃走了。

随后，杨靖宇从容地指挥部队转向十七道沟有序撤退。

杨靖宇领导抗联战士充分利用他的"三大绝招"，在零伤亡的基础上予以日伪当局以沉重的打击，也为当年活跃在东北密林中的各支抗日武装鼓舞了士气。在今天，东北抗联精神不断激励着奋斗不息的东北人民，将焕发新活力，攻坚克难，为东北全面振兴贡献力量。

看守老岭隧道的日军炮楼遗址

老岭村基本情况

老岭村位于吉林省东南部南长白山脚下，辖区面积96.9平方公里。全村生态资源优良，境内拥有石湖国家森林公园和石湖国家级自然保护区，森林覆盖率为95.5%。老岭村大力发展乡村旅游业、食药用菌、绿化苗木产业，是远近闻名的东北红豆杉之乡。2020年，农民年纯收入突破2万元，村集体收入达134.8万元，连续13年为村民分红，为65周岁以上老人发放慰问金。几年来，荣获全国文明村、中国美丽休闲乡村、省级生态村、省级电商村、省级卫生村、新农村建设省级示范村称号，荣登"田野泉杯"网友首选吉林特色乡村影响力榜。此外，还被国家北方水产研究所列为细鳞鱼试点、被农业农村部列为野生猕猴桃资源养护行动试点。

抗联精神 薪火相传
——吉林省通化市通化县老岭村杨靖宇奇袭老岭隧道的故事

18 冰天雪地议戎机 一锤定音挽危局
—— 吉林省白山市七道江村七道江会议的故事

在吉林省白山市浑江区以西 6 公里处,坐落着一个山清水秀的美丽乡村——七道江村。解放战争时期,著名的"四保临江"战役前线指挥所就设在这里,而这里也曾是我军抗击国民党军进攻的最前沿。

建设社会主义新农村以来,七道江村至今仍保留着一座老房子,这是一座长 15 米、宽 6.4 米青砖灰瓦的平房。经多年风霜雪雨的侵蚀,墙体早已斑驳破旧。1946 年,东北民主联军辽东军区部分师级以上领导干部在这里召开了一次关系东北战局的军事会议,史称"七道江会议"。

抗日战争胜利后,国民党蒋介石为抢夺胜利果实,悍然发动内战,大举向我东北解放区发起进攻。面对敌人的强大攻势,我东北民主联军总部及第 1、2.6 纵队撤至松花江以北,称为北满,第三四纵队撤至吉沈线以南地区,称为南满。

1946 年 10 月,国民党军集中 10 万重兵向我南满根据地大举进攻,妄图先占领南满,再集中兵力攻打北满,达到独占东北的野心。在这紧急关头,为加强对南满地区的统一领导,中共中央派陈云同志和肖劲光同志一起到临江指挥作战。而此时,国民党军的进攻连连得手,相继占领了安东(今丹东)、通化等地,我南满根据地只剩下了临江、长白、抚松、濛江(今靖宇)四县未入敌手,当时4县人口只有22万,一下子涌入4万部队和机关干部,被动形势越发严峻,物资匮乏,气候寒冷,吃、穿、住和武器弹药都面临严重困难。南满地区党内、军内部分领导干部对坚守南满缺乏信心,意见不统一。

七道江会议会址(旧址)

为统一全体干部思想,辽东军区于12月11日至14日在七道江村召开了师级以上干部会议,会议由时任辽东军区司令员肖劲光主持,参加会议的有肖华、程世才、罗舜初、吴光华、唐凯、刘西元、彭嘉庆等同志。当时,时任南满分局书记兼辽东军区政委的陈云并没有出席会议,他正在临江带领根据地的百姓开展土地改革运动。

会议开始主要讨论当时南满的形势和以后的作战方针等问题,但没想到会议刚刚进行了不长时间,大家就把话题转到了坚守南满,还是弃南向北的问题上。绝大多数同志认为长白山区地形狭窄,大兵团作战没有回旋余地,以我们现有的三四万的小米加步枪去打有着美式装备的十万国民党军,无疑是拿鸡蛋碰石头,他们主张应该把部队撤到松花江以北,与北满主力会合,这样背靠苏联可攻可退。另一种意见则是以肖劲光同志为首的少数人认为,坚持南满斗争,可以打乱敌人南攻北守的作战计划,防止敌占区连成大片,对整个战局有利,应该留下。

就这样,两种意见相持不下,会议断断续续开了两天两夜,仍没有取得一致意见,这时敌军已经带兵打到了五道江岭,如果还不能统一意见,那就太危险了!这种情况下,肖劲光立即给身在临江的陈云同志打了电话,详细汇报了会议情况,请他来参加会议,以便统一思想作出最后决定。

13日,大雪已下到齐腰深。10时许陈云同志冒着近零下40℃的严寒,顶着大雪来到七道江。他不顾旅途的劳累和身体的不适,径直走进会场,在耐心听取了两方意见后,他并没有即刻作出决定,而是又单独争取了个别领导的意见,全面分析了撤与留的利弊,直到天色渐明。

14日,陈云又主持召开会议。他首先问大家:"你们看,南满还有没有文章可做呀?"有的同志说,南满没有多少文章可做了。有的同志却说,文章还是有做的,看是做什么文章,是做大文章还是做小文章。大家你一句我一句辩论足足进行了一整天。在同志们辩论的过程中,陈云始终很少说话,一直耐心而仔细地听着每个同志的发言。随后,他缓缓地说道:"同志们,如今东北的敌人就好比是一头野牛,牛头牛身子是朝着北满去的,在南满留了一条牛尾巴。如果我们松开了牛尾巴,那就不得了,这头牛就要横冲直撞,南满保不住,北满也危险。如果抓住了牛尾巴,那就了不得,敌人就进退两难,所有说抓住牛尾巴是个关键。"最后他搓了搓几近冻僵的手,加重语气说:"我们来就是为了和大家一起坚持南满斗争的,既然你们让我来拍板,拍板就是坚持南满,我们一个都不走,都留下来打,希望同志们团结一致,共同对敌。如果这个决定做错了,那责任由我一个人承担,不怨大家,我们要在长白山上插红旗,摇旗呐喊!"

吉 林

冰天雪地议戎机 一锤定音挽危局
——吉林省白山市七道江村七道江会议的故事

七道江会议纪念馆正门

陈云同志在七道江会议上的讲话,充分体现了一个共产党人应有的担当,也为当时飘摇动荡的南满局势指明了正确的方向,这是挽救南满危局的基点,是胜利保卫临江的前奏,是扭转整个东北战局的序幕。

在作出决定后的第三天,"四保临江"战役打响了,在此后的108天里,国民党军连续四次进犯我长白山根据地,我军南满部队在北满部队的配合下奋力抵抗,成功击退了敌人一次又一次的进攻,粉碎了敌人南攻北守、先南后北的战略企图,使我军从战略防御转为战略进

七道江村

攻，并为随后所发起的辽沈战役奠定了坚实的物资、思想和战略基础。而"七道江会议"也因其在整个东北解放战争中起到的重要作用而载入我党我军的史册。

如今硝烟早已散尽，但是七道江会议带给我们的全局考虑、民主集中的务实精神；坚定执着、果敢决断的担当精神；英勇顽强、敢于胜敌的无畏精神必将永存！而陈云、肖劲光、肖华等老一辈革命家们建立的卓著功勋也值得后人铭刻于心。

今天，站在浑江北岸远眺，南岸边庄严肃穆的七道江会议会址清晰可见，不远处的跨江大桥车来车往，村边的各种设施、农业大棚连绵起伏，眼前清澈的浑江水静静地流淌。

山泛绿，初心红！盛世如斯，这便是对先辈最好的告慰。

七道江村基本情况

七道江村位于吉林省白山市浑江区以西6公里处，面积28.5平方公里，全村有14个社，1162户，人口5236人，是目前白山市人口最多的一个行政村。在七道江会议会址西侧建有七道江会议纪念馆。整个场馆占地2050平方米，1987年被吉林省委省政府评为省级重点文物保护单位，2006年被评为吉林省爱国主义教育基地、党史教育基地。

19　七十年　三代人　一座精神丰碑

——黑龙江省佳木斯市新中国第一个集体农庄星火村的故事

星火村是"新中国第一集体农庄的诞生地",有着光辉的创业历史和农业发展史。

1955年7月,1118名代表齐聚北京参加一届全国人大二次会议,正式审议并通过了中共中央主持拟定的《中华人民共和国发展国民经济第一个五年计划(1953–1957)》,把对农业、手工业和资本主义工商业实行社会主义改造作为我国第一个五年计划的重要部分写在了决议中,而如何对农业进行改造从而满足社会主义建设初期国家推进社会主义建设,实现中华民族从不断衰落到根本扭转命运的伟大飞跃,是摆在所有代表面前的一道难题。第一位在会议上发言的农民代表——星火集体农庄金白山的发言引起了强烈反响。

金白山在发言中详细描述了星火农庄的生产方式和增产增收情况,当时很多农民代表不知道什么是拖拉机,电灯也是到大会堂第一次看到,睡觉的时候连寝室的电源开关都不会用。金白山给大家讲我们是如何使用拖拉机耕种翻地的,吸引了湖南、湖北一众代表,让大家对星火农庄羡慕不已,当时的星火农庄已经有了将近4年的集体化生产经验。金白山用星火集体农庄建立了全国第一个集体农庄、拥有第一个拖拉机站、成为第一个突破性大面积高产地区、成立了第一个农民水稻科研小组、拍摄了第一个农村题材纪录片、是第一个写进小学课本的集体农庄……无数个全国全省第一的真实案例向代表们论证了"农业要发展,走集体化富裕之路是必经之路"。该次会议后,合作化运动发展得很顺利。到1955年年底,全国半社会主义性质的初级农业生产合作社发展到67万个。

1951年2月19日,诞生于星火村的新中国第一集体农庄,发轫于不搞行政"拉郎配"式的共耕组,坚持搞"自愿互利"耕作组、地增产、人增收的三庄"金白山第五模范耕作组"的探索和启迪;成长于金白山担任第一农庄主席、李在根为农庄副主席兼党支部书记后,带领干部群众,团结一心、艰苦奋斗、勇于创业,走集体化共同致富之路。金白山1949年在三庄担任生产委员期间开创性地组织5户农户成立集耕组,走合作化性质雏形的生产耕作组,取得了令人羡慕的增产增收成果。1951年2月19日,在党的指引和农场厂部的支持下,组织星火集体农庄创始人共同成立了新中国第一个集体农庄。由于农庄增产和建设闻名于全国,金白山本人和农庄多次受到各级表彰奖励。他曾担任第一届、第二届全国人大代表。1952年10月国庆三周年之际,金白山作为全国少数民族国庆观礼代表登上天安门。踩着泥土干活的农民能到北京受到毛泽东、周恩来、刘少奇、朱德等党和国家领导人的接见,是想都没有想过的事情。首次去北京的金白山因为没有皮鞋,穿了双农田鞋就上了天安门观礼台。

金白山被选为全国人民代表从北京回来的时候,村里热闹非凡。人们排队欢迎他。他每次从北京回来的时候都会给人们讲最关心的事情,在北京听到的消息。那时的人民代表是大家共享的幸福和荣誉。金白山去世后,李在根担起重担,在全体社员的共同努力下,水稻生产逐年发展,单产不断提高,特别是十一届三中全会以后,实行家庭联产承包责任制,农业和工副业飞速发展,全村走上了富裕之路。1987年,李在根参加了全国部分省市农业劳动模范座谈会,作了"科学育种、利国利民"的发言。

改革开放后,国门敞开。星火人在乡村干部的帮助下,有338户村民陆续走出国门,外出务工经商,每年赚的比在村里高了十几倍。村党支部派人到星火人务工经商的区域中心建立联系点,面对面介绍星火村发展情况和家里留守老人的信息,引导他们成为当地文明打工者,并将学习到的好经验及时反馈给村里,鼓励他们早日回到家乡,二次创业做贡献。党的十八大后,村书记定期给赴韩国务工人员打电话,讲述家乡的新变化,引凤还巢。2018年,村民韩柳花第一个回村,被选为村里的妇联主席。她将在外地经营了近10年的配餐公司做好股权分配,委托给当地的合作伙伴经营,一门心思带着村民发展特色种植,成立星火村"柳花姐无公害开心小菜园"种植合作社,大力发展绿色有机蔬菜种植。同时,她还协助党支部建立电商平台,帮助老人们网上购物。返乡回村创业的金哲浩,成为花卉种植户,每年花卉种植面积400~500平方米,雇佣贫困户,增加了贫困户收入。如今,星火村还有30多位外出务工村民准备返乡创业。

同时,星火村针对大部分村民外出打工,承包地无人经营的状况,不断改革创新,探索完善土地流转方式。从零散向种田能手流转到向社会资本集中流转,从单一流转要粮向要绿色生态综合效益进行转变。在村两委带领下,星火村在全省率先推出了建立土地托管所的改革之策。在不改变土地所有性质的情况下,星火村党支部成立了由村干部、村民代表组成的土地托管服务中心，决定把全村7220亩水田整体流转给经济有实力、信誉好、县域有产业的黑龙江滨江水稻种植专业合作社经营，村民带地入社，既得租金，又得合作社通过深加工增收部分的二次红利。种植合作社理事长陈波的目标是：利用5年左右时间，将星火村的水田全部改造建设成为产粮又产"景"的生态有机品牌田。

大力发展绿色食品产业。2018年，村里还有19户贫困户32口人没有脱贫，村书记崔哲俊大病初愈就与村两委和老年协会研究决定采取以"龙头+合作社+农户"的形式，整合土地资源，全力扶持村里能人崔泰国创办民族食品加工厂。贫困户利用闲置菜园，发展无公害蔬菜，与星火第一集体农庄副食品加工厂签订供销合同，为其定向种植朝鲜族泡菜所需的蔬菜原料和加工晾晒半成品。2019年，全村19户贫困户32口人如期脱贫摘帽。

大力发展民族文化产业。深入挖掘开发民族民俗文化，将其与旅游深度融合，打造了"特色民俗村寨"旅游。通过开发民俗体验、乡村旅游、农业观光、休闲娱乐、养生康体等旅游项目，实现了整村改造。2019年3月，"星火庄园壹号民俗村寨"项目正式启动，项目总投资7000万元，占地面积15.88万平方米，建筑面积2.18万平方米，主要建筑有村史博物馆、接待服务中心、民族饭店、长短期出租特色民宿、休闲广场、垂钓和荷花观赏、采摘园、文体活动中心、朝韩购物中心、污水处理站等设施。如今，已完成33栋民宿住宅主体建设，项目区内的给排水、热网、供电、通信等设施建设也已竣工。接待服务中心、朝韩购物中心、民族饭店及33栋民宿住宅正在进行内部装修。目前，项目尚在建设中，就有60多

佳木斯星火村发展成就

位星火村民参与打工。项目建成后,预计可实现年接待游客10.8万人次,年销售收入2160万元,年缴税金162万元,安置就业岗位100个。按照约定,形成效益后,将拿出利润的10%给村民分红。

星火朝鲜族乡星火村基本情况

星火村全村 407 户 1047 人,耕地 7220 亩,全部是水田。村内基础设施完备、人居环境优美,建有 3 栋村民住宅楼,共能容纳 120 户,整村铺装了沥青路面,建设了垃圾分拣中心、污水处理站,完成电线及通信电缆明线入地,铺设污水排放管网,将全村 95 栋平房改造为朝鲜族风格民居,新砌了 5000 余米朝鲜族风格青砖围墙,手绘了 2000 余平方米的民族风俗墙画,实现村内环境进一步美化、亮化。现在的星火村是"全国文明村""中国少数民族特色村寨""全国乡村旅游重点村"。

通过招商引资建成集游客接待、综合服务、长租庄园、短租庄园、休闲娱乐和民俗展示于一体的星火庄园壹号民俗村寨,同时配套建设新中国第一集体农庄体验馆、休闲娱乐区、农耕文化体验区、稻草艺术展示区和民俗游戏体验区,为周边城区市民近郊旅游提供特色餐饮和特色民宿,打造多元化文化度假区。

星火集体农庄建庄 70 年来,在三代村级党组织(党支部)带领下,敢于担当、团结互助、艰苦奋斗、改革创新、矢志不渝、努力拼搏,在创业、互助、共富、振兴的发展路上,创建了新中国第一个集体农庄,打造了"星火大米"品牌,探索开拓出一条摆脱贫困走向全面小康生活、一二三产业全面发展、全方位振兴的康庄大道。

20 从"北大荒"到"北大仓"
——黑龙江鸡西 856 农场"北大荒"人屯垦开荒的励志故事

朋友,你听说过北大荒吗?这里是世界最著名的三大黑土带之一,"捏把黑土冒油花,插根筷子也发芽"是它的肥沃写照;"棒打狍子瓢舀鱼,野鸡飞进饭锅里"是它的富庶传说。然而,曾经的北大荒面目狰狞,没有人迹。"天苍苍,地茫茫,一片衰草和苇塘,山中霸主熊和虎,原上英雄豺和狼。"

如今的北大荒是国家粮食安全食品生产基地

从 1947 年开始,北大荒人以人民军队复转官兵为先驱,历经三代人,先后有 14 万转复军人、20 万支边青年、54 万城市知识青年、10 万大专院校毕业生和地方干部,前赴后继向荒原进军。书写了人类拓荒史上的奇迹,他们用鲜血和生命锤炼出"艰苦奋斗,勇于开拓，顾全大局，无私奉献"的北大荒精神，成为中华民族宝贵的精神财富。

2018年9月25日，习近平总书记来到北大荒，他双手捧起一碗大米，意味深长地说"中国粮食！中国饭碗！"

这一句"中国粮食，中国饭碗"，让无数的北大荒人潸然泪下。这是总书记对北大荒最高的褒奖，也是对北大荒人最有力的鞭策。如果逝去的徐一戎先生能听到这句话，他也一定会感到欣慰。

1924年，徐一戎出生在辽宁省北镇县的一个书香门第。1956年，徐一戎毕业于东北大学农学院，他来到黑龙江垦区的莲江口农场工作，组织上安排他研究水稻学——挑战禁区、突破禁区，让寒地长出水稻，谁知道他为此着了魔，一研究就是一辈子。

为了寻找适宜北方寒地的水稻品种，徐一戎四处写信，八方求援。有了一点线索，他就不管百里千里，登门收集。走得急，乘车都没有座位，吃不好，睡不好，有时一站就是十几个小时，站久了，累乏了，腿肿了，站着就睡着了。实在困得难受，他就铺张报纸，在座位底下躺一夜。他经常被乘务员当作逃荒的农民轰起来，那滋味实在难熬。但一想到目的地的水稻种，他就有了无限的力量。住小店，吃小吃，发面饼就咸菜。徐一戎行程近万里，收集水稻品种材料近千份，为北大荒寒地水稻开发第一代品种提供了难能可贵的亲本。徐一戎对带回来的有希望的品种进行耐冷性试验，最多的时候70多个品种一起试验。条件有限，他就将秧苗栽在花盆、木槽里，放在经过处理的畦池中，用井水考验耐冷性能，采用不同的调控措施，从中筛选适宜北大荒的耐冷品种。

徐一戎的家中随处可见的就是水稻，瓶子、罐子只要能利用上的都让他种上了水稻。记不得具体实验了多少个品种，失败了多少回，经过无数次摸索，一个生长周期一个生产周期地观察，徐一戎终于掌握了寒地水稻生长期间的特点，扣开了寒地水稻禁区的大门，攻破了寒地直播水稻亩产超千斤技术难关，创造了黑龙江省直播水稻栽培史上的单产最高纪录，并在国内首次绘制出直播水稻早熟高产长相指标及生育进程模式图，使垦区水稻面积增加10%，亩产提高3.4%。禁区被突破了，寒地水稻同小麦、大豆一样走进了主栽作物的行列。人们说，这是北大荒种植史上的一场革命。

徐一戎视水稻如生命，50多年来矢志不渝地致力于寒地水稻栽培技术的研究、推广和教学，共写出318本总计2300多万字的学习笔记及翻译资料和科技论著，他编辑出版了《农业统计资料汇编》；创办了《东北农业》；编辑了一批农业丛书。足迹遍及黑龙江垦区87个水稻种植农场和省内30多个市县，累计增效100多亿元。2008年，他将获得的各项奖励的奖金共100万元，全部捐给黑龙江省农垦科学院，用于研究北大荒水稻的可持续发展。2014年5月，徐一戎于哈尔滨病逝，享年91岁。

正是有了以徐一戎为代表的一代代北大荒人的不懈努力，才会有如今的北大荒，如今的北大荒早已成为国家重要的商品粮基地、粮食战略后备基地和现代农业的示范基地。北大荒累计生产粮食9570.6亿斤，累计向国家交售商品粮8116.6亿斤。粮食综合生产力连续稳定在400亿斤以上，为中国人端稳自己的饭碗做出了重要贡献。

80岁高龄的徐一戎老先生(左一)在田间地头调研水稻秧苗生长情况

856农场基本情况

徐一戎曾开垦过856农场。"856农场刚建场的时候,小青山还是一片荒原,常有成群的野猪出没。"回忆创业时情景,徐一戎脸上闪现出激动和喜悦。"一切都是创造出来的。马架子、小草房,甚至搭个帐篷,铺上草就开始搞研究。"尽管条件艰苦,但他筛选出的30多个水稻品种里,最高亩产达到242公斤。

现在的856农场还建有"徐一戎水稻科研项目试验示范基地",经过一代代垦荒人的建设,856农场已经成为国家重要的商品粮基地、国家863计划智能化农业信息技术示范基地、国家级"绿色食品原料'水稻'标准化生产基地",农业农村部"全国优势农产品产业带建设示范农场""测土配方施肥项目示范场",全国第一水稻大场,寒地水稻之乡,水稻亩产可达到700多公斤。

21 衣冠承忠骨,牡丹祭英魂

——上海市宝山区罗店镇天平村野战医院的故事

在天平村石太路以北有一片占地面积约30亩的牡丹园,当你走进这片牡丹园,那国色天香、高雅艳美的牡丹花海定能让你心旷神怡、流连忘返。而牡丹花海绽放的这片热土所诉说的上海解放时战地医院的故事,更让人肃然起敬。

这个故事发生在战火纷飞的年代。1949年4月下旬,人民解放军百万雄师渡过长江,追歼逃敌。5月上旬,第三野战军抵达上海外围,形成了对国民党军的战略包围。蒋介石集中了8个军25个师约20万兵力,配备上百辆坦克、装甲车,退守上海,妄图在上海长期盘踞,等待国际形势变化。5月13日,解放军第29军奉命向月浦发起进攻,解放上海战役在月浦打响了。我军将士遭到国民党军的猛烈火力打击和海军舰炮打击,伤亡巨大。

当时,在现在的天平村牡丹园附近驻扎了一所野战医院。前线运下来的伤病员,被接二连三地送往这里。一些轻伤员在稍事包扎之后便重返前线。一些重伤员留在野战医院继续治疗养伤。这里成了战场的后勤补给地,为伤员提供了基本的医疗服务。

一天,国民党部队突然发起偷袭,攻势异常猛烈。一时间,医院周边枪炮声四起,野战医院里的伤病员和医护人员面临着生死考验。为了保护野战医院人员的安全,野战医院必须及时转移。但由于医院能作战的人员有限,在如此猛烈的炮火下一时很难全身而退。

枪声、炮声就是战士战场的集结号,在这千钧一发的时刻,许多轻伤员主动报名,要求参加阻击敌人的战斗。他们说"我们是伤员,但也是一名军人,更是一名党员!"于是,其中16名伤员扛枪杀敌,击退了敌人一次又一次的攻势,为野战医院转移重伤员赢得了宝贵的时间。

野战医院终于安全地转移了,而掩护转移的16名伤员却全部光荣牺牲……战争无情,无人知晓这16名战士的名字,甚至有的战士连遗体都无法找到。当地百姓只能把这些无名烈士的衣服收集埋葬,修建成衣冠冢。人民铭记革命先烈,缅怀人民英雄。1956年,这些烈士的衣冠冢全部迁移到宝山烈士陵园,为后人所敬仰。

"没有先烈的鲜血,就不会有今天的幸福生活。"天平村村民没有忘记,当年有多少人在这里抛头颅、洒热血;天平村村民也永远不会忘记,一位又一位像这些无名战士一样的英雄,为上海的解放、为全国的解放献出了自己宝贵的生命。这种不怕强敌、不畏牺牲、英勇顽强的精神震撼人心!野战医院的故事给天平村留下了珍贵的精神财富,天平人一定会牢记革命英烈的精神,追逐烈士们的脚步,铸就先烈们的梦想!天平人将继续坚定不移地听党话、跟党走,进一步推进乡村振兴工作,以只争朝夕的姿态奋勇拼搏,力求将天平村建设为农业高质高效、乡村宜居宜业、农民富裕富足的新时代特色乡村。

昔年野战救护场,负伤尤战忠骨魂;英烈血洒天平村,革命精神记心间;牡丹倾城贺盛世,乡村振兴勇拼搏。

上海

衣冠承忠骨，牡丹祭英魂
——上海市宝山区罗店镇天平村野战医院的故事

鲜花满园

今日村舍

天平村基本情况

　　天平村位于罗店镇东北角,北与罗泾镇交界,东跟月浦镇相邻,总面积3952.35亩,共有13个村民小组,总户数521户,户籍人口1669人,常住人口841人,是上海市第二批乡村振兴示范村之一。2019年天平村全村可支配收入1100万元,人均年收入3.5万元,2020年全村可支配收入1456万元,入选由中华人民共和国农业农村部公布的"2020年乡村特色产业亿元村"名单。

　　近年来,天平村通过发展特色农业,形成规模化水果采摘、蔬菜种植、花卉养殖基地,由传统的粮棉之乡成功转型为新型的花果之乡;发展"一村一品"的永大菌业,不断深化"企业+合作社+农户"运作模式,食用菌年产值预计为1.5亿,成为沪郊声名鹊起的"菇乡";观花赏鱼、采摘蔬果、乡村渔耕、休闲康养,通过引进现代旅游观光业、养生养心产业,倾力打造具有鲜明特色、温馨走心的乡村服务产业链,将生态优势转化为产业优势,生动再现新时期沪上乡村振兴示范村的别样风采。

22 用生命诠释英雄气概
——江苏省淮安市淮阴区刘老庄村"八十二烈士"的故事

1943年3月中旬，日军第17师团在向淮海区撤退途中寻歼新四军主力，3月18日清晨，日军以庞大的骑兵部队向淮安市刘老庄阵地发起冲击。

强敌压境，新四军第三师七旅十九团二营四连挺身而出。连长白思才，江西人，16岁参加中国工农红军，参加过长征，身经百战；指导员李云鹏，江苏邳县人，抗战前是个小学教员，抗战开始后，只身赴延安参加抗大学习，是一个优秀的政治工作者。二人带领四连82名战士固守阵地，开启了一场惨烈的阻击战。

1943年3月17日，新四军三师十九团根据代军长陈毅的指示，迅速集结，星夜向泗阳山子头地域进发，白思才和李云鹏率部队赶到刘老庄宿营，待次日拂晓再转移到泗阳众兴。

次日凌晨3时，淮阴城日军驻地突然响起紧急集合号，步、骑、炮兵连夜出城，分路北犯，直指六塘河，企图寻找新四军主力部队作战。四连哨兵发现敌情，迅速向连长白思才报告，白思才和李云鹏一致决定，要先阻击敌军，以便为群众和党政机关转移赢得时间。

第一场伏击战，四连打得敌军人措手不及。敌军随后发起猛烈反击，四连战士只好有序向"交通沟"里转移。此时的四连已经陷入重重包围之中。上午9时左右，敌人发起第一次冲锋，被坚守在"交通沟"里的四连用机枪、步枪和手榴弹打退下去。随即,敌人组织了第二次、第三次冲锋,集中所有炮火对四连阵地狂轰滥炸,在方圆不到百米的四连阵地上,落下了难以计数的炮弹,20多名四连战士相继倒下。

弹如雨下,白思才不幸中弹,左手被炸飞。几个小时的轰炸中,四连的处境更加艰难,但四连战士顽强不屈,坚守阵地,连长倒下了排长上,排长倒下了班长上,班长倒下了共产党员上,下午4时许,全连仅剩30多名伤残指战员,弹药消耗殆尽。

临近黄昏,决战时刻来临。指导员李云鹏喊道:"同志们,接受党和人民最后考验的时刻到了!"战士们一跃而起,跳出战壕与日军肉搏,刀光起落、杀声震天。

在这场惨烈的战斗中,刘老庄战斗四连82名勇士抗敌一千余人,激战竟日,击毙日军170人,伤敌200余人,四连82名勇士全部殉国。

八十二烈士纪念馆

刘老庄今貌

刘老庄战斗之后,整个淮海区掀起了参军热潮,根据地的乡亲们选送了82个优秀子弟充实了四连并称之为"刘老庄连"。在烈士精神的鼓舞下,新四军三师指战员高举着烈士鲜血染红的战旗,冲锋陷阵,英勇杀敌,为淮阴人民的解放事业做出了不朽的贡献。

八十二烈士壮烈殉国的消息传出以后,引起了根据地广大军民的无限敬仰与怀念。八路军总指挥朱德在《八路军新四军的英雄主义》一文中,把它誉为"我军指战员英雄主义的最高表现"。新四军代军长陈毅同志也说:"这是惊天地、泣鬼神的英雄壮举。"

2014年,习近平总书记在纪念抗日战争胜利69周年大会讲话中称:新四军"刘老庄连"等众多英雄群体,是中国人民不畏强暴、以身殉国的杰出代表。2014年9月,刘老庄连入选首批300名全国著名抗战英烈名录。

2017年,在庆祝中国人民解放军建军90周年大会上,习近平总书记在讲话中强调："狼牙山五壮士"、"白刃格斗英雄连"、"刘老庄连"、董存瑞、邱少云、黄继光等无数英雄群体和革命先烈，用生命诠释了一往无前的英雄气概。

在建党一百周年的重要时间节点上，革命烈士们服从大局、严守纪律、敢打硬拼、英勇善战，顽强拼搏、勇于牺牲，生命不息、战斗不止的革命精神，至今仍然是激励党员不懈奋斗的宝贵精神财富和砥砺前行的不竭动力。

刘老庄村概况

刘老庄村坐落于江苏省淮安市西北20公里处，东接326省道，西邻205国道，距淮安涟水机场仅12公里。全村下辖4个村民小组，共有村民1795人，面积2.1平方公里，耕地3198亩。村党总支下设2个党支部，共有57名党员。刘老庄村拥有丰富的红色文化资源，位于国家级重点红色旅游景区——新四军刘老庄连纪念园旁。近年来，刘老庄村积极发扬革命老区红色精神，全村党员干部和群众顽强拼搏、勇挑重担，把一个曾经村民居住散、废沟废塘多、环境脏乱差、村级集体经济负债达7.8万元、人均收入仅为3800元的省定贫困村，发展成为新农村建设的先进村。2018年，刘老庄村实现村集体经济收入120万元，农民人均收入达1.6万元，该村每年接待游客达40余万人次，综合实力显著提升，先后被国家和省市授予"全国创先争优先进基层党组织""全国文明村""全国民主法治示范村"等荣誉称号。

23 建成新海军 扬帆新征程

——江苏省泰州市高港区白马庙人民海军诞生地的故事

在泰州市高港区白马村,有一座"人民海军诞生地"纪念碑,沿着小楼的院墙,走到入口处,墙面上还有两块张爱萍将军手书的铭文,"中国人民解放军海军诞生地"和"中国人民解放军第三野战军渡江战役指挥部",72年前,中国人民解放军海军就诞生于此。而这个临江而不靠海的苏中小村落何以成为人民海军诞生的地方?

1949年1月8日,中央政治局会议决议《目前形势和党在一九四九年的任务》提出:"一九四九年至一九五〇年我们应当争取组成一支能够使用的空军及一支保卫沿海沿江的海军。"同年3月,第三野战军南下准备渡江战役,中央军委随即指示由三野负责组建

海纪馆新馆全景图

人民海军。3月下旬,张爱萍将军参加在蚌埠孙家圩召开的渡江作战会议时,三野司令员陈毅向他传达了党中央和中央军委的决定。

张爱萍听后感到非常兴奋,又感到压力很大,鉴于海军是技术性很强、陆海空诸军兵种特点俱有的现代化军种,他一时感到无从下手,张爱萍说:"搞海军,我自己连游泳都勉强,难以胜任。"但陈毅强调,"这是历史逼着我们去干的,而且非干好不可;要你去干,是党中央对你的信任,你是合适的人选。"张爱萍毅然决定挑起千斤担,组建人民海军,不负党和人民的重托。

根据中央军委指示,1949年4月上旬,张爱萍来到三野司令部所在地泰州白马庙负责筹建人民海军。与泰州城相距不远的白马庙,虽不临江不靠海,但交通便利,距离长江北岸只有十几公里,加上白马庙是革命老区,群众基础好,附近还有传统的造船村庄,为解放军准备渡江建造了许多木船。但筹备海军的优势也仅限于此。

在几乎"一穷二白"的情况下,海军开始了艰难的筹建工作。为尽快把海军成立起来,时任第三野战军副司令兼第二副政委的粟裕直接将三野教导师师部率第3团、直属步兵营、直属侦查营拨给张爱萍,作为海军机关与直属部队的基础。此外,还有苏北海防纵队等"准海军"部队若干,起义的国民党海军也纳入了人民海军的编制。随后,粟裕又从野司机关选调了82师副参谋长李进、三野司令部采购科科长张渭清、三野司令部作战参谋黄胜天、管理员温礼芝等人帮张爱萍筹建海军班底。

这个筹建海军的班底,加上张爱萍一共才13个人,这大概是世界上"最小的"一支海军了。至此,人民海军在战火中诞生了,一群矫健的白马奔腾飞向海防前线,点燃了中国人民保卫祖国海疆、开拓海洋事业的火炬。

1949年4月23日，就在白马庙的一座小楼上，中国人民解放军海军第一支部队：华东军区海军正式成立了。

人民海军从这里扬帆起航，人民海军在艰苦中创业，在战斗中成长，劈波斩浪、风雨兼程，从白手起家到五大兵种齐全，从沿岸近海到远海大洋，从捍卫国家领海主权到维护世界和平，犁出了一道波澜壮阔的伟大航迹。

海军舰艇公园

江苏

建成新海军 扬帆新征程
——江苏省泰州市高港区白马庙人民海军诞生地的故事

白马庙基本情况

白马庙是坐落在江苏省泰州市城边一个不起眼的乡村小镇，是泰州市革命老区之一，也是中国人民解放军海军成长史上的一个里程碑。抗日战争时期，白马庙地区就建立了党的组织。解放战争时期，在辽沈、淮海、平津三大战役后，党中央及时召开七届二中全会，提出了促进革命迅速取得全国胜利和组织这个胜利的各项方针，进一步武装了全党全军的思想。1989年2月17日，中央军委发布命令，确定1949年4月23日为中国人民海军成立日，同时，确认白马庙为中国人民解放军海军诞生地，白马庙被正式载入我军的光荣史册。

24 人民就是江山
——江苏省徐州市泉山区淮海战役纪念馆支前的故事

1948年的冬天，淮海平原上已经铺满了厚厚的积雪，大运河西岸的宿迁县，一支907辆小车组成的运粮队出发了。走在队伍最前面的，是一个个子不高，脸色黝黑，身材瘦小的姑娘，她穿着一件红棉袄，推着一辆插着小红旗的独轮车，在队伍中尤其的显眼。

这个姑娘叫朱永兰，1931年，她出生在江苏宿迁的一户农民家庭，在她7岁那年，母亲被日军残忍杀害，年幼的她与父亲相依为命。解放战争爆发以后，朱永兰积极投身支援前线的工作，16岁时就光荣地加入了中国共产党，共产党员的身份，使得她更加勤奋学习、努力工作。

有一天，正在家里做军鞋的朱永兰听说村里要组织运输队到淮海前线去，她赶紧跑去报名，村长见她来了，笑着说："妹子，支援前线路途遥远又危险，你一个女娃娃，不方便呀！你还是留在村里指挥妇女做军鞋吧。"朱永兰听到这话，生气地说："女人咋了，支前还分男女？俺跟您保证，绝不拖大家的后腿。"村长说不过她，只好同意让她参加，就这样，朱永兰成了支前队伍中唯一的女性，还当上了宿迁大兴区支前运输队的中队长。

接到任务后，朱永兰带着小车队出发了，他们冒着风雪严寒，踏着泥泞的小路，走过了一个又一个的村庄。有一次，朱永兰连续发了好几天的高烧，队友们看着她苍白的脸，实在心疼："队长，你生病了,咱没有药,这一天下来你就啃了半块高粱饼,要不,我从麻袋里给你掏几粒米嚼嚼!""你胡说!"还没等他说完,朱永兰就生气了,"这些米是给前线子弟兵的,一把米就是一分战斗力,我作为共产党员,怎么能偷吃军粮呢!我这点小毛病不算啥,前方的战士不也在冰天雪地里饿着肚子跟敌人战斗吗?"话音刚落,她就转身推着小车上路了。

夜色渐渐降临,天上却下起了大雪,乡间泥泞的小路,车子一动就压出一条深沟,大伙都走得很吃力。突然,走在最前面的朱永兰的小车停住了,队友走近一看才发现,原来她一脚陷进了冰窟窿,连人带车都栽进了泥坑里。队友们赶忙把她从坑里拉出来,可朱永兰顾不得擦掉身上的泥巴,就对她身边的队友说:"快快快,找根树枝插在这里,给后面的车子做个记号,免得他们再摔跟头。"当后面的车队绕过树枝走到这里时,她早已消失在了茫茫的风雪中……

朱永兰就是这样用实际行动去诠释着一个共产党员的责任——以身作则,率先垂范,吃苦在前,冲锋在前。淮海战役前后3个月的送粮运输中,她曾亲自推车拉车,连续七昼夜转运粮食,仅是草鞋就跑坏了4双。寒冬腊月,白雪皑皑,一个柔弱的女子,和男人一起并肩战斗。荆棘和野刺刮在她身上,她没有退缩;棉裤刮烂了,她就穿着一条单裤;鞋子磨破了,她就光着脚走完了四百里的风雪淤泥荡。

陈毅曾不经意间看到了支前队伍里的朱永兰,赶紧把她叫了出来,走近以后才发现,她那双被冻得麻木的脚,已经红肿的像个大萝卜。陈毅叫来了身边的通讯员,问道:"你们有哪个脚小的,快找两双鞋子给她。"当得知朱永兰还不到18岁时,陈毅竖起了大拇指:"想不到我们的队伍里还有个女英雄,你是了不起的巾帼英雄啊!"

淮海战役中,动员的小推车就有88万辆,在这88万辆小车的背后,是543万翻了身的农民,他们推着小车,挑着扁担,抬着担架,跟在解放军的身后踊跃支前。自己吃着红辣椒、红萝卜咸菜,红高粱饼子,车上推着的却是大米和白面。虽然他们文化程度不高,但他们懂得是谁让他们翻了身,谁让他们吃饱饭,谁让他们不再卖儿卖女受人欺。这些朴实的劳动人民无以回报,唯有推着小推车,把源源不断的物资送到前线。推着历史的车轮,跟着共产党奋勇向前!

73年前,一道道车辙在广阔的淮海大地刻画出民心所向,一辆辆小推车汇聚成不可阻挡的历史洪流。73年后,初心不改,血脉赓续,小推车昭示的真理闪耀寰宇:"江山就是人民,人民就是江山!"

支前民工将粮食送往前线

淮海战役纪念馆基本情况

　　淮海战役纪念馆位于江苏省徐州市泉山区解放南路2号，于1965年11月6日建成开放。2003年5月，淮海战役纪念馆进行扩建，2007年7月，新馆建成开放。淮海战役纪念馆占地7万平方米，建筑面积2.56万平方米，半径25米、高28米的全景画馆位于其中心。馆内陈展面积1.2万平方米，共分序言、战前形势、战役实施、人民支前和缅怀英烈等6部分内容，共展出文物、照片、图表近3000件，复原场景9个，展线1470米。全景画《淮海战役》画布长150米，高20米，以战役3个阶段的主战场为创作背景，用写实的艺术手法，再现了淮海战役的生动场景。

25 铭刻望道记忆，传承信仰力量
—— 浙江省金华市义乌市分水塘村中信仰的故事

1915年年初，24岁的陈望道东渡日本留学，他十分喜爱阅读日本经济学家河上肇等人翻译的介绍马克思主义的书籍和文章，其中就包括日文版的《共产党宣言》，从中接受了新的思想。1919年，五四运动爆发，他启程回国，应聘任杭州省立第一师范国文教员。在因从事语文课程改革而引发的震惊全国的"一师风潮"中，陈望道被称为"四大金刚"（陈望道、夏丏尊、刘大白、李次九）之首，"一师风潮"让陈望道得到了锻炼和教育。1920年春，29岁的陈望道回到家乡浙江省义乌市分水塘村，在年久失修的柴屋里，用两条长凳支起一块旧门板，既当床铺，又做书桌上，凭借一盏油灯，夜以继日，伏案译书，就连一日三餐和茶水也常常是由老母亲给他送去。有一次，母亲端了粽子放到他的书桌上，还在粽子边放了一碟红糖，催促他趁热吃。过了一会儿，母亲在屋外问儿子还要不要再加点红糖，陈望道连声答话："够甜，够甜了。"然而，待母亲进屋收拾碗碟时，却发现儿子满嘴都是墨汁，而红糖一点没少。原来陈望道全神贯注地译书，竟把砚台里的墨汁当作红糖蘸着粽子吃了！这个蘸墨汁吃粽子的故事，一直在陈望道的家乡流传着，父老乡亲以自己的家乡能成为点燃革命圣火之地而自豪。

正是凭着这样一种顽强的意志，陈望道完成了国际共产主义运

浙江

铭刻望道记忆，传承信仰力量
——浙江省金华市义乌市分水塘村中信仰的故事

陈望道家乡义乌分水塘村新貌

动的第一个纲领性文件——《共产党宣言》的翻译工作。此译本对于正在建党过程中的中国共产党而言，意义非常重大。译稿经陈独秀和李汉俊校阅，于1920年8月在上海印刷出版。这是我国第一次公开正式出版《共产党宣言》全文。全译本首印1000册，很快奉送完毕。因为8月版《共产党宣言》的书名错印成《共党产宣言》，所以1920年9月又再版重印1000册，同时把书名更正过来。后来《共产党宣言》在上海书店、平民书社、新文化书社、国光书店等相继出版，到1926年5月已刊印17版。《共产党宣言》的刊行，对马克思主义在中国的传播，对中国共产党的创立和建设，对中国早期共产主义者的成长，起到了重要的理论奠基作用。陈望道、分水塘村也因此在历史的长河中留下了深深的印记。

2012年11月29日，习近平总书记参观《复兴之路》展览，当他看到安放于陈列柜中的《共产党宣言》中文译本时,给大家即兴讲述了这个故事。总书记赞道:"真理的味道非常甜。"同年12月8日,习近平总书记考察珠海时又讲道:"信仰的味道是甜的。为了甜蜜的信仰,可以如痴般地去追求。这讲的是陈望道的故事……《信仰的味道》这篇短文刊登在11月27日的《人民日报》第4版上,我建议大家都看一看。"党的十八大以来,习近平总书记多次在重要场合向全体党员干部推荐《信仰的味道》,讲陈望道翻译《共产党宣言》的故事,讲信仰的味道、信仰的感召、信仰的力量。在2016年2月19日召开的党的新闻舆论工作座谈会上,习近平在听取代表发言时说,自己有剪报的习惯,看到《信仰的味道》这篇文章真不错,就剪下来了。在中央政治局4月23日的第五次集体学习中,总书记以6个"深刻阐述"和3个"经典著作",肯定了《共产党宣言》的经典地位。他强调,"《共产党宣言》是一个内容丰富的理论宝库,值得我们反复学习、深入研究,不断从中汲取思想营养。"

墨汁为什么那样甜?只有这种"革命理想高于天"的豪迈情怀,才情愿吃百般苦、甘心受千般难。陈望道翻译《共产党宣言》时无以言喻的精神之甘、信仰之甜,体现了其对崇高理想信念的坚贞不渝、矢志不移。

陈望道雕像

城西街道基本情况

浙江

铭刻望道记忆,传承信仰力量
——浙江省金华市义乌市分水塘村中信仰的故事

义乌市城西街道分水塘村是《共产党宣言》中文版首译者陈望道的故里,也是"真理的味道非常甜"故事的发生地。2018年,城西街道以陈望道故居为基点,不断挖掘红色基因,大力弘扬红色文化,全力打造望道信仰线、美丽乡村精品线,为建设文化浙江贡献力量。据介绍,望道信仰线起点于城西街道横塘村,止于分水塘村,全长约13公里。而横塘村正是习近平总书记时任浙江省委书记时强调深入学习推广"义乌经验"的地方,是"八八战略"在义乌的实践地。秉承望道精神,如今城西街道紧紧围绕"丝路起点、红色城西"建设目标,扎实推进各项重点工程建设,协同推进望道信仰线、国际贸易综合改革试验区两大平台建设。

26 点燃燎原火种,传承"虎将"精神
——浙江省杭州市萧山区衙前镇凤凰村的农民运动故事

这是一个不平静的夜,狂吼的风夹杂着狠戾的雷声。

豆大的雨点下,一个瘦削的身影在田埂上踽踽独行,他停在一座残破的土坯房前,似乎回望了一下一眼望不到边际的田,推开了那扇破旧的门。

"爹,你真的要参加那个农民协会吗?现在官府管得紧,要是他们发了火,抓了你可怎么办啊!"刚一进门,一个年轻人就迎了上来,一脸担忧地看着老人。老人眼神炯炯,看着儿子,说道:"我老了,我不怕死。不过就是早几年晚几年的事,但我不能让我的后人们都被这些地主老财欺压着!"

李成虎这一年已经67岁了,很多人劝他,都这把年纪了,好好地养老,儿孙自有儿孙福。但这些话,他都听不进,他只知道他被这些地主老财欺负了这么些年,他们中的大多数人还是不敢站起来。

凤凰村新貌

直到这一年的 5 月……

米店老板联合起来哄抬米价。米价一下就涨了好几倍,农民们买不起米吃。这时候,李成虎一马当先,边走边号召:"有胆的跟我打米店去!"一时竟汇集了一千多人,将私抬价钱的米店统统打掉。

随后很多事件在李成虎的带领下,取得了短暂性的胜利,这也让农民们意识到,只要联合起来,就可以不受欺凌。

半年后,也就是 1921 年的 9 月 27 日,他们终于在萧山衙前的东岳庙召开了农民协会会议,衙前农民协会也就这样诞生了。① 大会推举了包括李成虎在内的六位农民协会代表。在衙前东岳庙召开的农民大会上,发布了《衙前农民协会宣言》和《衙前农民协会章程》,明确宣布:"本会与田主地主立于对抗地位。"提出了"土地应该归农民使用""土地该归农民所组织的团体保管分配"的主张。大会民主选举了李成虎为首的六位农协委员,他还被委员们选为议事员。在大会上,李成虎痛诉了农民的苦难,激昂地强调了摆脱苦难的办法就是成立农民协会,大家团结起来同地主豪绅展开斗争,"只要大家心肝齐,怕什么?我们这么多农民,如果官府来抓人,大家都去,监牢里关不下这么多人的"。

农民协会成立后,李成虎等人即领导农民开展抗租减租斗争。农民协会根据《章程》规定,作出了"三折还租"(即按原定租额三折交纳)和根据年成好坏交租的决议;统一了交租使用的升、斗,改大斗为公斗(每斗 15 市斤)量租;取消了地主下乡收租时另加的"东脚费";反对交预租。

---

① 来源:《中国共产党简史》第 18 页:1921 年 9 月衙前村农民大会召开,中国第一个新型农民组织宣告成立。

这些减租规定，在很大程度上减轻了农民负担，维护了他们向往已久的利益，萧绍一带广大农民欢欣鼓舞，奔走相告，他们有的步行，有的摇船，从四面八方聚集衙前索取《宣言》和《章程》，并邀请沈定一前往演讲，一时间，往来船只竟阻塞了河港。他们兴奋地说："这张纸可是个宝贝，年底地主来收租，拿出来一照，减租是农会规定的，地主就没有二话可说了。"初次印刷的几千份《章程》很快散发完毕，每天仍有几百人拥到衙前索讨。面对争相索要《章程》的热烈场面，李成虎一面热情接待，一面开导说："你们要《章程》，《章程》已经去印了，我们印好就分送给你们；他们要会见三先生，以为这件事是三先生发起的，其实这件事正是我们身上的事，并不是三先生一人的事，你们只要一村村自去团结，团结好了再说话，用不着发哄！"

　　12月18日，正当各村农民协会代表汇集衙前东岳庙召开联合会时，军阀政府从绍兴派出的100多名武装官兵突然包围了会场，打伤三人，还搜走了各村农民协会委员名册。

　　在这样险恶的形势下，李成虎仍旧不顾个人安危，继续为农民协会而奔波。

　　12月27日下午，还在田地里奔波的李成虎突然收到消息说家中有人找他，一到家，堂里等

李成虎故居

着他的是公署的人，李成虎大义凛然地跟着来人走了。被投入大牢之后，李成虎以绝食对抗，直到第二年1月24日，这个年近七旬的硬骨头老汉饿死在牢里。

李成虎牺牲了，轰轰烈烈的农民运动遭到血腥镇压。衙前农民满怀悲愤，在景色秀丽的凤凰山上安葬了烈士遗体，围绕墓地，建造了东、南、北墓道，在通往南墓道的运河上，架起了"成虎桥"。衙前农民还在农民协会旧址——东岳庙设立了"成虎堂"。

这是中国共产党领导的第一次有组织有纲领的农民运动，开创了中国现代农民运动的新纪元。衙前农民运动虽然失败了，但它却有着划时代的意义。以李成虎为代表的革命先辈们的精神，直至今天，还影响着一代又一代的人。

凤凰村基本情况

萧山区衙前镇凤凰村，是中国共产党领导现代农民运动的发祥地以及衙前农民运动先驱李成虎烈士的故乡。凤凰村地理位置优越，区域面积2.44平方公里，耕地286亩，现有农户576户，人口2261人。2020年，完成村级可用资金5324万元，村民人均收入72350元。荣获"全国文明村""全国民主法治示范村""全国敬老模范村""浙江省文明村"等荣誉。时任中共中央书记处书记、中纪委副书记何勇，时任省委书记赵洪祝，时任省长吕祖善，时任省政协主席周国富，时任浙江省委常委任泽民、葛慧君、黄坤明、茅临生等先后到凤凰村调研与考察。

27 "两山"实践背景下的余村变迁
——浙江省湖州市安吉县余村的蝶变故事

历史上,余村大力发展"石头"经济,开山采矿,烧石灰、做水泥,成了安吉县有名的富裕村。2002年起,余村人响应"生态省""生态县"的号召,毅然"壮士断腕"关停矿山、水泥厂。关停矿山后,余村大部分村民失去了就业场所,村集体收入面临断崖式下降,何去何从,余村人陷入了一片迷茫。

2005年8月15日,时任浙江省委书记的习近平在余村调研时,听到余村下决心关停矿山、发展休闲经济的做法时,给予了高度肯定,并首次提出"绿水青山就是金山银山"的重要发展理念。

余村全景

在"两山"理念的指引下，余村重新编制了发展规划，把村庄划分成田园观光区、生态旅游区、美丽宜居区和精品外环线，对村民的生产、生活、生态空间进行了科学合理的布局，划定生态保护红线、资源开发底线和环境承载上限。2008年，余村在全县率先开展美丽乡村建设，并于当年被评为首批精品村。随着美丽乡村的建设纵深推进，村庄越来越美，慢慢地余村形成了河道漂流、户外拓展、休闲会务、登山垂钓、果蔬采摘、农事体验的休闲旅游产业链。十余年来，余村人在"两山"理念指导下，走出了一条转型发展、绿色发展、和谐发展之路。

2020年3月30日，习近平总书记时隔15年后再次来到余村考察，提出了要坚持走可持续发展之路，把生态效益更好地转化为经济效益和社会效益，推动乡村经济、乡村法制、乡村文化、乡村治理、乡村生态、乡村党建全面强起来，让乡亲们的生活芝麻开花节节高。

如今，余村坚持生态立村、强村、富村，努力打造美好生活向往地，余村人让绿色全面融入了小山村肌体的每个细胞和血液。将废弃矿山变景，让文创元素更浓，让余村旅游业态更旺、产业链更长；通过旅游+、文创+，让余村毛竹、白茶和林下经济产生更多的叠加效益；借好两山品牌的东风，将业态延伸至教育培训、课题研学、案例推广，成为践行两山理念的生动典范。并加强民主法治建设，探索创新乡村治理的"余村模式"，让转型之路越走越宽越稳。

余村人民牢记总书记的嘱托，坚定不移沿着"绿水青山就是金山银山"理念指引的道路奋勇前行，围绕"村强、民富、景美、人和"的总体目标,拓展"两山"转化通道、扩大"两山"共享成果,努力贡献更多可复制、可推广的"余村方案""余村经验",努力让绿水青山颜值更高、金山银山成色更足、百姓生活品质更好,实现人与社会和谐发展的美丽变迁。

践行"两山"理念不仅必须有觉悟,更应当有改革和担当的勇气、气魄和智慧。作为"绿水青山就是金山银山"理念的诞生地、美丽乡村的发源地、绿色文明思想的萌发地,余村忍住了转型阵痛,团结奋斗、砥砺前行,修复并重建了人与自然、社会的和谐共生共荣,开辟了一条符合自身实际的绿色发展康庄大道。

两山纪念石碑

余村基本情况

余村位于浙江省安吉县天荒坪镇政府驻地西侧,是全国文明村、全国美丽宜居示范村、全国民主法治示范村、全国乡村旅游重点村、全国乡村治理示范村、全国生态文化村、国家4A级旅游景区。2005年8月15日,时任浙江省委书记的习近平在余村调研时首次提出"绿水青山就是金山银山"的重要发展理念。十余年来,余村人在"两山"理念的指导下,走出了一条转型发展、绿色发展、和谐发展之路,形成了支部带村、民主管村、生态美村、发展强村、依法治村、平安护村、道德润村、清廉正村的"余村经验",自治、法治、德治相结合的治村之道,为推进新时代乡村治理提供了示范样本。2020年,全村实现村集体经济收入724万元,农民人均收入55680元。

28 革命岁月里的军民鱼水深情
——安徽省安庆市水畈村"红军洞"的故事

安徽省安庆市水畈村方冲组有一个天然山洞，原名白云洞，因为一个可歌可泣的故事，有了新的名字——"红军洞"。

说起"红军洞"，就得回溯到第二次国内革命战争时期，那是一个白色恐怖、血雨腥风的年代。1935 年 6 月中旬，活跃在大别山区的红二十八军皖潜独立营在政委刘正北的带领下，计划袭击国民党驻潜山县王家牌楼和五庙两地的"剿共"部队。由于情报有误，6 月 19 日清晨，部队途经潜山水吼岭时，突然遭遇刚刚驻扎在此的一股国民党军队，双方展开激烈交火。皖潜独立营因毫无准备，仓促应战，开始处于劣势，几经胶着，意志顽强的红军最终获胜。但皖潜独立营也付出了极大代价，30 多名红军战士负伤，其中重伤员就有 9 名。

这次遭遇战暴露了红军的作战计划。战斗结束后，皖潜独立营只好撤退到现今潜山市与岳西县菖蒲镇毛畈村交界的白马潭，然后兵分两路，进行战略转移。其中一路人马带着 9 名重伤员，途经袁家渡、毛畈来到张畈。在当地中共西潭区委委员王佐朝、中共张畈支部党员张俊生的帮助下，红军撤退人员及 9 名重伤员被转移到汪岭一户偏僻人家暂住。不明真相的方冲老百姓，听说有军队到了汪岭，都吓得跑到山上躲了起来。为了确保重伤员迅速养好伤投入战斗，张俊生建议将重伤员转移到方冲张屋，听说那里山深林密，密林中有一个极为隐蔽的山洞，正好可以安顿重伤员。张俊生找到几位支持红军的乡亲，告诉大家不用怕，是红军的队伍。通过乡亲的指引，张俊生当晚就带领红军到山洞实地考察，发现这里是很理想的养伤场所。半夜时分，他们将红军重伤员悄悄转移到洞内安顿下来，并留下两名女军医和两名红军战士护理，同时安排几个可靠的乡亲负责警戒。

为了掩人耳目，迷惑国民党部队，张俊生又安排9名红军战士扮成重伤员，用担架抬着来到与潜山市五庙乡交界的南山岭。几天后，他们故意散布假消息，说："南山岭的9名红军重伤员因伤重病死。"

重伤员养伤初期，缺衣少食、缺医少药，每天只能吃一条糕。后来张俊生积极发动乡亲，开展党的宣传工作，团结了一批进步群众。乡亲们由开始的怀疑担心，转为不仅严守红军养伤的秘密，还自觉承担起护卫红军战士的任务，捐出衣物、粮食、蔬菜，并不时上山挖治伤草药。渐渐地，红军重伤员每天能吃上两顿饭了，两名女军医也换上村里妇女的衣服，每天定时到红军洞给他们检查伤口，换药。当地群众与红军重伤员和医护人员约定，以常用的农家生活用语为暗号传递情报。比如，大声赶鸡或唤家人吃饭，表明附近有陌生人和外村人到来，红军不能出洞下山；大声呼唤家人回家洗脸、洗澡等，表明山下是安全的，红军可以下山到农户家，拿饭菜、草药、换洗衣物。

淳朴的乡亲们整整守护了三个多月，直至9名重伤员全部康复归队，投入新的战斗。

水畈"红军洞"的故事，见证了革命岁月里的军民鱼水深情，见证了峥嵘岁月里岳西人民的无私奉献精神。如今的"红军洞",已是安庆市岳西县第三批县级文物保护单位、青少年爱国主义教育基地,吸引了一批批游客在此接受红色的洗礼、精神的熏陶。

游客在红军洞前合影留念

美丽的水畈村

水畈村基本情况

水畈村位于安徽省安庆市岳西县菖蒲镇,总面积12.8平方公里,辖20个村民组580户2209人。该村主导产业为茶叶,人均1亩茶园;有冬桃、樱桃、猕猴桃、柑橘、瓜蒌等特色种植基地。2020年村级集体经济收入53万元,农民人均可支配收入18910元。

水畈村森林覆盖率高达89.9%,村庄绿化率为65%。生态环境优良,空气质量达国家一级标准,PM2.5年均浓度为25微克/立方米,负氧离子含量可达到城市30倍以上;水环境断面全部达到Ⅱ类以上。

水畈村文化旅游资源种类齐全,特色明显。有"安徽第一漂"——天仙河景区,有爱国主义教育基地——"红军洞",还有碧溪岭绿色榴辉岩这条罕见且保存完整的地质构造带,堪称"世界地质历史奇观"。

29 风起的地方
——安徽省凤阳县小岗村"红手印"的故事

1978年初冬时节,地处淮河流域的凤阳县小岗村下起了初雪。时近黄昏,灰蒙蒙的天压得很低,风呼呼地吹,整个村子就像是住在风口袋里一样。其中一个茅草屋里一盏小小的煤油灯忽明忽暗,屋里坐着18位庄稼汉,他们一个个眉头紧锁,有的唉声叹气,有的埋头抽着旱烟,没有人说话。

过了很久,生产队副队长严宏昌率先打破沉默:"这样不行啊,咱们小岗村有那么多土地,大部分都撂荒了,解放这么多年了,咱还吃不饱肚子,要一起想个办法啊!""能有什么办法?吃粮靠返销,用钱靠救济,生产靠贷款",一个村民说。"是啊!我们又不楞又不傻,年纪轻轻去要饭,遭了那么多白眼,真丢人啊!"……一打开话匣子,大家就议论开了。

严宏昌突然提高了嗓门:"如果大家愿意,咱们就分田单干!""分田单干?会不会违法啊?"一个质疑的声音道出了大家的顾虑。严宏昌说:"咱们不能等着挨饿。要不我们偷偷地分,大家都不要往外说。分了以后,大家下劲干,秋天把公粮交了,集体提留也交了,剩余的粮食都是自家的。你们看怎么样?""如果能这样,当然好了!""我早就想这样干了!""这样干能行?"短暂的沉寂后,一位社员大胆地说:"你们如果被抓去坐牢,我们大家一起把你们的孩子养到18岁!"

大家商量到深夜，严宏昌总结："如果你们同意，就分田单干。愿意的就画押、按手印，保证不说出去。"18位庄稼汉子一个接一个地表态："能""行""好"。说着，严宏昌从口袋里摸出一个空烟盒，拆开铺平，写道："我们分田到户，每户户主签字盖章，如以后能干，每户保证完成每户的全年上缴和公粮，不再向国家伸手要钱要粮。如不成，我们干部坐牢也甘心，大家社员也保证把我们的小孩养活到十八岁。"随后，18位农民一一在这张契约上用力地按下了自己的红手印。

"大包干，大包干，直来直去不拐弯，保证国家的，留足集体的，剩下都是自己的。"清晰的责权利划分，调动了农民的积极性。18个红手印的壮举，原本是想擦一根火柴相互取暖，却意外点亮了一个璀璨的世界，掀开了农村改革的宏伟序幕，农村发展进入了快车道。敢闯、敢试、敢为天下先，小岗村闯出了一片新天地。

作为我国农村改革的主要发源地，小岗村40年来发生的巨大变化，成为我国改革开放的一个缩影。2016年4月25日，习近平总书记亲临小岗村视察调研，再忆改革历程，再释改革决心。40多年砥砺奋进，从跟跑到并跑，从并跑到领跑；从小岗到深圳，从深圳到雄安；从农村到城市，从"一带一路"到"乡村振兴"，这条中华民族伟大复兴之路仍在继续，改革创新、敢为人先的精神仍在延续。

夫风生于地，起于青蘋之末，惊雷第一声，风起小岗村。四十年来，小岗村以解放思想、敢闯敢试、勇于担当、百折不挠的精神，激励我们将改革进行到底。从小岗看中国，40年的实践证明，改革开放是决定当代中国命运的关键抉择，是发展中国特色社会

今日小岗

主义事业、实现中华民族伟大复兴的必由之路。

40年风雨兼程,40年沧桑巨变。站在新时代的历史新起点上,让我们肩负起新时代的历史使命,共同书写更加精彩的改革篇章。

小岗村基本情况

小岗村隶属安徽省滁州市凤阳县小溪河镇,地处江淮分水岭地区,亚热带季风气候。位于凤阳县城东南约28公里,京沪铁路、G36(宁洛高速)高速公路、国道G345依村而过,距宁洛高速小岗出口仅15公里。1978年,小岗村18颗红手印按出一道改革惊雷,拉开了中国农村改革的序幕。"敢闯、敢试、敢为人先",小岗村已成为中国农村、农业创新发展的典范。

近年来,小岗村基本形成一二三产融合助力乡村振兴的发展格局:一产做优,大力发展现代生态农业和高效农业;二产做强,打造小岗产业园,壮大农副产品深加工产业;三产做大,5A级景区创建、打造国家级培训教育基地和农村电商平台"三驾马车"并驾齐驱。2020年,村集体经济收入1160万元,村民人均可支配收入达27600元。

30 群英会师朱氏祠
——安徽省金寨县斑竹园镇"立夏节起义"的故事

1929年5月6日是传统的立夏节气（农历三月二十七），就在这一天，在金寨斑竹园、南溪等地区（当时称商南地区）爆发了著名的立夏节起义。这是中国共产党领导的继"黄麻起义"之后又一次大别山革命武装起义，它是金寨作为"中国革命的重要策源地和人民军队重要发源地"这一高度历史定位的重要组成部分。

在丁家埠大王庙，民团队长外出，周维炯以班长身份，以"节日内务要整齐"为由头，将枪支子弹集中挂在宿舍墙上，利于控制。掌灯时分，过节加餐，共产党员轮番把酒，很快灌醉了反动狡猾的副队长和不可靠的团丁。周维炯和打入到民团的共产党员，将枪支控制起来，宣布起义。缴枪三十多支，丁家埠起义获得完全成功。

与此同时，斑竹园的文昌宫、徐王庙，吴家店、白沙河、李家集、南溪、汤家汇等十几处武装起义也都获得成功。革命起义武装很快控制了松子关、长岭关、伏山、挥旗山以东的整个商南地区。

震撼海内的立夏节起义，在大别山中心地区打响了武装反抗国民党反动派统治的第一枪。

5月9日，天气晴朗，阳光灿烂。漫山遍野盛开的映山红，花红似火，若燎原之势。满园斑竹随风摇曳，似欢声笑语，迎接群英凯旋。朱氏祠的墙壁上和大门外的古檀树上都贴满了大红标语。朱

群英会师朱氏祠

氏祠前人头攒动,热闹非凡,人们的脸上都是喜气洋洋。斑竹园的大河湾边扎着一个大大的彩门,苍松翠柏和映山红点缀其中,红绿映衬,煞是好看。彩门上方正中央悬挂着用红纸写的"庆祝大会"四个大字,十分醒目。彩门下方就是主席台,两边插满了各种彩旗。彩门前聚集着数千名群众和起义队伍。中共商罗麻特别区委在这里举行群众庆祝大会。

上午10时许,徐子清、徐其虚、李梯云、周维炯、肖方、廖秉国、詹谷堂、王泽渥、张德山、袁汉铭、漆禹源、李声武等起义领导人走上主席台,与群众见面。大会由李梯云主持,中共商罗麻特别区委书记徐子清作讲话。

徐子清传达了鄂东特委的指示精神,特委指示:立夏节起义胜利后,立即成立红军队伍,番号是中国工农红军第十一军第32师。师长周维炯,副师长漆德玮,党代表徐子清,参谋长徐其虚,政治部主任李梯云。新组建的红32师,下设97、98两个团,一个特务营和一个炸弹队。有200多人,长短枪200多支。

庆祝大会上还举行了授旗仪式，周维炯英武地向徐子清行了军礼，从徐子清手中接过军旗，代表红军32师全体将士向主席台人员和聚会群众敬礼。现场掌声雷动，欢呼声、口号声、鞭炮声，此起彼伏，激动人心，经久不歇，整个斑竹园沸腾了！

庆祝大会结束后，徐子清等党和红军领导人来到朱氏祠，红32师的师部就设在这里。

李梯云兴致勃勃，向詹谷堂提议，"詹老师，今天是个值得纪念的日子，您作一副对联吧！"詹谷堂欣然答应，他站在朱氏祠前，漫山遍野的斑竹和映山红映入眼帘，周围红旗猎猎，肩背枪支，手拿长矛大刀的红军战士和赤卫队员三五成群，来来去去，兴高采烈。詹谷堂触景生情，思如泉涌，继而提笔一挥而就：

斑竹满园，制作数杆长枪，维持共产

红花遍地，训练三军大队，保障民权

大家拍手叫好，赶快找来糨糊贴在朱氏祠的大门上，引来无数群众驻足观看。人们伸出大拇指，赞扬："共产党真的有能人！"

中国工农红军第十一军第32师的成立，是安徽省境内诞生的

第一支红军队伍。紧接着，红32师向东发展，驰援六霍起义，次年1月20日成立中国工农红军第十一军33师。金寨县最早诞生的这两支重要武装为后来组建县境12支主力红军队伍及红四方面军创建发挥了重要作用。金寨人民凭着对马克思主义的坚定信念，一心为民，永跟党走，奔赴全国各个战场；10万金寨儿女在生与死、血与火的考验面前，舍生取义，视死如归，献出宝贵生命，为建立新中国作出了重大贡献。

它的诞生，是金寨大革命的重要里程碑。从此，金寨人民有了自己的军队，金寨的革命历史掀开了崭新的一页！

朱氏祠基本情况

中国工农红军第十一军第32师成立旧址——朱氏祠，1976年6月12日，被金寨县革命委员会公布为县级文物保护单位。1981年9月8日，安徽省人民政府公布其为省级文物保护单位。2003年被评为六安市革命传统教育基地。2006年被中华人民共和国国务院批准为全国重点文物保护单位，并被评为省级爱国主义教育基地。全国各地的干部群众和青少年学生纷纷来到这里参观学习，这里成为斑竹园镇红色旅游的重要景点之一。

朱氏祠旁边的红军会师广场和红檀树（亦称红军树）都成为重点文物保护单位，引来无数游客来这里参观学习、游览采风。

当前，斑竹园镇作为金寨县人民军队的诞生地，正在为把自己打造成"红色小镇"而奋发向前，不懈努力。

31 没有调查就没有发言权

——福建省龙岩市上杭县才溪乡的调查故事

才溪乡（现为才溪镇）位于福建省龙岩市上杭县城的东北部，是土地革命战争时期中央苏区的重要组成部分，曾荣获"中央苏区模范区、模范乡"的光荣称号。

据不完全统计，当年全乡有 3400 多人参加了中国工农红军，占青壮年总数的 80%，1000 多名革命志士英勇牺牲，40 多位烈士是团级以上干部。才溪乡被誉为"九军十八师"的将军之乡。1955 年首次授衔时，全乡被授予少将以上军衔的军级干部 10 名，省（部）级干部 4 名，地（师）级干部 17 名。

毛泽东同志始终坚持"没有调查就没有发言权"的观点，曾于 1930 年 6 月、1932 年 6 月、1933 年 11 月先后三次来到才溪并开展调研，留下光辉的革命足迹。①

1933 年 11 月，毛泽东第三次来到上杭县才溪乡，调查了解才溪乡在扩大红军、政权建设和经济文化建设等方面的模范事迹，以便总结典型经验，指导全局工作，同时为即将召开的第二次全国工农兵代表大会做准备。②

"毛泽东才溪乡调查会址"坐落在才溪乡下才村，是 1929 年在红四军的帮助下，才溪人民取得武装暴动成功后设立的才溪区苏维

---

① 来源：2015 年 9 月，《福建党史月刊》。
② 来源：2021 年 5 月，"学习强国"学习平台。

毛泽东《才溪乡调查》纪念馆内景

埃政府和才溪区工会（列宁堂）所在地。

毛泽东来到才溪乡的当晚，就在住地"列宁堂"开始了调查工作。他怀着满腔热情，以甘当小学生的精神，找来区乡苏维埃干部、工人、贫农代表，根据事先列出的提纲，口问手记，平易近人地与代表们展开了热烈的讨论。

毛泽东鼓励大家干革命要坚决勇敢，不怕牺牲；搞好物资交流，粉碎敌人的经济封锁；搞好生产，保证群众吃饱穿暖，建设根据地，保卫苏区政权。同时，毛泽东还热情地劝勉乡苏维埃干部，你们要深入群众，和群众打成一片，既能和群众一起闹革命，又能帮助群众解决困难，如群众的劳动问题、生活问题、疾病问题都要帮助解决，最重要的就是要发动群众互相帮助。

才溪镇下才村

福建

没有调查就没有发言权
——福建省龙岩市上杭县才溪乡的调查故事

除召开调查会外,毛泽东还走村串户,深入田间地头,了解情况。经过十多天的调查,毛泽东掌握了大量素材,充分肯定了才溪乡的工作,并在调查研究的基础上,写下了著名的《才溪乡调查》一文,全面总结了才溪乡的先进经验。

在1934年年初召开的第二次全国工农兵代表大会上,毛泽东将《才溪乡调查》连同《长冈乡调查》两本小册子分发给每个代表,并在大会上号召全苏区向才溪乡和长冈乡学习,搞好根据地建设,发展革命战争,夺取全国胜利。

毛泽东才溪乡调查,是对"没有调查就没有发言权"著名论断的伟大实践,是中国共产党人坚持群众路线、深入实际调查研究的光辉典范。

下才村基本情况

下才村地处才溪镇西南面,有发坑和樟坑2个自然村,是才溪镇第二大行政村。这里具有丰厚的红色文化资源和人文历史底蕴,有著名的毛泽东《才溪乡调查》纪念馆、毛泽东亲笔题写"光荣亭""列宁台"等,是才溪红色旅游核心景区所在地。该村是当年毛泽东才溪乡调查所在村之一,毛泽东曾亲自把当年的"衰坑村"改为如今的"发坑村";该村涌现了著名的"红色三兄弟",村里有烈士59名,为中国革命事业做出了巨大的牺牲和贡献。近年来,下才村坚持规划引领,发挥特色优势,积极开展新型农村和美丽乡村建设工作,先后被确定为省新农村建设"百村示范村"、省级旅游特色村,2020年全村农民人均纯收入达18436元。

32 念好"山上戴帽 山下开发"致富经

——福建省厦门市同安区军营村柿子林的故事[1]

位于福建省东南沿海的厦门市,1980年10月设立经济特区,那时只有湖里区的2.5平方公里,多海滩、多山区。邓小平同志1984年2月到厦门视察后,经济特区才扩大至厦门市全岛(包括鼓浪屿)的131平方公里。当时的厦门市基础设施薄弱,岛外地区尤其困难。

1986年的军营村是厦门同安县最穷的一个高海拔村,有700多名村民,种植400多亩茶园。村民主要收入来源就是种植茶叶,人均年收入只有280元。那个时候军营村基础设施很差,没路没电,按照当时村民的说法,"交通基本靠走,通信基本靠吼"。从同安县城到军营村只有一条坑坑洼洼的土路,开车要2个多小时才能到。村内道路条件更差,村民外出,晴天一身灰,雨天一身泥。

1985年6月至1988年6月,习近平同志先后任厦门市委常委、副市长、常务副市长,成为厦门经济特区初创时期的重要领导者、开拓者,处于边远山区的军营村也开始迎来命运改变的春天。

时任军营村村主任的高泉国回忆:"习副市长第一次来的时候,村里只有一条1.6米宽的土路,车开进不来,就停在村口的小拱桥边,步行进来。习副市长见到我后,第一句话就问:你们这里最穷

---

[1] 来源:中共中央党校出版社出版的《习近平在厦门》。

高泉国旧居

的有几户?我回答:有两三户。接着他就挨家挨户地去拜访。看完贫困户,就来到我家。我是农民技术员出身,在当时算是村里条件比较不错的,家里也只有一张床,一个圆桌,两个凳子。"

"习副市长看到我们村贫困落后的状况后,要求村里多种茶、多种果,发展第三产业,早日脱贫致富。当时我们也不懂应该种什么果树,他就建议我们种一些柿子,还联系县水土办提供了一批广西无籽柿树苗,并指示县农办解决了3万元扶贫资金。在习副市长亲自倡导下,村民们开始上山开垦、整理土地,种植了大概200亩广西无籽柿,并用那笔扶贫资金修建了管理房。后来我才知道,广西无籽柿是当时国内最好的柿子品种。现在这片柿子林还在,有些到了树龄,我们就再补种一些,一定会把这一片珍贵的柿子林保存下去。"

1986年在习近平同志提议下种植的柿子林,在1997年又成了影响军营村发展的一个重要支撑。

"1997年,习副市长已经是福建省委副书记,同安也已经撤县改区。我担任军营村村委会主任,习书记来访时,我负责向他介绍村里的情况。"时任军营村村主任的高泉阳说,我记得,习书记来那天刚下过雨,从同安城区到我们村的道路还是坑坑洼洼,下过雨之后变得泥泞不堪,习书记乘坐的汽车陷到了泥里。刚好我们有些村民经过,习书记就下车,同村民们一起把车从泥坑中推了出来。我知道这个情况后,心里特别感动。

习书记个子很高,穿着一件浅灰色短袖衫,我都得抬着头跟他讲话。他下车简单交谈了几句,就急着要去村民家里走访。走访中,他仔细了解村民们的生产生活状况和收入情况,关切地询问大家温饱有没有解决,合作医疗方不方便。

在村部二楼,我们把4张办公桌拼在一起当会议桌,又找来几把椅子,习书记就在那里跟我们几个村干部、党员,还有几个村民代表座谈起来。座谈中,习书记主要了解村里农业、林业以及整个村里的基本情况。我汇报说,1986年他来的时候,军营村的茶叶种植面积大概在500亩,到了1997年已经有2800多亩,翻了5倍。他听了之后,觉得军营村发展很不错,非常高兴,还给我们提了要求:就是要绿化造林,保护生态,让我们多种茶、多种果,大力发展农业和林业。

习书记第二次来到军营村,还问起当年那片柿子林长得怎么样。我就实事求是地说,那片柿子林刚好到了合适的树龄,长势很好。没想到他兴致很高,说那咱们去看一下。我们就陪同他步行2公里多,来到那片柿子林。刚开始,他看到山里种着茶、山坡上种着柿子,很高兴,可后来看着看着就有点不太高兴了。为什么呢?因为除了茶园和柿子林,其他的山头全都光秃秃的。站在柿子林边上,他说:"多种茶、种果,也别忘了森林绿化,要做到'山上戴帽,山下开发'。"

如今二十几年过去,当年军营村的柿子林已经和村民后续套种的茶园融为一体,军营村也在厦门市委和同安区委支持下,利用村里的小学空置教室设立了高山党校教学点,利用闲置空地修建了初心使命馆,成为省区市三级党校的实践教学基地,被列入省区市三级的党史学习参观点。1986年,在习近平同志指导和支持下种植的柿子林,也和初心使命馆以及军营村、白交祠村的其他旧址一起纳入党校的"高山初心之路"教学动线,成为广大干部群众登攀高山、重走初心之路上的一道风景线。

"山上戴帽,山下开发"这一经验做法,在保持绿色生态发展的同时,引导当地村民种树种果勤奋劳作,让山村变花园,成为乡村脱贫致富的典范。

村容新貌

军营村基本情况

军营村位于福建省厦门市同安区莲花镇,距离厦门市区60公里。在厦门第二高峰状元尖脚下,平均海拔900多米,素有"高山村"之称。全村山地面积1.1万亩,耕地面积450亩,茶园6500多亩,公益林面积4100亩。村内主导产业是茶叶种植加工、特色乡村旅游、现代农业等。改革开放以来,军营村在各级党委和政府支持下,以习近平同志1986年和1997年亲临村庄调研时提出的"山上戴帽,山下开发""既要种茶种果也别忘了森林绿化"等绿色生态发展理念为指导,依托生态资源和高山党校红色主题教育,引入厦门国企资源发展乡村特色旅游,村民收入大幅提升,民生保障和公共基础设施更加完善。先后获评全国"一村一品"示范村镇(茶叶)、中国最美休闲乡村、全国文明村、全国乡村旅游重点村等多项荣誉。

33 古田会议永放光芒
——福建省龙岩市上杭县古田镇古田会议的故事

古田会议会址位于福建省上杭县古田镇溪背村,是一座典型的清代客家宗祠建筑。宗祠始建于1848年,称廖氏宗祠,又名"万源祠"。1929年5月,改名为"曙光小学"。

1929年12月28日、29日,中共红四军前敌委员会领导人毛泽东、朱德、陈毅等在曙光小学主持召开了红四军党的第九次代表大会。出席会议的有红四军各级党代表、士兵代表和地方党组织的代表、妇女代表等120多人。会议根据1929年9月28日中共中央给红军第四军前委指示信的精神,总结了南昌起义以来红军建设的

红四军司令部

毛泽东挑灯夜书

经验,批评了各种非无产阶级思想,坚持以无产阶级思想来建设党和人民军队。①

与会代表经过认真热烈的讨论,一致通过了毛泽东主持起草和为大会所作的《中国共产党红军第四军第九次代表大会决议案》(又称"古田会议决议案")的报告。会上,朱德做了关于军事问题的报告;陈毅传达了中央指示精神,并做了反对枪毙逃兵和废止肉刑问题的报告。②

会上还通过了《废止枪毙逃兵决议案》《接受中央指示决议案》《拥护〈中央反对机会主义及托洛茨基主义反对派的决议〉的决议》《士兵决议案》等多项决议。选举产生了以毛泽东、朱德、林彪、伍

福 建

古田会议永放光芒
——福建省龙岩市上杭县古田镇古田会议的故事

---

① 来源:2019 年 9 月 30 日,《学习时报》。
② 来源:2019 年 9 月 30 日,《学习时报》。

中豪、谭震林、宋裕和、田桂祥等11人为委员，杨岳彬、熊寿祺、李长春3人为候补委员的新的前敌委员会，毛泽东任前委书记。①

古田会议总结了红军建立两年多来的丰富经验，奠定了我军政治工作的基础，使我军同一切旧式军队划清了界限，而成为一支新型的、真正的人民军队。古田会议是我党我军建设史上的一个重要里程碑，会议讨论通过的毛泽东亲自起草的《古田会议决议》是中国共产党和红军建设的纲领性文献，它对党和军队的建设发挥了重大的作用。

2014年10月，在上杭县古田镇召开全军政治工作会议，恢复和发扬我党我军光荣传统和优良作风，人民军队政治生态得到有效治理，为新时代强军梦注入了不竭的精神动力。②

古田会议会址是我们党确立思想建党、政治建军原则的地方，是我军政治工作奠基的地方，是新型人民军队定型的地方。它激励我们一定要传承好红色基因，把先辈们用鲜血和生命铸就的优良传统一代代传下去。③

---

① 来源：2021年4月4日，《闽西日报》。
② 来源：2017年10月18日，《习近平在中国共产党第十九次全国代表大会上的报告》。
③ 来源：2014年11月1日，新华网。

溪背村基本情况

溪背村位于古田大道旁,是古田镇政治、经济、文化中心所在地,也是著名的"古田会议"会址所在地。全村辖有7个村民小组,306户1139人,其中党员57人。耕地面积320余亩,山林面积7730亩,竹林面积2000余亩。村级集体经济扎实,村民旅游收入稳定。村集体拥有两栋沿街商业建筑和9间沿街店面,店租和房租年收入近30万元,租金实行三年一收,2019年实现村集体收入约19.8万元。

溪背村地理位置优越,红色资源丰富。村内拥有"古田会议"会址、红四军后勤部旧址——笃厚堂、红四军士兵委员会旧址——毓公祠、红军食堂——礼灿屋、红三纵队司令部旧址——其勤堂、红四纵队司令部和政治部旧址以及红军标语墙等一大批红色文化旧址群。土地革命期间,毛泽东、朱德、陈毅等人在此领导召开了彪炳史册的中国共产党红军第四军第九次代表大会(史称"古田会议")《古田会议决议》是中国共产党和红军建设的纲领性文献,它开创了思想建党、政治建军的成功之路,为毛泽东思想的形成奠定了一块重要基石。1961年3月,国务院公布古田镇溪背村"古田会议会址"为第一批全国重点文物保护单位。

溪背村位于古田国家5A级旅游景区的核心区,全村村民依托旅游业从事对外红色教育培训、经商开店(酒店、民宿、餐饮、土特产经营店等)和景区导游、保安等,就业率居全镇之首,村民年人均收入超过20000元。

34 "三进下党"开启乡村振兴新征程
——福建省宁德市寿宁县下党村"三进下党"的扶贫故事[①]

一进下党——践诺之行

1989年7月19日,烈日当空,酷暑难耐。在下党乡文昌阁边上的田洋岭,一群人从荆棘丛生的崎岖山路走下来。他们头戴草帽,汗透衣背,风尘仆仆。走在最前面的,正是时任宁德地委书记的习近平。

"书记来了!"下党村群众奔走相告,说他是"到过这里最大的官"。村民们挑着一桶桶清凉的饮料,还有绿豆汤在路边等候,给习近平一行解暑。

一进下党,习近平为了兑现承诺而来。

下党乡1988年才成立。由于不通电,村民晚上只能点蜡烛、火篾。不通公路,山路难走,没有校舍,孩子们只能在旧庙里上学……1989年6月,时任下党乡党委书记杨奕周在参加宁德地委工作会议时说,对贫困地区,上级要关心,要扶贫。习近平当场跟他约定,一定要去下党走一趟。

果然,不到一个月,习近平就带领地直和寿宁县相关部门负责人30多人,前来下党乡现场办公。

早上6点,习近平一行就乘中巴车从县城出发,约9点到达平

[①] 来源:《群众的赞许最甘甜》,2014年5月12日,《福建日报》。

寿宁县下党乡鸾峰桥

溪乡上屏峰村。这里离下党乡所在地下党村还有7.5公里，他们在崎岖的山间古道上跋涉了两个多小时，才到达下党村。

习近平一到下党，就召开会议，认真听取乡党委工作汇报。他说，下党乡条件很差，干部群众很辛苦，并要求同行的地直部门、寿宁县负责人优先考虑下党的建设发展，在政策上给予倾斜，在资金上大力支持。午饭时，习近平一行移到鸾峰桥上用餐，边吃边谈。午饭后，习近平又进村入户、访贫问苦。

下午3点，习近平一行离开下党村，走羊肠小道、过独木桥、攀峭壁岩石，步行十多公里，历时三个多小时才到达芹洋乡溪源村。晚上8点左右，习近平一行才回到寿宁城关。那天，他们走了5个多小时山路，回到县城招待所后，许多干部才发现自己的脚底、脚趾都磨出了血泡。

第二天，习近平在寿宁县政府办公楼主持召开现场办公会，当场拍板决定支持下党乡建设资金72万元,其中40万元用于建设水电站,尽快解决群众生产生活、用电问题,32万元用于修建公路,解决交通问题。此后,习近平多次用"异常艰苦、异常难忘"来形容此次下党之行。

二进下党——救灾之行

1989年7月21日晚,下党乡发生了百年不遇的洪水灾害,下屏峰村有30多座民房被冲毁,62户332人受灾,其中5名村民死亡,6人重伤。

7月26日,习近平陪同时任省长的王兆国赶往下屏峰村视察灾情,慰问灾民。上午10点多到达芹洋乡溪源村,听取灾情汇报。随后他们冒雨步行3公里,走了1个多小时赶到受灾最重的下屏峰村。进村的路上,风雨交加,洪流滚滚,大家沿着河道岸边的悬崖峭壁向上游艰难跋涉,山上不时还有落石滚下,非常危险。

到达下屏峰村,他们立即视察和部署灾后重建工作,当场决定给32户重点受灾户每户补助重建资金1500元,此外还协调资金15万元帮助解决公路、防洪堤坝、学校修建问题。他们来到重灾户杨成美的家,得知他的两个儿子(杨尚利、杨尚全)在这场洪灾中因保护群众的生命、财产安全而牺牲,习近平握着杨成美的手说:"老杨,你培养的两个儿子是好样的,他们是为了保护村民的生命、财产安全,献出了宝贵的生命。"

三进下党——牵挂之行

1996年8月7日,时任福建省委副书记的习近平带领省交通、财政、民政、老区、扶贫等部门负责人再次来到大山深处的下党乡。

第一站到下屏峰村,当时由于资金短缺,下屏峰村尾的石拱桥只建了石拱,桥面并没有铺设,施工搭设的木板便成了临时便道。习近平一行从桥面便道穿行到河对岸,沿着河岸向上游视察水毁后修缮的防洪堤工程。所到之处,习近平不时与路边的群众打招呼,和村民亲切握手,了解他们的生产生活情况,还看望慰问了几户困难群众。

习近平查看了下屏峰村灾后重建的新村面貌和村尾的公路桥建设,接着又乘车前往下党,在乡政府召开座谈会,听取乡党委政府的工作汇报,为乡里修桥、铺路、发展生产补助经费100万元。当时,下党至浙江庆元县的公路还未开通,他指示省交通厅将下党经杨溪头村与浙江庆元县对接的公路立项。在他的协调下,下党至庆元龙溪乡的对接公路于1998年建成通车。

对下党的未来,习近平语重心长地叮嘱再三:"下党的发展,主要抓'做'功,而不是'唱'功。"他说,要更新观念,拓展思路,把路子摸得更清楚一点,把脚步迈得更扎实一些。要以一村一户一人为对象去想路子,去解决问题,一个项目一个项目地上,才能实打实上一个新台阶。①

"三进下党"是改革开放新时期党员干部继承和弘扬党的优良传统和作风、帮助偏远贫困地区群众解决发展难题的生动典型,也成为寿宁县乡村党史学习教育的"鲜活样板"。

---

① 来源:2014年5月12日,《福建日报》。

下党村全景

下党村基本情况

下党村位于福建省寿宁县西部,是下党乡党委、政府所在地,有309户1341人。1988年,下党建乡之前,下党村不通公路、无自来水、无电灯照明、无财政收入、无办公场所,是个"五无"村。30多年来,下党村从一个贫穷落后的小山村发展成欣欣向荣的社会主义新农村,实现了美丽蜕变。如今的下党,店铺林立,游人如织,已发展下党人家、百口食堂等8家农家乐、10多家民宿,100多名青年人返乡创业。农民吃上了旅游饭。2020年,下党接待游客和学员20多万人次,实现旅游综合收入2600多万元,下党村农民人均纯收入20039元,是1988年不足200元的100多倍。下党村先后荣获"中国千千万万乡村旅游品牌村""中国乡村旅游示范村""全国乡村旅游重点村""中国历史文化名村"等荣誉称号。2021年2月,下党乡党委被党中央授予"全国脱贫攻坚楷模"称号。

35 "将军农民"甘祖昌

——江西省萍乡市莲花县坊楼镇沿背村甘祖昌将军的故事

甘祖昌（1905—1986），莲花县坊楼镇沿背村人，1926年参加村农民协会，1927年加入中国共产党，1928年参加中国工农红军。1949年他随王震部队进军新疆，任后勤部部长、财务部部长，1955年被授予少将军衔。因多次受伤，患脑震荡后遗症，甘将军三次申请要求回乡当农民。1957年，时任新疆军区后勤部部长的甘祖昌辞官回乡，带领全家回到落后的山村当农民，被誉为"将军农民"。

从农民到将军——戎马生涯29年，成为开国少将

甘祖昌，1905年5月2日出生在江西省莲花县坊楼镇沿背村一个贫苦的农民家庭。1926年参加村农民协会，1927年加入中国共产党，1928年参加中国工农红军，从此戎马生涯29年。他先后参加过井冈山斗争、五次反"围剿"作战和两万五千里长征、抗日战争、解放战争，在长期的革命斗争中，南征北战，英勇奋斗，曾多次负重伤，屡建功勋。1955年荣获二级八一勋章、二级独立自由勋章、二级解放勋章，被授予少将军衔，成为开国将军之一。

从将军到农民——解甲归田29年，带领乡亲建设家乡

1957年8月，时任新疆军区后勤部部长的甘祖昌将军做出了一个惊人之举——解甲归田，率全家人回家乡，做一名从井冈山出

甘祖昌将军和家乡村民一起参加生产劳动

山又回山的"将军农民"！消息一出，毛泽东主席和周恩来总理十分赞扬，《人民日报》《解放军报》等新闻媒体纷纷宣传报道。将军当农民，甘祖昌是新中国第一人。有人评价说："他作为一个老红军、老党员、老将军，不图安乐享受，自愿回乡当农民，这在中国没有过，在世界也少见。"

甘祖昌的夫人、全国道德模范龚全珍回忆说："老甘最大的信念就是带领乡亲们一起建设家乡，让老百姓过上富裕幸福的日子。"1957年返乡时，从新疆到江西，全家12口人的行装只有3个箱子，甘祖昌却带了8只木笼子，里面装着新疆的家禽家畜良种，打算回去带领乡亲们发展养殖业。甘祖昌一到家乡，就投入了建设家乡的劳动。从那以后，他几十年如一日，除了生病、外出开会以外，几乎天天和农民们一起参加生产劳动。乡亲们关切地说："老部长，过去你为革命吃了那么多苦，现在身体又不好，就不要和我们一样干了，指点指点就行啦。"甘祖昌笑着说："我是回来种田的，不是当官做老爷，怎能不劳动？"

修水库，建电站，架桥梁，改造红壤田。他白天参加勘测、设计，晚上还钻研农业科技。长期的实践和刻苦学习，使他积累了丰富的农林水利建设经验，江西省农业科学院聘请他为特约研究员。

回乡 29 年，甘祖昌和乡亲们一起，自力更生，艰苦奋斗，修建了 3 座水库、25 公里长的渠道、4 座水电站、3 条公路、12 座桥梁，为促进家乡的经济发展做出了很大贡献。

共产党人的楷模——他留下了一笔宝贵的精神财富

甘祖昌是广大党员干部和群众学习的标杆。他对党忠诚，以国家利益为重。当甘祖昌决定回老家当农民后，部队上下的人十分惊讶并难以理解，都主张要他去疗养。他说："我是共产党员，没有给党和人民做什么贡献。与已经为革命献身的同志比，如今党和人民给予我的已经使我有愧了。怎能去过享受的生活呢？从我的身体的实际出发，不能担任繁重的脑力劳动，不能当领导干部了，回农村搞些体力劳动还是可以的，这样既不给国家增加负担，对我也是一个锻炼嘛！"他还常说："活着就要为国家做事情，做不了大事就做小事，干不了复杂重要的工作就做简单的工作，绝不能无功受

红色名村沿背初心广场

禄,绝不能不劳而获。"

他淡泊名利,克己奉公。1954年部队开展评定等级,为1955年推行军衔制度做准备。新疆军区后勤部的同志们一致通过他为正师级,报到原总政治部,被批准为准军级。甘祖昌立即向中央军委写了报告,认为把自己的级别定高了,应该降下来,而中央军委并没有同意他降级的要求。1955年他被授予少将军衔。在授衔仪式上,他穿着将军服,神采奕奕,但回家后却对妻子说:"比起那些为革命牺牲的老战友,我的贡献太少了,组织上给我的荣誉和地位太高了!"

他生活俭朴,一心为民。甘祖昌回到农村后,全家一直过着节俭的生活。当时甘祖昌每月工资330元,但生活上十分节俭。他给自己立下规定,不吃超过一元钱一斤的食物,不穿超过一元钱一尺布的衣服。他养猪种菜,连抽的烟都自己种,却把工资收入的70%以上用于修电站、建学校、办企业、救济贫困户等,多达85783元。上级在生活上要按有关规定照顾他,他一一拒绝。江西省民政厅几次要为他在县城盖房子,都被他婉言谢绝,自己花钱在村里盖了几间简朴的农舍。

甘祖昌将军于1986年3月28日在家乡江西省莲花县病逝,享年81岁。他留给妻子和儿女唯一的遗产是一只铁盒子,里面用红布包着3枚他在1955年荣获的勋章。

甘祖昌没有豪言壮语,却始终在身体力行。农民到将军,枪杆见情怀,拿起枪杆保家卫国,用行动诠释对革命的信仰和对党的无限忠诚;将军到农民,锄头映初心,拿起锄头造福人民,用艰苦奋斗书写对家乡的热爱和对人民的赤诚初心。斯人已逝,精神长存,枪杆和锄头是甘祖昌初心的见证，是他身上革命精神的符号，激励着新时代的我们继续前行。①

沿背村基本情况

沿背村位于江西省萍乡市莲花县坊楼镇中东部，是莲花县有名的革命老区，是一片有着丰富的红色资源和优良革命传统的红土地。大革命时期村内牺牲的革命烈士有51名，是著名的"莲花一支枪"保护者贺国庆的家乡；也是将军农民甘祖昌和全国优秀共产党员、全国道德模范、"感动中国"2013年度十大人物的龚全珍老阿姨故里；村内保存并维修了贺国庆烈士墓、甘祖昌旧居及将军回乡当农民后带领群众建设的快省陂、反修桥、电站、引水渠等众多具有教育意义的建筑，有些仍在发挥巨大作用。

---

① 来源：由《江西宣传》编辑部、《信息日报》、中国江西网、江西头条客户端精心打造的"初心连环画"栏目，推出第三十期策划《将军农民甘祖昌》，讲述甘祖昌从将军到农民的故事，2019年12月2日。

36 支部建在连上
——江西省吉安市三湾村三湾改编的故事

1927年9月20日,毛泽东率秋收起义部队从湖南浏阳文家市出发,沿罗霄山脉中段战略转移,部队经过长途跋涉,艰苦转战,穿过萍乡的芦溪,攻克莲花县,于9月29日到达永新县三湾村。部队到达三湾村时,人数不足1000人,由于战斗频繁、伤亡严重、逃兵众多等原因,出现官多兵少、枪多人少的现象,加上季节性疾病流行,部队战斗力锐减。部队行军途中又经常遭到敌人袭击,部分官兵思想比较复杂,对革命的前途感到悲观动摇,一些军官随意打骂士兵的军阀作风,影响了官兵间的团结,削弱了部队的战斗力。特别是党的各级组织没有在部队中建立,没有确立党对军队的绝对领导,因而在艰苦战斗中没有灵魂和核心。

如果不改变当时部队的这种状况,无产阶级赋予部队的艰巨任务是无法完成的。为了解决中国革命的这个重大问题,毛泽东同志在三湾召开了前敌委员会扩大会议,毅然决定对部队进行改编。毛泽东同志首次提出"支部建在连上",使军队党的建设形成了"连支部、营委、团委、军委"四级党的领导机关,在部队建起严整的党组织体系,为党全面建设和掌握部队提供了可靠的组织保证。

1927年9月30日,部队在三湾枫树坪集合,毛泽东宣布改编决定。三湾改编的主要内容有:一是采取革命自愿原则整编部队,打破旧军队的雇佣制。三湾改编将原来的一个师缩编为一个团,称工农革命军第一军第一师第一团，团部设在三湾钟家祠。改编后，全团只剩700余人。人数虽然减少了，但队伍更加纯洁、稳定，基层连队也得到了充实。整编部队是在加强思想政治工作的基础上，采取自愿原则，愿留则留，不愿留的，根据回家路途远近发给3~5元的路费，把枪留下后允许离队，疏散到农村去。罗荣桓回忆道："整顿后留下来的是经过战斗和艰苦生活考验的革命者，人虽少，却精悍得多。"二是创造性地把党的支部建在连上，建立党的各级组织和党代表制度，确立党对军队的绝对领导。三湾改编创造性地把支部建在连上，使支部成为连队的核心和堡垒。毛泽东指出："我们在国民党军中的组织，完全没有抓住士兵，即在叶挺部也还是每团只有一个支部，故经不起严峻的考验。"当时，部队中的思想混乱以及逃亡现象说明了必须有一个坚强的组织核心，与广大战士紧密相连，才能巩固部队。三是实行民主制度，改变旧军队的习气和不良作风，建立官兵平等的新型官兵关系。《何长工回忆录》中讲道："毛泽东同志决定废除军阀军队旧制度及其影响，在军队内部实行民主制度，官长不许打骂士兵，废除烦琐的礼节，建立新的带兵方法，开会士兵有说话的自由，经济公开，官兵待遇平等，吃饭穿衣都一样。为了保障士兵的政治地位和民主权利，在连以上建立士兵委员会。"改编后的团士兵委员会设在泰和祥杂货铺，熊寿祺任团士兵委员会主席。

三湾改编为建设一支无产阶级领导的新型人民军队从政治上、组织上奠定了坚实基础，是中国共产党政治建军的伟大开端，是人民军队建设史上具有重大历史意义的里程碑。[①]

[①] 来源：吴振兴：《三湾改编：党对军队领导制度的确立》，2009年07期，《军队党的生活》期刊。

枫树坪广场：三湾改编纪念馆、纪念碑、枫树坪

三湾村基本情况

　　江西省吉安市三湾乡三湾村位于湘赣边界、井冈山下，距离县城37公里，是举世闻名的"三湾改编"所在地、"党指挥枪"思想的发祥地。三湾村先后获得全国、省、市、县先进基层党组织，中国幸福村、省级生态文明村、省级森林乡村等荣誉称号。三湾村人民在村党支部和村委的带领下，按照"注重特色，突出发展，以点带面，辐射全村"的经济发展思路，不断加大山区林业投资力度，大做山上文章，一是大力发展果业经济村，二是大力种植药材经济作物。在此基础上，村支部、村委着重培养一些果业、药材种植大户，使他们成为带头致富和带领群众致富的能人，取得了很好的效果。

37 中国第一个全国性的工农民主政权

——江西省赣州市叶坪村"中国第一个全国性的工农民主政权"的故事

2019年5月,习近平总书记在江西考察时指出,要从瑞金开始追根溯源,深刻认识红色政权来之不易、新中国来之不易、中国特色社会主义来之不易。① 20世纪二三十年代,在瑞金这片革命热土上,年轻的中国共产党进行了局部执政的重要尝试,孕育了新民主主义共和国的雏形,建立了中国历史上第一全国性的工农民主政权。

1929年1月,毛泽东、朱德等同志率红四军主力从井冈山向赣西南出击,开辟了赣南和闽西根据地,组建了中国工农红军第一方面军。1930年秋至1931年秋,先后粉碎国民党军队的三次"围剿",使赣南、闽西根据地连成一片,形成了以瑞金为中心的中央革命根据地(也称中央苏区)。

1931年11月7日至20日,中华苏维埃工农兵第一次全国代表大会在瑞金叶坪村举行。来自闽西、赣东北、湘赣、湘鄂西、琼崖、中央等根据地的红军部队,以及在国民党统治区的全国总工会、全国海员总工会的610名代表出席了大会。② 11月7日黎明时分,红军广场举行了隆重的阅兵典礼,这是中国工农红军成立以来第一次接受党和红军领导人的正式检阅。检阅台上,毛泽东、朱德、

---

① 来源:《瑞金:中国共产党治国理政的首演》,2020年11月17日,《北京日报》。
② 来源:《中国共产党历史(第一卷)》上册第327页。

彭德怀、项英、任弼时、邓发、周以栗、叶剑英、张鼎丞、曾山等领导人和红军将领，向受阅部队挥手致意。广场周围，挤满了前来观看检阅的大会代表和当地群众，气氛庄严而热烈。

当日下午，第一次全国苏维埃代表大会在叶坪村的谢氏宗祠正式开幕，项英致开幕词。大会期间，讨论决定了大会的各项议程，推举产生了项英、张鼎丞、陈正人、周以栗、朱德、曾山、邓广仁等组成大会常务主席团；还选举产生分别由项英、周以栗为主任的大会提案审查委员会和代表资格审查委员会。大会听取了毛泽东代表中共苏区中央局作的《政治问题报告》、项英关于劳动法草案报告、张鼎丞关于土地问题报告、朱德关于红军问题报告、周以栗关于经济问题报告、王稼祥关于少数民族问题报告、邓广仁关于工农检察处报告等。对上述报告，大会代表进行了热烈讨论，大会通过

第一次全国苏维埃代表大会会址

会址内部

根据临时中央有关宪法大纲的来电原则制定的《中华苏维埃共和国宪法大纲》,以及临时中央提供大会讨论的《中华苏维埃共和国土地法令》《中华苏维埃共和国劳动法》《中华苏维埃共和国关于经济政策的决定》等法律文件。大会选出63人组成的中央执行委员会,宣告了中华苏维埃共和国临时中央政府的成立。[①] 当选为中央执行委员会委员的有毛泽东、项英、张国焘、朱德、周恩来等63人。中央执行委员会是全国苏维埃代表大会闭会期间的最高权力机关。20日,大会举行授旗章典礼,授予红一、二、三、四军和三军团、红六、七、十、十二、十六军红旗,并授予毛泽东、朱德、彭德怀等8人奖章。接着,由毛泽东、项英致闭幕词,宣布大会胜利闭幕。

为了会议安全,毛泽东指示在福建长汀县城建一个假会场。这

---

① 来源:《中国共产党历史(第一卷)》上册第327页。

个任务落在了中央苏区第一位女县委书记——长汀县委书记李坚真的身上。她带领党员干部在长汀西郊的一块空地上建了一个很大的"一苏大"假会场,成功引起国民党特务的注意。大会开幕这一天,十几架国民党飞机飞临长汀上空,投弹百余枚,进行狂轰滥炸。他们满以为完成了任务,便扬长而去,而叶坪的大会会场安然无恙,"一苏大"会议安全顺利召开。①

11月27日,中央执行委员会举行第一次会议。会议选举毛泽东为中央执行委员会主席,项英、张国焘(一直没有到中央根据地任职)为副主席。中央执行委员会之下设立人民委员会,为中华苏维埃共和国中央行政机关,选举毛泽东为主席,项英、张国焘为副主席;任命王稼祥为外交人民委员,朱德为军事人民委员,项英为劳动人民委员,邓子恢为财政人民委员,张鼎丞为土地人民委员,瞿秋白为教育人民委员,周以栗为内务人民委员,张国焘为司法人民委员,何叔衡为工农检察人民委员,邓发为国家政治保卫局局长。大会确定,中华苏维埃共和国临时中央政府驻在瑞金叶坪村。瑞金成为中华苏维埃共和国的红色首都,瑞金改名"瑞京",成为领导全国土地革命斗争的中心。

中华苏维埃共和国临时中央政府是我国历史上第一个全国性的工农民主政权。中华苏维埃共和国临时中央政府的成立,标志着中国共产党领导土地革命战争取得了实质性的成果,也标志着中国共产党领导的政权开始以国家的形态登上我国的政治舞台,开始局部执政的伟大探索和尝试。

---

① 来源:章芸,唐绍禄:《中华苏维埃共和国时期的保密工作》之一——中华苏维埃共和国诞生前夕的保密工作,2007年,《保密工作》期刊。

中国第一个全国性的工农民主政权
——江西省赣州市叶坪村"中国第一个全国性的工农民主政权"的故事

江 西

叶坪村村容村貌

叶坪村基本情况

叶坪村位于瑞金市东部,是中华苏维埃共和国诞生地,有着"共和国摇篮第一村"的美誉,也是叶坪乡人民政府所在地,距离市区约6公里,交通便利,生态资源丰富,气候宜人。全村辖区面积6.82平方公里,下辖12个村民小组,常住总人口1221户4668人,其中革命烈士后代89户。境内拥有"一苏大"旧址、中央军委旧址、红军检阅台、教育部旧址、中国第一座红军烈士纪念塔、国家邮政总局旧址、公略亭、博生堡等众多国家级文物。全村主要产业为大棚蔬菜、莲子种植、芋头种植、养殖等。近年来,叶坪村整村推进新农村建设,新农村建设的推进使村里的建筑风貌得到了较大提升,市政绿化项目和美丽庭院的落地使人居环境进一步改善。

38 朱德的"赣南三整"

——江西省赣州市安远县、大余县、崇义县朱德"赣南三整"的故事

1927年8月1日凌晨,在中共前敌委员会书记周恩来和贺龙、叶挺、朱德、刘伯承的率领下,两万多北伐军在南昌举行起义。1927年10月初,南昌起义军南下广东,在潮州、汕头地区失利后,一部分主力去了海陆丰,剩下的另一部分主力就是朱德率领的二十五师和第九军教导团。由于几次战斗失利,得知起义军主力在潮汕作战失败的消息,官兵们十分震惊,倍感沉重失落。国民党军猛烈反扑、大军压境,企图消灭起义军,扑灭革命火种。此时,起义军官兵思想混乱、甚至流露出散伙、另谋出路的想法。

在这个非常时刻,朱德在饶平茂芝召开会议,作出了"隐蔽北上,穿山西进,直奔湘南"的战略决策,在部队孤立无援、前途未卜、人心涣散、将要瓦解的严峻时刻,朱德挺身而出,毅然决然地对大家说:"我是共产党员,我有责任把'八一'南昌起义的革命种子保留下来,有决心担起革命重担,有信心把这支革命队伍带出敌人的包围圈,和同志们团结一起,一直把革命干到底!"

在朱德的感召下,陈毅、王尔琢等同志积极响应。他们在继续寻找党组织的同时,率领部队离开茂芝,向赣南进军,其间采取多种措施巩固部队,于1927年10月初至11月下旬,先后进行了三次整顿,史称"赣南三整"。

天心整军军事会议旧址（天心叶氏宗祠）

天心整军

部队一路上四面受敌，朱德率领官兵顽强抵抗，多次击退国民党军的追击。为躲避地主武装和土匪的袭击，部队只能行走在山间崎岖的小道上，露宿在山林中。由于粮食短缺、疾病流行，伤病员得不到供给和医治，又无法同上级党组织取得联系，不少官兵悲观失望、情绪低落、思想动摇，部队出现混乱。许多人经不起考验，相继离队，甚至一个排、一个连被带跑了团里还不知道，不少指挥员也离开了队伍，有的还在继续发泄失败情绪，要求解散队伍。部队于1927年10月下旬到达江西安远县天心圩时，只剩下了七八百人。

在这危难关头，1927年10月22日傍晚，为保存革命火种，朱德毅然在安远县天心圩外的河滩上，召集排以上干部大会，进行思想整顿。在大会上，朱德沉着镇定地说明革命形势和任务，对部队进行整顿。他激昂地说:"大家知道,大革命是失败了,我们的起义军也失败了!但是我们还要革命的。同志们,要革命的跟我走;不革命的可以回家!不勉强!"他还引导大家看清中国革命的前途,不要为当前的失败而丧失信心,精辟地剖析了当时的政治形势,展示了革命必然要继续向前发展的光明前景,鼓励大家只要保存实力,革命就有办法,使大家在黑暗中看到了光明,增强了胜利的信心。

天心圩整顿,是起义军余部转战途中的一个重要转折,是"赣南三整"的开端。这次整顿,统一了思想认识,稳定了部队情绪,鼓舞了革命斗志,使大家认清革命前途,坚定了革命信心。

大余整编

1927年10月27日,朱德、陈毅率起义军余部抵达大余县城南安镇。此时,国民党新军阀相互混战,暂时放松了对起义军的追击与围剿。朱德、陈毅利用这个时机,进行了"大余整编"。

首先从整顿党、团组织入手。重新登记党、团员情况,成立党团支部以健全组织,注重连队工作,加大基层连队的党、团员比重,把部分党员分配到连队去。同时,还选派了部分优秀党员去基层担任指导员,从而加强了党对部队的全面领导。

其次对部队进行整编。起义部队减员严重,原有的军、师建制都成

大余整编司令部旧址

了空架子。于是从实际出发,撤销原有的军、师、团建制,将部队编缩为1个纵队,下辖3个支队、2个大队,暂称"国民革命军第五纵队"。朱德为司令,陈毅为指导员,王尔琢为参谋长。整编之后的部队比原来更加集中、更加团结、更加精干,更有利于指挥和作战。

经过这次整编,部队精神面貌焕然一新。官兵们思想稳定、士气高涨,形成了一个比较巩固的战斗集体。此时部队虽然人数有所减少,但经过严峻的磨炼和考验,思想觉悟更高,战斗力更强。

上堡整训

同年11月3日,朱德、陈毅率领经过大余整编后的"国民革命第五纵队"纵队部从大余县城出发,于11月7日到达江西省崇义县西南上堡山区。为了更有利于指挥和作战,保存革命火种,部队站稳脚跟,朱德开始了酝酿已久的上堡整训。

首先是整顿纪律。朱德、陈毅一直都很重视部队的纪律教育,到了上堡后,根据形势的变化,部队的任务不仅仅是行军打仗,还要深入农村发动群众,组织群众打土豪、分田地,建立革命根据地。因此,树立革命军队的良好形象尤为重要,对官兵进行遵守纪律的教育更为必要。这次对部队进行纪律教育时,明确规定:募

上堡整训旧址

款和缴获的物资全部要归公。建立了没收委员会，只有没收委员会才有权没收和处理财物，并对官兵进行了自觉遵守纪律的教育。

其次是加强军事战术训练。这支部队的指挥员沿用的是正规战的指挥模式。战士们打的也是正规战，部队转移到山区后，朱德、陈毅等从实践中摸索出"还可以上山打游击"的经验，开始了由正规战向游击战的转变。在普遍提高军事素质的基础上，提出新战术问题，朱德还亲自编写了军事教材，给官兵们讲课。

朱德、陈毅对部队进行为人民打仗的思想教育，明确规定了部队的行动任务是把武装斗争同农民运动结合起来。这里具有较好的群众基础，一经发动，便迅速行动起来，革命形势发展很快。

上堡整训在"赣南三整"中，时间最长，效果最显著，成绩最大，在革命的危急关头保存了共产党领导的第一支正规部队，保存了革命火种，挽救了革命，挽救了人民军队，这在人民军队的建军史上有着重要而深远的意义。

"赣南三整"前后历时将近两个月，时间虽短，但意义重大、影响深远。"赣南三整"把思想教育、组织整顿、军事训练三者结合起来，这是朱德同志的独创，为我们整党、整军积累了最早的经验，通过整顿大大提高了部队的政治素质和军事素质，为后面发动湘南暴动和井冈山两军胜利会师奠定了军事基础。

建设中的上堡街

三村镇基本情况

天心村：天心村位于江西省赣州市安远县天心镇，以圩镇商贸业、红色旅游产业为主，已建成的天心整军陈列馆、天心整军文化广场开放为游客参观游览区，天心村辖区内有天心圩整军会议旧址（省级文物保护单位）、天心圩毛泽东1930年旧居（县级文物保护单位），相邻的水头村有红军与国民党部队正面激烈交战的"九十九窝"遗址。

南安镇：南安镇位于江西省赣州市大余县中部，大庾岭北麓，章水河畔，是大余县政治、经济、文化中心。辖区面积130.37平方公里，下辖10个社区、9个行政村。传统名优特产有南安板鸭，古迹有嘉佑寺塔、梅关和古驿道，被誉为"世界钨都"。

上堡村：上堡村位于江西省赣州市崇义县西南，赣、湘两省交界处，距离县城47公里。该村地形较全县其他地方显得平坦。周边旅游资源有上堡整训旧址、万年冰川遗迹、暖水温泉、上堡梯田、上堡大峡谷漂流等；林业资源主要有毛竹、杉木等。该村主要产业为蔬菜种植，村民主要经济来源来自外出务工。近年来，随着全域旅游的纵深推进，上堡梯田景区提档升级，旅游产业发展迅速，上堡街被列为崇义县特色小镇重点项目打造，游客与日俱增，本地居民从务农逐渐转型为经商。

39 第一面军旗的诞生
——江西省九江市修水县义宁镇第一面军旗诞生的故事

在修水秋收起义纪念馆陈展着一面"工农革命军第一军第一师"的军旗,这面我党我军的第一面军旗是怎样设计、制作出来的呢?

1927年大革命失败后,为挽救中国革命,党中央在汉口召开了八七会议,会议决定由毛泽东同志在湘赣边组织和发动秋收起义。

起义爆发前夕,驻修水的师部机关接到中央军事部通告,根据通告的精神,师委会决定由参谋处长陈树华、参谋何长工、副官杨立三负责设计工农革命军第一军第一师军旗。

9月初的一天晚上,修水县城万籁俱寂,师部驻地修水商会会馆却灯火通明,参谋处处长陈树华、参谋何长工、副官杨立三围坐在圆桌旁,要通过自己的双手设计中国共产党第一次公开打出的独立领导革命战争的旗帜,心情非常激动。副官杨立三找来一块红布,铺在八仙桌上,三个人动手设计起来。大家冥思苦想,想了好几套办法,都感到不能完美体现所要表达的内涵。最后还是何长工有了新的想法,他在法国勤工俭学时,见过苏联红军军旗的式样,借鉴他们的表现方式,提出了新的设计方案:旗幅为红色,象征革命;中央为白色五角星,象征中国共产党领导;星内镶嵌交叉的镰刀斧头,表示工农大众紧密团结;旗杆套上竖写"工农革命军第一军第一师"。这个方案一提出,立即得到了陈树华、杨立三的赞成,师委会也很快通过了这个设计方案。

三位军官找来红纸、白纸、剪刀，动手制作起来。何长工首先画了镰刀斧头的图案。但制作时他们碰到的第一道难题是五角星怎么画也不理想。陈树华在纸上勾画五角星，可是左画右画，总是画不好。那时，他们手头没有绘画工具，要想画出标准的五角星真不容易。这时，还是陈树华提出用折纸的方法，这一折一剪，终于做成了非常规范的五角星。他们把剪好的图案放在红布的中央，由杨立三提笔在白色的"旗杆套"上，写下"工农革命军第一军第一师"几个正楷字。

军旗样式确定后，师部决定连夜赶制100面。裁缝出身的班长张令彬等人立即购买布匹，县总工会委员长徐光华请来裁缝和会针线的妇女，就这样在白色恐怖笼罩下，修水老百姓冒着生命危险在师部内秘密赶制了大大小小的军旗、红袖套、识别带。

1927年9月9日清晨，部队在修水县城的紫花墩操场宣誓起义，一面面鲜红的军旗在修水的上空迎风飘扬。毛泽东在《西江月·秋收暴动》一词中写道："军叫工农革命，旗号镰刀斧头。"1958年，何长工在解放军总直机关作报告时说："这样，工农革命军第一军第一师就成立起来了。"

在中国，在东方，革命的红旗打起来了，于是有了红旗和白旗的对立，有了红军和白军的对立。这面军旗的诞生是中国共产党独立领导中国人民开始进行武装革命斗争的标志。

军旗设计处——工农革命军第一军第一师师部旧址上厅堂

义宁镇基本情况

义宁镇位于修水县中部,江西省修水县府所在地,位于湘、鄂、赣三省交会之处,是修水县政治、经济、文化、科技、信息交流中心。全镇拥有面积201.1平方公里。这里是秋收起义部队的集结地和出发地,工农革命军的第一面军旗就在这里设计、制作并率先升起。义宁镇矿产资源丰富,有金、钨、钒、石煤、瓷土、石灰石等十余种。镇内有八个特色经济示范基地村:即蔬菜生产基地、山羊饲养基地、生猪生产基地、水果生产基地、生姜生产基地、蚕桑生产基地、药材基地、香菇生产基地。特色农业和订单农业已呈现发展好势头。县办企业宁红、康顺、神茶、红山、丝绸等五大集团公司盛产宁红保健茶、减肥茶、神茶、耐热瓷炊具、白厂丝、精炼植物油等名特产品,驰名中外。

40 坚持真理宣言　播撒革命火种
——山东省东营市刘集后村一本《共产党宣言》的传奇故事

1925年春节，在济南从事革命活动的刘子久受党组织的派遣，借回家探亲之际，秘密发展刘良才入党。刘良才入党后，积极开展党的工作，成立中共刘集支部。刘集支部的建立为早期革命斗争及党组织的发展奠定了坚实的基础。

1926年春节期间，在济南女子职业学院任教的共产党员刘雨辉与刘子久一起回家探亲，将珍藏的首版《共产党宣言》中文全译本交给刘集党支部书记刘良才，并叮嘱他说："我们党员要好好学习它，明白今后的路怎样走。"从此，刘集一带党组织开展革命斗争有了正确的理论作指导，《共产党宣言》在刘集这片热土上落地生根了。

大革命失败后，白色恐怖笼罩全国，国民党反动派把676种书刊定名为"非法禁书"，其中名列榜首的就是《共产党宣言》。刘良才冒着生命危险把《共产党宣言》藏在自己家的地窖里，躲过了敌人无数次搜查。

1930年，"砸木行"运动过早地暴露了党的力量。1931年2月，山东省委调刘良才到潍县负责党的工作。临行前，刘良才把这本《共产党宣言》转交给刘集支部委员刘考文，千嘱咐，万叮咛，一定要好好保存。刘考文把《共产党宣言》有时藏在粮食囤底下，有时封进灶头，躲过了敌人无数次的搜查。

刘集藏本首版中文全译本《共产党宣言》

1932年8月"博兴暴动"失败后,广饶县的党组织进一步遭到破坏,刘考文意识到自己可能被捕,考虑再三,把这本《共产党宣言》委托给忠厚老实又不引人注意的党员刘世厚保存。不久,刘考文等一批党员被捕,刘良才在潍县也惨遭敌人杀害,刘世厚把这本《共产党宣言》作为对战友的怀念,作为对未来革命胜利的憧憬,用油纸严实包好,再装进竹筒里,有时埋在床铺下面,有时藏在屋山墙上的"雀眼"里,一次次躲过了敌人的搜查。

其中,最为惊险的一次是在1945年1月的火烧刘集惨案中,500余间民房化为灰烬,跑不动的十几名老人、病人也在大火中被活活烧死。早已转移到村外的刘世厚惦记着《共产党宣言》,他冒着生命危险,避开敌人的视线,又潜回村中,在滚滚浓烟中爬上屋山墙,从"雀眼"里抢出了这本《共产党宣言》,这本小册子又一次安然脱险。如今,这本书的左下方仍有被火烧过的痕迹,就是在这次劫难中留下的历史的印痕。

中华人民共和国成立后,刘世厚才放心地把装有《共产党宣言》的木匣子打开,仔细地端详这本书。1975年,广饶县文管会到刘集村征集文物,刘世厚老人主动捐献出了这本《共产党宣言》。刘集藏本《共产党宣言》呈现在世人面前,现属于国家一级革命文物。

一本书影响了一群人，一群人开辟了一条路，如今又开创了一个新时代。无论是艰苦卓绝的革命战争年代，还是改革发展的新时代，广饶人用生命和信仰诠释了《共产党宣言》的真理力量，是《共产党宣言》精神的忠实传人，不断谱写和发展着新时代中国特色社会主义新篇章。

刘集后村基本情况

刘集后村位于山东省东营市广饶县大王镇政府驻地南部，区位优势明显，交通便利。这里诞生了全国最早的农村党支部之一———中共刘集支部，传播、使用和保存了我国首版中文全译本《共产党宣言》，培育和发展了红色旅游和高效生态农业两大产业，相继建成了中共刘集支部旧址纪念馆、《共产党宣言》陈列馆等红色景点，打造了全省最大的盆花生产基地，初步形成了红绿相映、资源共享、融会贯通的发展格局。先后荣获"全国先进基层党组织""全国文明村镇""全省干事创业好班子"等荣誉称号。

红色新刘集

41 一笔珍藏40年的党费

——山东省滨州市刘家邢王村"512枚铜圆党费"的传奇故事

20世纪40年代初,山东正处于白色恐怖中。由于环境极端恶劣,我党组织的活动方式被迫改为单线联系。1939年,刚刚入党不久的李淑贞成了一名地下交通员。李淑贞只知道自己的上级是无棣县三区的区委书记刘振东。接受党组织的任务后,她经常装扮成"走亲戚"的农家妇女,深入日伪军据点搜集情报,传送党的信札和文件,从未发生过一次意外。

1943年,冀鲁边区发生了邢仁甫叛变事件,大批共产党员被

李淑贞保存的党费

杀害，党组织遭受了严重破坏，无棣县的抗日斗争形势更加严峻。为了保存革命实力，上级命令三区区委书记刘振东夫妇撤离。临行前，刘振东将全区党员一年的党费512枚铜圆和部分重要文件交给了李淑贞保管。

刘振东撤离无棣后，日军、伪军、国民党保安六旅轮番"清乡"骚扰，为防意外，李淑贞把这笔钱先是放在衣箱里，继而转移到灶膛里、炕洞里、最后秘密藏到夹墙缝里。

1944年的冬天，李淑贞患肺病多年的丈夫忽然咳血卧床不起，病情一天天加重。为了给丈夫治病，她四处求亲告友，借钱抓药，最后咬牙卖掉了仅有的一只山羊和三只母鸡。到了腊月，李淑贞的丈夫终因无钱医治，撒手人寰。

丈夫去世后，李淑贞与儿子相依为命，日子更加艰难了。1945年的一天，家里穷得实在揭不开锅了，年仅7岁的儿子哭着闹着要窝头吃，李淑贞把卖不出去的烂枣放在炕头上烘干，用石磨碾成面子，拌上黄蓿菜种子，蒸了一锅枣糠饼子，儿子捧起饼子狼吞虎咽，而那一袋铜圆，就在孩子身后的夹墙里。

1945年9月，无棣全境解放。李淑贞被调到区里做妇运工作，又把身心投入到打土豪、分田地、支援全国解放战争的工作中。

1952年冬天，李淑贞打听到了自己的上级联络员刘振东回无棣县工作的消息，背起那袋子铜圆去交还党费。可是，刘振东夫妇又调往上海市工作了。

1958年年底，李淑贞由于身体状况和文化水平所限，渐渐感到自己不适应新的工作，申请退职，得到党组织的批准。从此，她回到老家当了一名普通的农民。

在漫长的岁月中,她先后经历了三年困难时期和"文化大革命",尽管生活上非常拮据,但她从未向党和政府伸过手。

1983年年底,刘振东夫妇离休后从上海回家,亲自登门看望了阔别多年的李淑贞。三位老人聚首,抚今忆昔,感慨万千。年逾古稀的李淑贞更是激动不已,双手哆嗦着扒开夹墙的土坯,把珍藏了40年的党费512枚铜圆和一张朱德总司令签署的日文传单郑重地交给了刘振东。

在艰苦卓绝的革命战争年代,农村女共产党员、地下交通员李淑贞坚守对党的承诺,用40年时光守护一个被世人遗忘的"秘密"——珍藏保管512枚铜圆党费和重要文件。40年艰难坎坷,日月盈仄写满了共产党人的闪光精神和对党的忠诚。李淑贞是无棣人民的骄傲,更是共产党员的骄傲,是后人学习的榜样和楷模。

保存在博物馆里的党费

刘家邢王村基本情况

山东省滨州市刘家邢王村位于车王镇镇政府驻地西北部，区位优势明显，交通便利。在这里流传着女共产党员、地下交通员李淑贞坚守对党的承诺，用40年守护一个被世人遗忘的"秘密"——512枚铜圆党费和重要文件的故事。近年来，刘家邢王村按照乡村振兴的要求，以产业兴旺为基础，大力培育和发展渔网加工与种植业，人民生活水平不断提高。坚持党建引领，注重红色资源的挖掘、整理和传承，2021年，这个红色故事被改编成微电影《512枚铜钱》，在各大媒体播放，献礼建党100周年。

奋斗路正长,行者方致远

——山东省济南市三涧溪村脱贫致富的故事

2021年6月14日,是习近平总书记亲临三涧溪村考察三周年,三涧溪村牢记总书记嘱托,聚焦"党建引领乡村全面振兴",打造城乡融合、三产融合、多元融合的乡村振兴齐鲁示范样板。2020年村集体收入590万元,同比2019年增长94.7%,人均可支配收入达到2.8万元。这一切的成绩,皆因有一个好的带头人——党委书记高淑贞。2018年6月,习近平总书记到山东考察时,对三涧溪村"以党建为统领统筹推进工作"的做法给予充分肯定。在离

山东省济南市三涧溪村的"蜕变"

开三涧溪村临上车时，总书记对高淑贞说，"你付出了，你辛苦了，我谢谢你为党所做的这些工作。"习近平总书记温暖的话语是对高淑贞多年来不懈奋斗、辛勤付出的高度肯定。①

2004年，高淑贞到三涧溪村担任支部书记。1998年至2004年，三涧溪村换了六任村支部书记，全村近三分之一村民未脱贫，村集体负债80万元，被当地人称为"神仙也治不了"的穷村、乱村。上任伊始，高淑贞从党员学习抓起，坚持"三会一课"，从健全村务管理、财务管理等一系列制度抓起，逐步形成以法制村的管理模式，为全村稳定、事业发展夯实了组织、制度等基础。

"只有让老百姓得到实惠，才能取信于民、赢得支持、打开局面。"修一条环村公路，是村民多年的期盼，但修路却阻力重重。面对群众的刁难和阻挡，高淑贞讲政策、讲利害，敢闯敢干，动真碰硬。冬天的傍晚，她逐户给群众做工作到深夜11点。突然传来婴儿的哭声，她才意识到自己7个月的女儿已经一天没有吃奶。看到丈夫气喘吁吁地抱着孩子找来，她愧疚地将孩子一把搂在怀里，眼泪滴落在孩子稚嫩的小脸上。在场村民惊呆了，也感动了。这事一传十，十传百，村民们为高淑贞的精神所感动。村民们明理了，思想通了，三涧溪村通往城区的致富路也通了。

"农业农村工作，说一千，道一万，增加农民收入是关键。"这是总书记视察三涧溪村时作出的重要指示。高淑贞创新思路，把党支部建在产业上，成立了返乡创业、青年创业、康养服务、物业管理、文化旅游五个党支部，把党建工作延伸到乡村振兴各个方面，

---

① 来源：《最美奋斗者——高淑贞简介》，2019年1月28日，人民网、济南网。

山东省济南市三涧溪村的"蜕变"

使党的组织优势和产业优势、人才优势相互转化、互融共建,奋斗出了一条"抓党建、强组织、兴产业、促振兴"的农村基层党建工作新路径。

2005年,高淑贞带领村两委、党员群众,抓住城市空间拓展的大好机遇,筹建工业园区,引进多家企业,带动村民致富。可工作刚有起色,连续的劳累和压力使她整个人瘦了20斤,扁桃体炎手术后三天,她不放心村里的工作,偷偷回到村里。不能讲话,就用手写安排工作。

面对工业园区4000亩占地的拆迁任务,高淑贞依法治村、敢于亮剑。曾因拆除一处违章建筑,村民拿着菜刀闯入她婆婆家,以死威胁,把老人吓得尿了裤子。高淑贞又气愤又心疼,止不住眼泪,帮老人换下衣服,安慰老人说:"娘,是儿媳不好,让您受委屈了，谁让我是村干部呢！"就这样用了不到两年的时间，70余家高科技、高投入、高效益的园区企业顺利落户在三涧溪村，带动了村集体和村民增收，园区成为富民强村的黄金地。

2018年6月14日，习近平总书记到三涧溪村视察时，听取了高淑贞关于"家"字字形的释义后表示："她释义得多好啊。"这正是对她家国治村新理念的最高评价。上任之初，高淑贞面临的最大难题就是人心不齐。她处处宣讲"家国理念"，把"家"字头上那一点视为党组织，其他各项工作都要在党的领导下开展。她建立"四邻联动"工作体系，开展"五个一"服务体系，将服务范围逐步拓展到大学园区、工业园区，全村逐步呈现出人心思上、人心思齐的良好局面。

"培育文明乡风、良好家风、淳朴民风，改善农民精神风貌，提高乡村社会文明程度，焕发乡村文明新气象。"她组织修订《村规民约》，让移风易俗制度化，减轻群众负担。建设党群服务中心、文体广场、图书室，盖起了22栋居民楼，建成了高标准敬老院、小学、幼儿园，建起了乡村振兴学院，组织了庄户剧团、舞蹈队等民间团体，开展四德评选等活动，传播新思想，引领新风尚，让党组织的根基越扎越深，让村民过上了文明幸福的好日子。

奋斗路正长，行者方致远。高淑贞凭着自己对党的忠诚和对事业的坚贞，不忘初心，奋斗前行，将三涧溪村从有名的"贫困村"发展成安居乐业的美好家园，一幅乡村振兴的美好蓝图正徐徐延伸。

三涧溪村基本情况

双山街道三涧溪村位于山东省济南市经十东路以北，章丘区东环路以东，由东涧溪、西涧溪、北涧溪三个自然村组成，全村1160户，3172人。村党委现有党员145人，下设5个党支部。村庄先后获得"全国文明村""全国乡村治理示范村""全国民主法治示范村""全国平安家庭创建先进单位""全国妇联基层组织示范村"等荣誉称号。党委书记高淑贞先后荣获"全国优秀党务工作者""全国三八红旗手标兵"等荣誉称号，是全省唯一的省委委员，曾列席党的十九大、两次受到习近平总书记的亲切接见。

43 忠心向党　大爱无疆
——山东省临沂市桃棵子村、东辛庄村和威海市田家村"沂蒙精神"的故事

"沂蒙红嫂"祖秀莲的传奇故事。1941年，日本侵略军纠集重兵，对沂蒙山区进行"大扫荡"。祖秀莲冒着生命危险救护身负重伤的八路军战士郭伍士，被誉为"沂蒙红嫂"。

郭伍士的牙被打掉不能嚼饭，祖秀莲求亲告友，借粮借钱，用纺的线换回些米面，每天两次送去热乎乎的饭菜，而自己宁肯挨饿。在缺医少药的环境下，她采来芸豆叶，将芸豆叶汁滴在郭伍士腹部的伤口上驱除蛆虫。在祖秀莲的精心照顾下，郭伍士的伤势一天天好转。后来，郭伍士跟随部队南征北战、屡立战功，于1947年复员。复员后没有回山西老家，而是来到了沂蒙山区，以卖酒为名，挑着酒篓四处寻找救命恩人。1956年，郭伍士终于在桃棵子村找到了祖秀莲，并认他为母亲，落户桃棵子村，像亲儿子一样孝敬奉养，直到祖秀莲1977年7月病逝。

桃棵子村

"沂蒙母亲"王换于的传奇故事。王换于带领全家冒死创办战时托儿所。从1940年秋到1942年年底的三年时间里，托儿所

山东

忠心向党 大爱无疆
——山东省临沂市桃棵子村、东辛庄村和威海市田家村"沂蒙精神"的故事

东辛庄村

孩子最多时达到 40 多名，最大的七八岁，最小的生下来才三天，其中有罗荣桓的儿子罗东进，徐向前的女儿徐鲁溪等。对于战时托儿所里的每一个孩子，王换于都用生命来呵护，常常整夜整夜地不能睡觉。她自己的四个孙子因为营养不良、照顾不周先后夭折了，而革命后代在王换于和家人的精心呵护下健康成长，无一伤亡。

深情救护白铁华。1941 年，白铁华执行任务时不幸被捕，敌人对他进行了严刑拷打，误以为他死了，就扔到了野外。王换于用自制的担架把白铁华抬回了家，经过近 7 个月的精心护理和治疗，白铁华伤愈归队。1983 年，白铁华领着媳妇来到了王换于家，两口子一进家门就给她跪下了，跪着往前走，走一步，就说一声："娘呀，儿来了，儿子对不住您。"王换于一眼就认出了白铁华，老泪纵横地说："娘老了，念着你的那颗心已经悬了 42 年了呀！"

缜密保存联合会刊。1941年夏天，山东省第一次各界代表联合大会在青驼寺召开，会后出版了《联合大会会刊》，这本书印数有限，全书共有20多万字，是一份抗战时期少有的资料。如果让敌人得到，那么整个山东的抗战组织、抗战战略、方针、政策也就全都被破坏掉了。副参议长马保三在形势非常紧的情况之下，把这本书交给了王换于，王换于冒着生命危险保存了这本书38年，填补了山东省档案馆关于山东省第一次各界代表联合大会资料的空白。

"红色乳娘"的传奇故事。1941年，中共胶东区委在荣成县成立胶东医院育儿所，十余年的艰苦岁月里，300多名乳娘和保育员哺育了1223名革命后代，在日寇频繁"扫荡"和多次迁徙中，乳儿们无一伤亡。

姜明真为照顾刚满月的福星，给自己刚满8个月的孩子断了奶。鬼子来"扫荡"，为避免暴露，姜明真把儿子送到另一个无人的山洞，不几天后，儿子就夭折了。姜明真忍着丧子之痛，把全部的爱倾注到福星身上，一直抚养到4岁，他才被亲生父母领走。姜明真先后收养过4个八路军子女，而她自己的6个亲生骨肉却因为战乱、饥荒先后夭折了4个。

面临相同选择的还有乳娘肖国英，在躲避"扫荡"中，肖国英把自己女儿藏在草窠子里，抱着乳儿跑上了山。因为哭了一夜，女儿落下了终生哮喘的病根。女儿后来说："如果把八路军孩子撂下，俺娘良心上过不去。"

像这样感人的故事还有很多很多，这些故事生动诠释了"水乳交融、生死与共"的沂蒙精神特质，是沂蒙人民爱党爱军、无私奉献的真实写照。红色乳娘超越血脉亲情的母爱，让革命的火种生生

田家村

忠心问党 大爱无疆
——山东省临沂市桃棵子村、东辛庄村和威海市田家村"沂蒙精神"的故事

不息,让革命的力量不断壮大。这份可歌可泣的人间大爱不断激励我们把红色基因代代传承,谱写新时代党群关系新篇章。

革命战争年代,在沂蒙这片热土上,在中国共产党的领导下,沂蒙军民英勇抗击日本侵略者的"扫荡"和国民党军的进攻,谱写了气壮山河的英雄史诗,铸就了伟大的"沂蒙精神",涌现出一个个感人至深的故事。

三个村基本情况

桃棵子村位于临沂市,是沂蒙精神发源地之一,也是中国美丽乡村百佳示范村、全国文明村、国家3A级旅游景区、省级美丽乡村示范村,全村共227户、651口人。2019年,该村被评为全国乡村旅游重点村、山东省乡村振兴"十百千"示范村。

东辛庄村位于临沂市沂南县马牧池乡,这里有"沂蒙母亲"王换于纪念馆。东辛庄村通过成立黄桃种植专业合作社,发展果树规模种植,统一管理、统一品牌、统一销售,实现了村民和村集体"双增收"。

田家村位于威海市崖子镇,全村共有248户,730人。2016年对胶东育儿所革命遗址进行了修缮保护,下一步将把红色教育基地与优美自然风光结合,打造集红色文化、生态采摘、农耕体验、休闲垂钓等于一体的综合性旅游基地。

44 赤诚报国　书写抗日传奇
——山东省枣庄市沙沟西村铁道游击队的传奇故事

铁道游击队即鲁南铁道大队，建于 1939 年冬，隶属于鲁南军区。该队以临城（今薛城）为轴心，挥戈百里铁道线，出没于万顷微山湖，协同主力，依靠群众，或实或虚、忽东忽西、闪辗无定、游击有术，与日伪展开殊死搏斗。他们爬飞车、搞机枪，截军列、打洋行，毁铁路、炸桥梁，破坏敌人的交通运输线，犹如钢刀插入敌人胸膛，有效牵制了敌人的兵力，有力配合主力部队作战；他们开辟并保卫华中、山东赴延安的秘密交通线，虽黑云压城，风险万千，终护送刘少奇、陈毅等大批干部和黄金等重要物资安全过境；他们斗智斗勇，不费一枪一弹，迫使千余名日军在沙沟缴械投降，成为中国人民敌后抗日游击战的经典传奇。

1941 年冬，鲁南军区的被服厂突遭日伪破坏，部队战士亟需

铁道游击队油画

过冬棉衣。洪振海大队长联络微湖大队和沛滕大队，动员微山湖畔渔村600余人，通过扒日军的火车，截获棉布1200余匹，皮箱200件，日军服装800余件，棉被100余床，显微镜4架及药品、呢料、毛毯等大宗物品，解决了部队战士过冬棉衣问题。

洪振海生于1910年，山东省滕县羊庄（今枣庄市滕州市羊庄镇）大北塘村人，是鲁南铁道大队首任大队长，《铁道游击队》小说中"刘洪"的原型之一，是民政部公布的著名抗日英烈。1939年11月，在枣庄抗日情报站基础上建立了枣庄铁道队，洪振海被推选为队长。1940年7月，他升任鲁南铁道大队大队长。在历次战斗中，他率领队员先后参加飞车搞机枪、两袭洋行、夜袭临城、沙沟截布车等传奇战斗，创造了八战八胜，无一人伤亡的传奇战绩，沉重打击了日寇。他的英雄事迹多次在《大众日报》和《鲁南时报》上刊登。1941年12月27日，在黄埠庄激战中，洪振海为掩护群众撤离，率部与日伪作战，不幸中弹牺牲，时年32岁。

1945年8月15日，日本宣布无条件投降后，鲁南军区司令张光中根据八路军朱德总司令的命令，集中兵力向敌占区进攻，收缴日伪军的武器装备，接受日军投降。鲁南铁道大队第二任大队长刘金山、政委郑惕率领队员，日夜追击日军。当时驻扎临枣的日军主要集中在临城、

日军列队投降

沙沟一带。鲁南铁道大队与日军铁甲列车大队、铁道警备大队斗智斗勇,前后进行了7次谈判,最终迫使日军缴械投降。1945年12月1日至2日,受降仪式在津浦铁路沙沟站附近举行,1000余名日军向鲁南铁道大队投降,前后共收缴山炮2门、重机枪8挺、轻机枪130多挺、步枪1400余支,炮弹、子弹、手枪等其他军需物资一宗。这是鲁南军区在抗战中收缴的最大一批战利品,史称"沙沟受降"。鲁南铁道大队是全国唯一接受日军正式投降的中国共产党领导的地方武装。沙沟是抗日战争中八路军唯一接受日军直接正式投降的地方。

艰苦的抗战中,鲁南铁道大队创造了可歌可泣的英雄业绩,铸就了彪炳千秋、名扬中外的辉煌,在中国人民抗日战争史上留下了浓墨重彩的一笔。"赤诚报国、不怕牺牲,机智灵活、勇于亮剑"的铁道游击队精神,正成为彰显新时代枣庄精神的有力支撑。

沙沟镇基本情况

沙沟镇位于山东省枣庄市西南部,历史悠久,底蕴深厚,系古薛国封地、明清军事重镇,是凤阳古镇,建阳古城,也是"山东快书"和"人灯舞"的发源地。沙沟镇区位优越,交通便捷。京台高速、枣临高速、京沪高铁在这里交会,枣庄最大的港口枣庄(薛城)港坐落境内,是省政府重点关注的鲁南地区重要的货物集散地;先后获得山东省文明镇、山东省生态镇、山东省旅游强镇等称号。

45 干群齐心同奋斗，沙丘变良田
——河南省开封市兰考县张庄村焦裕禄带领群众防治风沙的故事

焦裕禄同志是人民的好公仆、干部的好榜样。1962年冬天，他来到当时内涝、风沙、盐碱"三害"肆虐的兰考担任县委书记，带领全县人民战天斗地，奋力改变兰考的贫困面貌。50多年前的兰考，风沙肆虐，面对这一难题，焦裕禄焦急万分，几乎踏遍了兰考的每寸土地，深入群众，认真研究，寻找治风治沙的良方。

1963年7月，焦裕禄来到张庄村，看见农民魏铎彬手捧黏糊糊的泥土一个劲儿地往坟头上抹，他心里疑惑不解，于是上前讨教，魏铎彬说："这是俺娘的坟，每年冬春坟头都要被狂风吹开。这不，风太大又把坟头刮没了，所以我挖出地下的淤泥把坟头封住，再种上草，这样再大的狂风也刮不动了。"焦裕禄听完深受启发："一个人一早上能封一个坟。如果人民群众一起行动，采用淤泥盖沙的办法把沙丘封住，栽上树、种上草，岂不是能把这骇人听闻的沙丘变成良田。"

有了这个想法之后，焦裕禄决定带领干部群众先在张庄搞试验，他们用了两天时间封闭了

治理风沙

一个30亩的沙丘。取得成功后,在张庄大队进行大面积试验,并广泛发动干部群众参与治沙工作。老百姓听说县委书记有缚住风沙的办法,个个情绪高涨,男女老少一起行动,积极参与

张庄村新貌

治沙工作。同时,焦裕禄还树立了秦寨大队、赵垛楼大队、双杨树大队、韩村生产队四个典型,发挥先进队伍的激励作用,极大地调动了张庄村党员干部和群众的工作干劲。

历时1个多月,人们终于把17个沙丘、1000多亩地,全部盖上了一层半尺厚的淤土。治理过的土地经过多次7级大风的考验,取得了良好的效果。其间,焦裕禄带领干部与群众同吃同住同劳动,从不搞特殊化。有一次,焦裕禄和七位县干部在一户农民家吃饭,隔着厨房门,他看到锅里炕着5个锅贴,就赶忙向在场的几个干部比画手势,示意大家每人只吃半个,好给农民兄弟多留几个。后来,焦裕禄又在走访中发现刺槐树易成活,根系发达,浮根多,有很好的固沙作用,而且槐花还能作为食物充饥,于是他带领群众在1000多亩北河滩地上栽种了槐树和桐树。

1965年,张庄的风沙基本治住了,农民迎来了治沙后的第一个丰收年。小麦亩产从以前的35斤增加到200斤。看到群众的生活实实在在得到了改善,焦裕禄乐开了花,他说:"不光要让群众

吃上窝窝头，还要让大家吃上蒸馍、花卷，几千亩河滩地经过改造，北边种玉米，南边种稻子，还要让大家吃上白米饭。"

而今，半个多世纪过去了，绿色在这里扎下了根，农民不光填饱了肚子，还发展起了副业。如今的张庄村良田规整，绿树成荫，产业兴旺，群众的生活丰富多彩。焦裕禄和张庄百姓并肩战斗的故事，依然有着火一样的热度，"焦桐""焦林"都寄托着兰考人民对焦书记的深切缅怀。

亲民爱民、艰苦奋斗、科学求实、迎难而上、无私奉献的焦裕禄精神激励着一代又一代兰考人民不懈拼搏、砥砺前行。

张庄村基本情况

张庄村，位于兰考县北部，地处九曲黄河最后一弯。闫坝公路贯穿而过，交通便利。下辖张庄、军李寨、官庄、冯庄4个自然村和13个村民小组，耕地面积4800余亩。20世纪60年代，这里曾是兰考最大的风沙口，也是焦裕禄同志找到防治风沙良策并取得成功的地方。2014年，习近平总书记到张庄村调研指导工作，为张庄发展注入了强大精神动力。张庄村按照"党建引领、产业支撑、政策助力、旅游带动"的发展思路，经济快速发展，村民幸福指数进一步提升，2016年年底胜利实现脱贫。先后被授予"全国文明村镇""全国乡村旅游重点村""幸福生活与美好环境共同缔造示范村""全国民主法治示范村""河南省乡村旅游创客示范基地"等荣誉称号。

46 除险修渠任羊成,舍己忘我筑忠诚
——河南省安阳市林州市任村镇古城村红旗渠除险英雄任羊成的故事

在河南安阳林州市,只要一提到红旗渠,老百姓就会想到除险英雄——任羊成。

任羊成是红旗渠建设特等劳模,有"飞虎神鹰"之称。除了是千千万万名建渠者当中的一员,他还有另一个身份,那就是"凌空除险队"的队长。

1927年,任羊成出生在林州市任村镇古城村一个贫穷的农民家庭。刚出生时,由于母亲体弱,缺少奶水,尚在襁褓中的任羊成一度被饿得奄奄一息,后来还是父亲在给别人放羊时,偷偷挤了点儿羊奶让他喝,才把他养活下来。家人也因此给他取名叫"羊成"。

1960年2月,林县县委发布了引漳入林工程动员令。任羊成积极响应号召,成为修渠大军中的一员。那时,红旗渠工地劈山放炮后,经常有松动的石头掉下来,这给在崖下修渠的民工带来很大的危险。为了保证施工安全,领导决定成立一支除险队。任羊成第一个报名,后来他被大家推选为除险队队长。他终日带领队员们腰系大绳、手拿长杆,

任羊成

在太行山的悬崖绝壁上飞来荡去，排除险石。有时他们甚至需要荡出去近20米，而他们的生命就系在一根麻绳上，绳子一旦磨断，后果将不堪设想。当时大家都说："除险队干的活太危险了，简直要命！"所以，老百姓又称除险队为"敢死队"。

有一次，任羊成爬上通天沟除险，失足跌在圪针丛（植物枝梗上的刺）里，脊背上扎满了尖尖的枣刺儿。他挣扎着爬起来，忍着疼痛，又爬上山崖，坚持除险。晚上，房东老大娘和儿媳妇给他挑拨身上的刺儿，花了一个钟头，挑了一手窝，他忍着疼痛愣是一声没吭。

还有一次，任羊成带着除险队在虎口崖除险，快要扑进崖壁凹檐里的时候，石崖顶掉下一块石头，正好砸在他嘴上，三颗牙齿横在嘴里，一阵麻木，鲜血顺着嘴角就流了下来。他一口吐掉牙齿，忍着剧痛，一直坚持到完成任务才从崖壁上下来。工地领导让他去医院治疗，但他又放心不下，想着自己不去除险，修渠民工就会多一分危险。第二天，他又戴着口罩背着大绳上山除险。这种冒一人之险，保众人之安的无私奉献精神，一直被人们称颂。

由于长期辛苦作业，任羊成腰间磨出一层厚厚的血泡，血泡结痂后留下了厚厚的疤。在整个红旗渠修建过程中，任羊成一共受了4次重伤，摔折过两次腿，还有几次差点丢了性命，但每次他都坚持轻伤不下火线。

后来，经常有人问他："为什么会选择这样一个危险的工种呢？"他说："因为我是共产党员，是在党旗下举过拳头发过誓的，一不怕苦、二不怕死，别人不敢去的，共产党员就要顶上去！"在他身上，人们感受到老一辈修渠人对水炙热如火的渴盼，感受到了一名共产党员的责任和担当，感受到了什么是忠诚与奉献。

1965年和1966年，红旗渠总干渠和三条干渠竣工通水，任羊成也被评为红旗渠建设模范和特等模范。

任羊成身上体现出的"自力更生、艰苦创业、团结协作、无私奉献"的红旗渠精神，正是当今人们需要守护好、传承好、弘扬好的时代精神，历久弥新，永远不会过时。

红旗渠纪念馆

古城村基本情况

古城村位于任村镇北端漳河之滨，傍山依水，距镇所在地二十余华里，南靠王目村大山间，东有小王庄村，北与河北涉县合漳乡合漳村隔河相望，北临浊漳河，河水环绕村北的大半土地。全村有居民940户、3300人，荒山8000余亩，耕地2300余亩，其中水浇地1580亩、旱地720亩。古城历史悠久，山川名胜，景色诱人，北雄风光的"雄奇险秀"荟萃于此。该村花椒、核桃、小麦、玉米、黄豆、油葵、水稻等农业物产丰富，是林州市有名的鱼米之乡。

47 奉献为人民　携手奔小康

——河南省新乡市新乡县七里营镇刘庄村老书记史来贺的故事

位于豫北平原的河南省新乡县刘庄村，曾经是当地十里八乡有名的贫困村。1952年，年仅21岁的史来贺担任了刘庄村党支部书记，挑起了带领全村人治穷致富的重担。这一干就是51年。

艰苦奋斗、开拓创新。史来贺带领刘庄人用了整整20年，把全村700多块高低不平的盐碱地改造成了旱能浇、涝能排的高产稳产田。他还带领村里的群众，不断总结种棉经验，使皮棉平均亩产达到56千克，这在当时是全国平均产量的3倍。刘庄村也因此一跃成为全国农业战线的先进典型。

到了20世纪70年代，史来贺带领村民把工作重点转移到工副业上，办起了食品厂、造纸厂、淀粉厂等，村集体经济实力不断增强。党的十一届三中全会以后，刘庄村进入了发展快车道。史来贺和村班子成员经过反复考察，引进高科技生物工程项目，在刘庄建成了一座以生产肌苷为主的生物制药厂。自开工以来，制药厂生产规模不断扩大，技术不断创新。目前，刘庄药厂的年产值占到了刘庄总产值的80%以上，位列全国医药行业百强。

1956年，上级部门要求刘庄等21个初级社合并成一个高级社。深知农村情况和农民心理的史来贺认为当时成立大社的条件还不成熟，顶住压力坚持不与别的村庄合并。十一届三中全会以后，家庭联产承包责任制的推行，让农村生产力得到了极大的解放。土地分不分到农户,工厂包不包到个人,是集体走富路,还是个人奔小康,刘庄面临着艰难的选择,史来贺一遍又一遍地学习公报,回顾刘庄的发展历程,从刘庄的实际出发,成立了农工商联合社,实行"综合经营、专业生产、分级管理、奖惩联产"的管理机制。

一心为公,无私奉献。史来贺始终践行着"事在人为,路在人走,业在人创"的人生箴言。担任村支书以来,史来贺一直按群众的平均劳动水平拿工分,上级规定给干部的补贴他一项也不要。1965年,他任县委副书记,县里开始给他发工资。当时刘庄的分配水平还不高,史来贺就把县里发的工资交到村里,和村民一样拿工分。但当刘庄的分配水平大幅度提高以后,史来贺又放弃拿村里的分配,拿起了县里的工资。有心人为史来贺制作了一份《1977年至1990年史来贺与刘庄同等劳力年收入对照表》。表中显示,仅这13年里,史来贺就比本村的同等劳力少收入2.5万余元。1976年,

刘庄村街道

刘庄村全景

史来贺又带领村民自筹资金给每家每户盖独门独户的二层小楼。第一批新房建成后,村民们建议让史来贺先搬进去住,但他却召开大会说:"搬新房先群众后干部,群众中谁住房困难谁先搬。"直到6年以后,史来贺才和最后5户老百姓一起搬进新居。

史来贺的故事内涵丰富,他的这种坚持坚定的信念、共同富裕,实事求是、与时俱进,无私奉献、一心为民,艰苦奋斗、勤俭创业的精神,不断激励着后来者开拓进取、奋发有为。

刘庄基本情况

刘庄村现有370户,1800多人,1050亩耕地。村党委下设9个党支部,200名党员。村集体经济组织为刘庄农工商总公司,有华星药厂、绿园药业、农场、牧业公司、商业及酒店等产业。村民户均住房472平方米,享有50多项福利待遇,初步实现了农业工业化、农业现代化、农民知识化、经济市场化、生活城市化,为三个文明建设和县域经济发展做出了贡献。先后获得全国文明村镇、全国农业旅游示范点、全国先进基层党组织、全国模范村民委员会等荣誉称号。被确定为全国农村实用人才培训基地、全省干部教育现场培训基地、省未成年人思想道德教育基地。

48 幸福大塆美丽蜕变,绿水青山红色记忆

——河南省信阳市新县田铺乡田铺大塆依托红绿资源发展乡村旅游的故事

一提起新县,人们首先想到的一个词就是"红"。作为鄂豫皖苏区首府所在地,这里经历了第一次国内革命战争、土地革命、抗日战争、解放战争等各个时期的革命斗争活动,创造了"28年红旗不倒"的奇迹。田铺乡也是一块红色的土地,这里是韩家寨战役的主战场,也是刘邓大军千里跃进大别山的落脚地。在革命战争年代,田铺大塆先后留下了吴光浩、王树声、许世友、穰明德等革命先辈的战斗足迹。1927年至1929年,田铺人民在党的领导下,革命斗争蓬勃兴起,巩固了鄂豫边第一块红色根据地。一个82户的

田铺大塆改造前

小村落，就有"光荣之家"18户、革命烈士7人。全村三分之一的村民有红色家史，积淀着深厚的红色文化。

这样一个依山傍水、风景秀丽，有着上百年历史和红色记忆的传统村落，受历史、地理、交通等客观因素影响，曾在很长一段时间里守着青山绿水，却找不到致富路，成了"穷窝窝""空心村"。2014年，田铺大塆人均年收入才不过8500元，"晴天一身灰，雨天一身泥"是当时村子的真实写照。同年，田铺大塆积极践行"绿水青山就是金山银山"的理念，按照"红色引领、绿色发展"的路子，启动美丽乡村建设，发展乡村旅游。依托古村落、古民居，不挖山、不填塘、不砍树，坚持修旧如旧，不搞大拆大建，守住了村落的生态肌理和山水田园风貌，留住了乡愁。村落生态的"美丽颜值"开始源源向"美丽经济"转化，陆续以"乡村创客"为主题发展起20多家创客小店。"田铺大塆·创客小镇"成了乡村旅游新热词。昔日小山村旧貌换了新颜，实现了亮丽"转身"，乡村旅游带动了群众在家门口逐步脱贫致富。

2019年9月16日，在中华人民共和国成立70周年之际，习近平总书记带着对老区人民的深情牵挂来到田铺大塆考察调研，同干部群众共商脱贫攻坚大计。他走进一家家创客小店，询问手工艺品销路、民宿入住率、小卖部经营等情况，并强调，"发展乡村旅游不要搞大拆大建，要因地制宜、因势利导，把传统村落改造好、保护好"。总书记还走进塆里第一家开办的民宿"老家寒舍"，仔细察看服务设施，同民宿创建者一家围坐交谈。他们告诉总书记，自己是红军后代、革命烈士家属，近年来靠乡村旅游实现了增收，还带动乡亲们发展民宿，走上了致富路。总书记听了十分高兴，指出

"依托丰富的红色文化资源和绿色生态资源发展乡村旅游,搞活了农村经济,是振兴乡村的好做法"。总书记对老区人民的亲切关怀和殷殷嘱托,让田铺大塆村民备受鼓舞,发展的路子更明确了,发展的劲头更足了。[1]

一年多来,田铺大塆村党员干部按照总书记的要求,带领群众坚持生态优先、绿色发展,牢牢牵住乡村旅游的牛鼻子,赓续传承红色基因,擦亮绿水青山底色。先后获评全国乡村旅游重点村、国家3A级旅游景区。如今全村共有民宿20家、农家乐8家,"不秋草""匠心工坊""不期而遇"等特色鲜明的咖啡馆、主题餐厅、书吧、手工作坊、特色小店在此深深扎根。"创客小镇"成了返乡农民、大学生的创业舞台和远近闻名的"网红打卡地"。

革命战争年代,老区人民用献血和生命,铸就了坚守信念、胸怀全局、团结一心、勇当前锋的大别山精神。进入新时代,田铺大塆砥砺初心使命,用创新的理念、火红的热情发展乡村旅游,打造了脱贫攻坚的"老区样板",探索出新时代乡村振兴的"大塆路径"。

清晨的田铺大塆

---

[1] 来源:《习近平在河南考察时强调:坚定信心埋头苦干奋勇争先 谱写新时代中原更加出彩的绚丽篇章》,2019年9月19日,新华网。

田铺大塆基本情况

青山绿水环村落,古朴乡村嵌田园。田铺大塆隶属田铺乡田铺居委会,位于大别山青龙岭山麓,距新县县城24公里,面积4.6平方公里,共有村民82户304人,房屋367间。村落依山傍水,风景秀丽,村中房屋始建于明末清初,距今400余年,为典型豫南民居。中原文化、楚文化与徽派文化在此交相辉映,处处透着人与自然和谐共生的乡土气息。这里是中国传统村落、中国景观村落、中国特色景观旅游名镇、全国乡村旅游重点村、国家3A级旅游景区。

49 巾帼英雄，热血永存
——湖北省麻城市乘马岗镇红星社区一把生锈钥匙的故事

在"中国第一将军乡"麻城市乘马岗镇，有位被称为"麻城刘胡兰"的女烈士，她就是传奇女英雄万永达。

1927年，麻城地区掀起了轰轰烈烈的农民运动，马岗肖家河村的万永达和村里的姐妹们积极参与其中。黄麻起义后不久，她就投身于黄麻地区的苏维埃运动，加入了中国共产党，并任乡苏维埃主席。1932年，她又加入红军，后因身体原因，留在地方工作。1932年秋天，红四方面军第四次反"围剿"失利，红军主力转移西征，国民党地方武装清乡团、联防团等在乘马岗一带四处清剿并搜捕万永达。在极其险恶的环境中，万永达白天隐蔽在深山老林，夜晚再到群众家中联络红军伤病员及失散的党团员。

1933年冬月底，已怀孕8个多月的她，被敌人围困在万字山的密林中，好几日水米未沾，组织上派人秘密护送她到老家肖家河村待产。腊月初二，就在万永达生下小孩的第二天，因叛徒告密，她家被国民党的联防团包围。紧急关头，她立即翻出藏在床脚下的党组织的相关文件进行销毁，刚烧完文件，敌人就破门而入。敌中队长怒道："快把共产党的名单交出来。交出来一切都好说，可保你们母子平安，不然，有你好戏看！"说着，中队长向团丁们使了一个眼色，几个团丁一拥而上，将万永达身边出生只两天的婴儿抢了过去。万永达哭喊道："我是真不知道，就是知道，也不告诉你们这些没人性的东西！"突然，一名团丁像发现珍宝似的，兴奋地从房子角落里提出一只便桶来，讨好地指给敌军中队长看："队长，您看，这里有烧过纸的灰！"正在这时，万永达从枕边摸出了什么，一把将它塞进了口里。"你在干什么？"中队长眼尖，发现了这一幕，顿时大发雷霆，一把将万永达从床上拖了下来。万永达镇定地说："你们把孩子放下，我跟你们走！反正要命有一条，共产党的事我一句话都没有！"

在审讯室，由于她拒绝向敌人下跪，国民党兵生生踢断了她的膝盖骨。她奋力反抗道："你们这些丧尽天良的东西，一定会遭报应的，红军是一定会打回来的！"敌人恼羞成怒，将她刚出生的儿子活活摔死，并枪杀了坚强不屈的万永达。在她牺牲后，乡亲们悲

红星社区易地扶贫搬迁点

痛欲绝,将她葬在附近的山岗上。

1947年秋天,刘邓大军千里跃进大别山,抵达麻城。为了联络坚守在麻城地区的红军失散人员和党团员,部队四处寻找万永达的下落。这时,万永达的一位远房亲戚找到部队,转交给他们一个锁着的小梳妆盒,说是万永达烈士生前交给他保管的遗物。部队首长撬开盒子一看,里面是一叠沾有血迹的稿纸,上面写着乘马岗一带38名地下党员、1000多名红军失散人员及革命堡垒户的名字。

到了1969年,当地村民为了纪念万永达,将她迁葬立碑,结果发现了一个令当场所有人落泪的情节。在万永达烈士的胸腔里,竟意外地发现了一把钥匙。原来,这把生锈的小钥匙便是那个小梳妆盒的钥匙,在关键时刻,为防止名单落入敌人手中,她毅然地将钥匙吞入腹中,抱着宁死不屈的大无畏革命精神,牺牲自我和至亲,践行了她入党时对党组织的庄严承诺。

红星社区美丽乡村建设

万永达以大无畏的牺牲精神,为革命事业建立了彪炳史册的功勋,她身上所体现出的坚贞忠诚、宁死不屈的优秀品质,激励着我们要沿着革命前辈的足迹继续前行,把革命精神世世代代传下去。

红星社区基本情况

红星社区位于中国第一将军乡门户,乘马岗镇西部,距离镇区10公里,距离麻城市区35公里,由原易家畈村、四口塘村和飞龙山村夏家小组合并而成。总面积16.95平方公里,山林面积9510亩,耕地面积7117亩。下辖19个村民小组,34个自然垸,911户3641人。社区拥有大别山红星英烈园、易良品烈士广场、万永达烈士墓、鲤鱼寨战斗旧址、三军旗台、三条半枪等红色景点。境内贯穿红色旅游公路5公里,与大广高速公路互通相连处已形成近3公里街道,闪闪红星城粗具规模,建有异地搬迁安置点1处,占地50亩的大别山红星英烈园是全市中小学生德育教育基地。抗日名将易良品、著名烈士万永达,都诞生在这里。社区交通便利,区位优势明显,是宜商、宜居、宜游的理想胜地。

 忠堡大捷彪炳千秋

——湖北省恩施土家族苗族自治州咸丰县高笋塘村忠堡大捷的故事

1934年10月,第五次反"围剿"失败后,中央红军主力被迫撤出中央根据地,开始了漫长而艰难的长征。此时,红二、六军团积极创建湘鄂川黔革命根据地,也就是在湖南、湖北、四川、贵州一带,牵制国民党军,以策应中央红军突围北上。

1935年1月,中共中央政治局在遵义召开扩大会议,事实上确立了毛泽东在红军和中共中央的领导地位[①]。同年5月9日至10日,中共湘鄂川黔省委在湖南龙山县召开重要会议,并按照中央指示,制定了三条战略方针:一是暂时不渡长江,仍在原地区争取胜利,省委立足龙山县茨岩塘;二是湘敌较强,取守势,鄂敌较弱,取攻势;三是出其不意,积极向鄂敌进攻,在"反围剿"中掌握主动权。

6月2日,贺龙率领红二六军团主力,突破了龙山边界封锁线,进至宣恩的沙道沟和高罗一带。他们在那里停留了7天,一方面继续发动群众"筹粮扩红"。另一方面采取"诱敌出笼"的战术,以便择弱围歼。但敌军异常狡诈,龟缩在县城及周围据点。为了迫使敌军离开堡垒,便于红军在运动中加以歼灭,这时候指挥部想出了一条"调虎离山"之计。

---

① 来源:《湖北恩施土家族苗族自治州咸丰县高笋塘村:忠堡大捷彪炳千秋》,2021年12月25日,新浪网。

6月9日夜,红二六军团主力一部深入腹地突然包围宣恩县城,这让坐镇恩施的鄂军总司令徐源泉惊慌失措。宣恩与恩施城仅距45公里,徐源泉害怕宣恩失守,进而危及恩施,更害怕红军向北扩展,威胁长江交通。于是,他急令驻防来凤的纵队司令兼四十一师师长张振汉驰援宣恩县城。

张振汉所在部是国民党军的正规部队,号称是蒋介石"近卫军""王牌师"之一,他们公然叫嚣"来打贺龙"。6月12日凌晨,张振汉在来凤给各部下达增援宣恩的电报。但他们所不知的是,张振汉的回电刚一发出就被红军截获破译。这封电报里边,将增援宣恩的时间、行军路线以及行军序列都写得非常详细。

得知张振汉所率各部将于12日午后进至咸丰县忠堡镇休息,贺龙命令宣恩红军继续佯攻,主力部队则隐蔽集结,迅速赶赴忠堡

纪念忠堡大捷演出

镇高笋塘村设伏歼灭敌军张振汉部队。

在张振汉发出回电的 3 个小时后，红二六军团主力分两路向忠堡急进。前卫红四师于当日下午 3 时赶到忠堡以东的黄莲蓬附近。

就在这时，张振汉右路部队也已经进入忠堡境内，左路部队行至离忠堡数里之远的地方，中路部队进至韭菜园西侧。

为防止国军全部进入忠堡聚集一起，贺龙命令红四师发起攻击，一举歼灭后卫部队的一个营，并将张振汉直属部队压在构皮岭的山谷中。与此同时，红军抢占了忠堡与构皮岭的高地高笋塘和老鸦关东侧制高点，这样一来，敌军就被分成了三截，在红军的阻击下，几次增援失利，最后被迫停止攻击。

6 月 14 日早晨，总指挥发出冲锋的命令，第三炮正中敌军指挥部，张振汉的指挥机关瞬间瘫痪。贺龙指挥发起最后攻击，这时候国民党军再也抵挡不住红军的攻势，到下午 3 时，所围之敌全部被歼，张振汉在构皮岭被生俘。

忠堡大捷纪念碑

这一仗，共歼灭国民党军队一个师，一个旅和一个特务营，并予国军右中两路沉重打击，共歼敌4000余人，俘获1000余人，取得了红军北进鄂西的第一个大胜仗，有力地配合了中央红军的长征和其他革命根据地的斗争，后来这次战役还被编入解放军军史和红二、六军团的典型战例。

忠堡大捷是红军第五次反围剿以来歼敌最多、损失最小的一次战斗，打破了国民党军队对湘鄂川黔边区革命根据地的围剿计划，促成了红二六军团由战略防御向战略进攻的转变。

高笋塘村基本情况

高笋塘村是贺龙、任弼时、萧克、关向应等率领红军取得著名的忠堡大捷所在地，咸丰县烈士陵园就坐落在高笋塘村境内，是咸丰县红色旅游胜地和红色教育基地。该村与来凤县阳河村、宣恩县上洞坪村接壤，省道咸来公路横贯其中，处于三县交界处，辖区面积19平方公里，耕地面积2679亩，林地面积13799亩，辖8个村民小组，467户，1670人。该村以产业兴旺为核心，在种植杨梅300亩的基础上，计划在三年内再种植杨梅200亩。在传统产业上继续保持种植规模，种植烟叶350亩，种植蔬菜400亩。在深入贯彻绿色发展理念的同时，促进美丽乡村建设，打造生态宜居家园，推进乡风文明建设，共建清洁美丽的新家园。

51 守护忠魂　永葆初心

——湖北省黄冈市红安七里坪镇熊家咀村老党员姜能山义务守护烈士墓的故事

红安县七里坪镇熊家咀村是革命时期鄂豫皖省委和红四方面军后方医院所在地。当时,设在姜家岗的红四方面军医院每天要接纳大量伤员,很多伤员由于伤势过重而壮烈牺牲,后被集中安葬在这里。1958年,时年20岁的姜能山就和本塆村民程于美一起在烈士墓周边栽下了14棵扁柏树,并坚定了一个信念:烈士墓园不可以没有人守。

烈士不容遗忘

1976年,时任该县七里坪镇熊家咀村支部书记的姜能山在黄冈赤壁开会时,看到影视片中炮火纷飞,革命战士们冲锋在一线,抛头颅、洒热血,牺牲后却被人遗忘的场景时,顿感心酸。他回到村里,来到安葬着73位红军烈士的墓群前,默默担负起义务看护烈士墓的重任。当时,由于村里人多地少,不少村民开始开荒种地。其中就有村民计划承包姜家岗的荒山,栽种油茶,姜能山知道后极力阻止。

春夏秋冬,寒来暑往,每年的大年三十、正月十五、清明和霜降,姜能山都带着供品前往烈士墓祭拜。无论刮风还是下雨,只要有空,他都要前往墓地修整枝丫、打扫卫生。姜能山回忆说:"他们都是为革命牺牲的,我每年守在这里,把他们当亲人一样……"

坚守唤起信念

1994年,村里有个乡亲到河南新县走亲戚,意外找到了其中一个烈士的后人。当年清明节,烈士家人赶到姜家岗长跪在地放声痛哭,当即拜谢姜老,并掏出2000元钱表达感谢。姜能山婉言谢绝,并一再说:"这是做人的本分,是我应该做的。"

其实姜能山家里并不富裕,老伴汪宝荣已中风多年,儿子长年在外打工,家里至今住着三间平瓦房,生活异常清贫。为此,社会各界的爱心人士对他进行了捐款,他却将这些善款全部用在陵园的保护和建设上。

老伴汪宝荣心疼他:"你这多年总是坚持守墓,无名无利,是何苦咧。"姜能山却坚定地说:"我自己是红军烈士的遗腹子,这些烈士为解放事业牺牲了年轻的生命,却找不到他们的亲人,我就是他们最亲的人啊!"

红色精神代代相传

2011年9月,红安县民政局启动了姜家岗红军烈士陵园建设,兴建了门楼、围墙、四周大理石栏杆等,2012年工程竣工后,姜能山老人还是坚持义务看园。

姜能山的事迹在《楚天都市报》和《武汉晚报》刊登后,感动了社会,社会各界人士纷纷捐款,前来寻找烈士亲人。武汉市蔡甸区汉东村老党员尚书正个人捐款5000元镌刻了烈士碑文。在社会各界的大力支持下,几年时间里,姜能山老人守护的墓园工程已全部竣工,并正式对外免费开放。前来参观凭吊的村民、学生和社会各界人士络绎不绝。

湖北

守护忠魂　永葆初心
——湖北省黄冈市红安七里坪镇熊家咀村老党员姜能山义务守护烈士墓的故事

少先队员在姜家岗红军烈士陵园内举行纪念活动

40余载痴心坚守，40余载初心不改，从满头青丝到苍苍白发，姜能山默默守护烈士墓园，用实际行动传承和发扬了永不褪色的革命精神，诠释了一名共产党员不忘初心、朴实而坚定的信念，也激励着新一代青年人不忘初心、牢记使命，发扬党的优良传统，传承红色基因。

山清水秀的熊家咀村

熊家咀村基本情况

熊家咀村距红安县城40公里，北与河南新县紧密相连，东与麻城接壤。全村10个村民小组，13个自然湾，版图面积7.5平方公里，耕地面积1982亩，水面面积近500亩，山林面积4637亩，总人口532户2056人，是国家级重点贫困村，建档立卡贫困户195户643人。2017年整村脱贫的贫困村，2018年顺利通过了国考、省考、市考等多方验收，在脱贫攻坚方面成绩显著。

这里山清水秀，人杰地灵，走出了共和国将军程儒珍，著名烈士程昭续，是九月暴动指挥部"黄麻起义打响第一枪"的发源地。这里有中共鄂豫皖省会旧址、鄂豫皖革命军事委员会兵工厂、鄂豫皖苏区红军医院医药房被服厂、姜家岗红军医院、姜家岗红军公墓、程昭续烈士墓英雄树等，有程儒珍将军故居、江竹青烈士墓等国家级文物两处，县级文物五处，未定级文物多处，全村在册烈士331人。

52 无字家书背后的红色爱情

——湖南省湘阴县金龙镇燎原村陈毅安无字家书的故事

1905年,湖南湘阴的一户教师人家,一个男孩呱呱落地,他就是陈毅安。聪慧的他自小成绩优异,1920年,考上了湖南省立甲种工业学校。在同学郑延毅的影响下,他逐步转变自己原先的"工业救国"思想,加入了中国社会主义青年团。1921年,陈毅安在恩师邹先生家遇到了师母的外甥女李志强。这次偶遇,将两个年轻人的心永远连在了一起。

动荡岁月,这对恋人聚少离多,只能靠鸿雁传递相思。李志强细心保存了陈毅安寄来的54封信,这是爱人献给她的滚烫的爱,也是爱人呈现给她的比爱情更宽广的爱。

李志强记得,他们相爱后的第二年,陈毅安写信告诉她:"我家伯叔兄长等,为湘阴之先觉,都负有改造社会国家之责任。我虽幼稚,已受充分家庭教育矣!"湘阴县神塘湾陈氏家族,自陈毅安堂伯父陈炳焕那一辈起,精英辈出,忠烈满门,陈毅安自幼便受到革命家庭的熏陶。

在长沙求学期间,陈毅安经常去毛泽东的住所清水塘聆听毛泽东讲授共产主义思想。1924年,经毛泽东推荐,陈毅安加入了中国共产党。

1926年1月,陈毅安考入黄埔军校。读军校意味着随时有可能为革命牺牲,恋人李志强很担心,来信劝说他毕业后去当一名教

陈毅安烈士纪念馆

师。陈毅安写信开导当时在湖南省立第一女子师范学校读书的李志强:"你说你毕业后出来当教员,把一些青年子弟要教成爱国者,来为国家流血。你不愿你的爱人流血,而要别人去流血,这真是笑话了……你说不要糊糊涂涂地死了,这也不错。但是为革命而死,为民众谋利益而死,是不是糊糊涂涂呢?假若是的,那中国一定没有烈士,革命也永远不能成功。"

1926年10月,陈毅安毕业后分配到堂兄陈嘉祐的教导师任第3团3营7连党代表,参加北伐战争。他在信中向李志强表明志向:"我毅然决然,把我所学的革命技能,不顾一切的工作起来,不达到我的目的地——烈士墓不止。"在他的影响下,李志强也加入了中国共产党。

1927年7月,国共合作关系彻底破裂,陈毅安毅然走上武装反对国民党反动派的革命道路。他参加了毛泽东领导的秋收起义,一起开创井冈山革命根据地。在黄洋界保卫战中,他指挥两个连击退敌人四个团,守住了井冈山大本营,毛泽东写词赞颂:"黄洋界上炮声隆,报道敌军宵遁。"

1929年,陈毅安在战斗中负重伤,回到家乡养伤。在长达八年、聚少离多的爱情长跑后,他终于迎娶了心爱的姑娘。然而,没过多久,1930年6月,他又告别已有身孕的妻子,应彭德怀之约重返战场,任红三军团第八军第一纵队司令员,在长沙战役中担任前敌总指挥。8月7日,他在掩护军团机关转移时,不幸中弹牺牲,年仅25岁。

1931年3月,李志强生下儿子,这是她与陈毅安爱的结晶,她盼望着爱人早日回家。

一天,李志强终于盼来了陈毅安寄来的一封信。她欣喜万分,急忙拆开信封,抽出了两张信纸,却是一片空白。这是一封无字家书!她想起了爱人在临别时对她说过的一句话:"如果我牺牲了,会托人给你寄一封空白的信,你见了这封信,就不要再等我了。"

"亲爱的毅安,你应该好好的,不可能牺牲!家里还有我和儿子等着你回来啊!"李志强不相信陈毅安会牺牲。李志强明白,自从爱上陈毅安,也就爱上了他的理想,爱上了他的革命。

面对爱人留下的无字家书,李志强一直不愿意相信他已经牺牲,从未放弃打听他的消息。1937年9月,李志强将一封信寄到延安,二十天后,她收到了彭德怀的亲笔回信:"毅安同志为革命奔走,素著功绩,不幸在1930年已阵亡。"心爱的人真的为革命牺牲了!李志强拥着年幼的儿子陈晃明失声痛哭。

共和国没有忘记陈毅安。1951年，毛泽东为陈毅安签发了"共和国第九烈士"证书。1958年，彭德怀为陈毅安题词："生为人民生的伟大，死于革命死得光荣！"

54封信化作了李志强对陈毅安的不尽思念和爱恋，孙子陈正烈深情地说："我爷爷和奶奶在一起只有一两年时间，可奶奶为爷爷守了六十多年。"

1983年，李志强病逝，与爱人陈毅安合葬在井冈山，一对恋人终于可以长相厮守了。

一封无字书，两颗挚爱心！陈毅安和李志强的红色爱情，以自由为魂，以人民为天，忠诚浪漫，感天动地！

燎原村基本情况

陈毅安烈士出生地在湖南省湘阴县界头铺镇神塘湾，现在属于金龙镇燎原村大星片区宋家坪组。燎原村因境内燎原水库得名，东侧是鹅形山最高峰青山峰，西侧与晚清爱国名将左宗棠的出生地左家塅，两侧相距1公里。这里是长沙市、湘阴县、汨罗市三地交界之处，南接长沙市，东连汨罗市，北通湘阴县城区，芙蓉北路和京港澳高速公路复线贯通南北，是湘阴县高新产业区所在地。

燎原村山地、丘陵、平川呈梯级分布，土地资源丰富，环境优美，先后荣获"省级文明村""省级美丽乡村示范授牌村""国家森林乡村""全国文明村"称号。鹅形山是著名的风景旅游区，恒大溪上桃花源是新建的风景小区和旅游小镇。

湖 南

无字家书背后的红色爱情
—— 湖南省湘阴县金龙镇燎原村陈毅安无字家书的故事

燎原村今貌

53 努力革命,永不叛党
——湖南省韶山市韶山村"韶山五杰"的故事

1925年2月6日,毛泽东携妻儿回到韶山,创办了农民夜校,发动韶山农民开展革命斗争,也将共产主义带到了家乡。6月中旬的一个晚上,毛泽东在自家的阁楼上,举行了庄严的新党员入党宣誓和中共韶山特别支部第一次会议。韶山进步青年李耿侯、庞叔侃、钟志申、毛新梅举起右手庄严宣誓:"严守秘密,服从纪律。牺牲个人,阶级斗争。努力革命,永不叛党。"这是中国共产党早期的入党誓词,中共韶山特别支部从此诞生了。毛泽东宣布,中共韶山特别支部由毛福轩任书记,秘密代号"庞德甫"。毛福轩、李

中共韶山特别支部历史陈列馆——韶山五杰

耿侯、庞叔侃、钟志申、毛新梅被后人称为"韶山五杰"。[①]

中共韶山特别支部成立后,有了领导农民运动的核心与灵魂,很快焕发出巨大的革命能量,韶山的农民运动焕然一新。

1925年8月,毛泽东离开韶山后,中共韶山特别支部领导韶山人民继续开展革命斗争,斗争热潮一浪高过一浪,并迅速辐射到邻近县市及福建、广东、广西等省区。到1925年年底,中共韶山特别支部的党员发展到110多人,建立了7个支部,特别支部随之升格为中共韶山总支。1927年6月,当地党员迅速发展到230多人。党组织也迅速遍布以韶山为中心的湘潭、湘乡、宁乡三县边界地区。

1927年5月21日,长沙马日事变发生后,韶山的党组织遭到严重破坏,党的关系、党的集体活动中断达十年之久。

1928年2月12日,由于叛徒的出卖,"韶山五杰"之一的钟志申不幸被捕入狱,在狱中他写下一封遗书:"我的案子突然变得严重,可能无出狱希望。但这并不可怕。当我入党之时,就抱定视死如归的意志。我认定,共产党一定会胜利,革命一定会成功。"遗书中,他还嘱咐儿子继承遗志。

庞叔侃出生于一个富裕的农民家庭,少年时饱读诗书,22岁时被反动派残忍杀害。在狱中,面对敌人的威逼利诱,他曾斩钉截铁地回答敌人:"共产党的名册我知道,但你想从我这里得到,那是白日做梦!自从落到你们手里,我就没有想到活,为革命而死,我心甘情愿!"

"余为革命奋斗牺牲,对于己身毫不挂念。"在狱中的毛福轩也

---

① 来源:《韶山五杰》,2016年1月22日,中国共产党网。

曾给妻子留下铮铮遗言。

自建立韶山特支始,直至抗日战争、解放战争时期,韶山从来没有停止过革命斗争。在韶山247平方公里的土地上,在血雨腥风的革命年代,有1700多位仁人志士先后献出了宝贵的生命,149位被正式追名为烈士,其中包括中共韶山支部最早的"韶山五杰",正是他们用自己的鲜血铸就了"为有牺牲多壮志,敢教日月换新天"的韶山精神。①

"严守秘密,服从纪律。牺牲个人,阶级斗争。努力革命,永不叛党。"中国共产党早期的入党誓词在那个黑暗时代激励着韶山的革命勇士们。

时光荏苒,这个由毛泽东亲手创立的党支部经历了几多变迁,后继者们也始终坚守初心,不曾停下脚步。

20世纪90年代以来,韶山村党委发挥党员带头作用,依托丰富的红色文化资源,发展个体经营,引导农民转变观念。近几年,村子在党员干部的带领下,大力发展红色旅游、全域旅游,2020年韶山村集体经济收入突破1100万元。

解说员毛敏是土生土长的韶山村姑娘。大学毕业后她选择了回家乡从事红色旅游的工作,每日络绎不绝的游客将她的时间填满,但她乐在其中,"家乡是眼看着越来越好,尤其是红色旅游教育这方面发展迅速,看着这么多人来到我的家乡打卡,非常自豪,这也是我工作的动力。作为韶山人,前辈们留下来的精神要始终铭记,虽然职业工种不同,但那股拼劲我们从不曾丢失。"

---

① 来源:《中共韶山支部:韶山精神薪火传》,2019年1月10日,《湖南日报》。

2011年3月,习近平总书记在韶山村视察时指出,韶山村的变化是"我们国家的一个缩影"。

韶山村基本情况

韶山村地处韶山核心景区,位于长株潭一小时交通圈内,南临韶山高铁南站,交通发达,地理位置优越。有韶乐文化、舜帝文化、红色文化、毛泽东文化、湘莲文化、茶文化、美食文化等文化资源,有韶峰景区、滴水洞景区、故居景区、铜像景区、纪念园景区、黑石寨景区、红色旅游休闲区等旅游资源。

韶山村主导产业是红色文化和绿色休闲相融合的新型旅游业。依靠旅游产业,韶山村发展了系列纪念品、韶山村矿泉水等产品,创办了三农培训基地和兴乡研学基地。目前,韶山村有合作社近10家,有无花果、湘莲、祖田米、黄桃等优质农产品种植基地,发展乡村旅游观光休闲产业,村民75%的收入来自旅游经营。截至2020年年底,韶山村人均纯收入达到34800元,全村43户126名贫困户全部脱贫。

2020年,虽然受到新冠肺炎疫情的影响,韶山主要景点仍接待来韶游客1105.95万人次,旅游综合收入达33.75亿元。2021年以来,中共韶山特别支部历史陈列馆每月接待党员群众2万~3万人。

54 革命初期 红旗飘扬
——湘赣边界第一个县级红色政权茶陵县工农兵政府的故事

1927年10月7日,毛泽东率领秋收起义部队将革命的旗帜插上井冈山,从此开启了"农村包围城市,武装夺取政权"的革命道路。

10月中旬,毛泽东率领起义部队到达鄘县水口,决定兵分两路向湘赣边界各县进行游击,以宣传革命,扩大影响,建立红色政权。

10月19日,宛希先率领100多名工农革命者从水口出发直奔湖南茶陵县城。10月21日上午,部队兵分三路向茶陵县城进攻,宛希先和进城的战士伪装成国民党士兵,大摇大摆地从西门进城,出其不意,直捣县署衙门,砸开警察局和监狱,救出李炳荣等80余名工运、农运骨干。

回到宁冈茅坪后,宛希先立即向毛泽东汇报了"一打茶陵城"的情况,跟随到宁冈的茶陵农运骨干李炳荣同时将茶陵的有关情况向毛泽东做了详细的汇报。李炳荣说,茶陵历为"兵家必争之地",地理位置非常重要;历史文化深厚,农业经济基础好,阶级矛盾尖锐,农民运动如火如荼,成立了最早的地方工农革命武装茶陵游击队,革命基础非常好。正是武装夺取政权、建立红色政权的大好机会。毛泽东眼睛一亮,"经营茶陵"的战略思想在他脑海里灵光闪现。

11月16日天刚亮,毛泽东便指示工农革命军一团团长陈皓和党代表宛希先率领团部、一营和特务连,在李炳荣的引导下,从大陇出发,一路向茶陵城进发。一路上,毛泽东在动员会上的讲话在

茶陵县工农兵政府旧址

宛希先耳畔回响：茶陵对于建立井冈山革命根据地很重要，茶陵的群众已经动起来了，茶陵的党组织也要求我们去。战士们于18日早上赶到茶陵城，趁着城内只有湘东清乡罗定的部队，一举攻下茶陵城，占领县署衙门。

团长陈皓一伙不顾毛泽东的叮嘱，一起商量建立了"县人民委员会"的新政府，从部队派出部下谭梓生担任县长，将县人民委员会的实际权力牢牢掌控在手上。谭梓生对于怎么管理这个新政府心中无数，只好照旧政府那样升堂审案，纳税完粮，把新的县人民委员会办成了知事衙门。陈皓一伙凭借军政大权，贪图享乐，没有经费，找商会要，向中小工商业者摊派。革命群众义愤填膺，悻悻地说："这个政府是换汤不换药的国民党政府。"

党代表宛希先对此非常不满，与陈皓展开针锋相对的斗争：主持成立中共茶陵县委，恢复茶陵共青团支部，与战斗在潭湾的茶陵游击队取得联系；同时安排谭震林着手组建茶陵总工会，安排李炳荣负责恢复茶陵县农会工作。

与此同时，宛希先写信把茶陵的情况报告给远在茅坪的毛泽东。毛泽东接到宛希先的信，心里非常恼火和着急，当即复信：由部队派人是不对的，新成立的政府绝不能按国民党那一套搞，要成立工农兵政府……要做群众工作，发动群众打土豪筹款子……

宛希先接到毛泽东的复信后，当即向部队、茶陵县委、县人民委员会、县总工会、县农会负责人作了传达，立即筹备组建茶陵县工农兵政府。分别选出了谭震林、李炳荣、陈士榘三人组成工农兵代表并召开会议，推选工人代表谭震林担任工农兵政府主席，组建了财经部、民政部、青工部和妇女部四个政府机构。

11月28日，茶陵县工农兵政府成立大会在县城郊外的洣江书院操坪举行。谭震林发表讲话，公布《茶陵县工农兵政府布告》，号召全县人民行动起来，恢复工会、农会，建立基层政权，惩治土豪劣绅。旧县衙门大门上"茶陵县工农兵政府"几个大字和"工农兵政府，苏维埃精神"的对联闪闪发光。

茶陵县工农兵政府刚刚成立，国民党第八军和十三军就开始"进剿"井冈山革命根据地。团长陈皓难以忍受革命队伍严格的纪律约束，意欲伙同下属投靠湘南国民党方鼎英部队。12月25日，毛泽东带领毛泽覃、陈伯钧、黎育教和袁文才一个班的战士20多人，从宁冈茅坪紧急赶往茶陵。于12月27日下午在湖口墟，及时制止和粉碎了陈皓欲将部队拉向湘南、分裂工农革命军的阴谋。①

---

① 来源：2012年12月27日，《人民政协报》。

茶陵县工农兵政府从茶陵城撤出，但红色政权的这面旗帜并没有倒下，一直在坚持斗争，直到红六军团西征离开湘赣苏区、南方三年游击战争结束，茶陵县工农兵政府这面旗帜一直高高飘扬在湘赣边界的高空，分外耀眼。

茶陵县工农兵政府的成立，昭示着中国革命进入了劳动人民行使权力的新纪元。这是毛泽东"经营农村"思想的胜利；是"枪杆子里面出政权"和"党指挥枪"理论的胜利；为红色建政、武装割据、井冈山道路的形成奠定了坚实的基础，积累了第一道经验。

茶陵县工农兵政府旧址展厅

茶陵县基本情况

茶陵县，隶属株洲市，位于湖南东部。北抵长沙，南通广州，西接衡阳、东邻江西。茶陵县是中国历史上唯一一个以茶命名的行政县。因地处"茶山之阴"，而中华民族始祖炎帝神农氏"崩葬于茶乡之尾"而得名。又因南宋县令刘子迈铸铁犀镇河妖而有"犀城"之美誉。茶陵县是井冈山革命根据地六县之一，湘赣革命根据地重点县、模范县，是毛泽东亲手缔造的中国第一个红色政权。

55 半条被子，温暖初心
——湖南省郴州市汝城县沙洲瑶族村"半条被子"的故事

1934年11月，红军长征进驻汝城县沙洲村时，当地村民受地主豪绅的反面宣传，因害怕都躲到山里去了。

徐解秀因为裹着小脚，又带着刚满一岁、生病的孩子，行走不便，只好躲进了阁楼里。深秋的山区天气转凉结冰，徐解秀在阁楼上看到三位饥寒交迫的女红军躲在屋檐下，瑟瑟发抖，善良的徐解秀于心不忍，便把她们请进家来。

女红军看到简陋的床铺上，仅有一件破蓑衣和一些旧棉絮，赶紧把随身的行军被拿出来与徐解秀母子合盖。

朝夕相处了几天后，与徐解秀情同姐妹的三位女红军要追赶大部队了。临别前，三位女红军担心没有被子盖的徐解秀难以度过寒冷的冬天，便执意要把仅有的一床行军被送给徐解秀，可徐解秀说什么也不肯收，感动地说："你们三个人就共着这么一条被子，外面天寒地冻，还有这么远的路要赶，这被子我怎么忍心收下。"三位女红军坚定地说："我们干革命，为的就是老百姓，再说了，红军战士，没有吃不了的苦，没有克服不了的困难，这被子你就收下吧！"

在你推我让争执不下的时候，一位女红军拿出剪刀把行军被剪成了两半，把其中的一半塞到了徐解秀手中，拉着她的手说，"大姐这下您可就别推了，等以后革命胜利了，我们再带一床新的、暖和的被子回来看您。"

徐解秀含泪接过这半条被子，久久没有说话。此后的几十年，她经常会拖着小脚，带着板凳，在村口的滁水河畔等待着三位红军姑娘的平安归来。

一年、两年过去了，三十年、五十年都过去了，终于在1984年，徐解秀盼来了重走长征路的《经济日报》记者罗开富。已经84岁高龄的徐解秀对很多事情都记不清了，但每当讲起半条被子的故事，总是热泪盈眶，记忆犹新。她把这个故事讲给了罗开富听。

罗开富听完后很是感动，连夜写下了《当年赠被情谊深，如今亲人在何方》的报道。邓颖超、蔡畅、康克清等历经长征仍健在的老红军纷纷感慨：悠悠50载，沧海变桑田，对于那些在革命最艰难时期帮助过我们的父老乡亲们，我们永远不会忘记，并委托罗开富为徐解秀送去一床崭新的被子。

罗开富满是激动地带着这床代表红军承诺过的温暖崭新的被子再赴沙洲村时，徐解秀在几天前已经去世了……

徐解秀的后人告诉罗开富，徐解秀临终前的几天，嘴里还在不停地念叨着，"共产党就是好啊，什么是共产党？共产党就是自己有一条被子也要剪下半条给老百姓的人。"

什么是共产党？共产党就是自己有一条被子也要剪下半条给老百姓的人。

半条被子

沙洲瑶族村基本情况

沙洲瑶族村位于湖南省郴州市汝城县文明瑶族乡中部,距离县城50余公里,是汝城六大红色旅游区之一,是习近平总书记在纪念红军长征胜利80周年大会上讲述的"半条被子"的故事发生地。全村辖4个村民小组,集中居住在一个自然村,总面积0.92平方公里,共有142户542人,其中瑶族人口340人,党员19名,贫困户29户94人(自然增减)其中少数民族人口286人,占全村总人口的56%。

该村先后获评"中国美丽休闲乡村""全国民族团结进步模范集体""全国文明村""全国乡村旅游重点村""中国传统村落""全国民主法治示范村"等荣誉称号。2017年,沙洲村以"半条被子"故事为主题建成沙洲红色旅游景区,并于2019年年底升级为国家4A级旅游景区,是党性教育、廉政教育、爱国主义教育基地。目前,累计接待游客突破260万人次。

沙洲村

56 断肠明志　与世长存
——湖南省永州市道县石马神村陈树湘断肠明志的故事

陈树湘，字子凤，号树春，湖南长沙人。1905年3月5日，陈树湘出生于湖南长沙福临铺一个贫苦的佃农家庭。

1921年在毛泽东、何叔衡等人的影响下，陈树湘投身革命，1923年加入中国社会主义青年团，1925年冬转入中国共产党。1927年6月，陈树湘来到武昌后，经党组织安排，进入了叶挺的新兵营，入伍不久，陈树湘就升任班长、排长，参加了由毛泽东领导的湘赣边界秋收起义和三湾改编。

1928年7月，陈树湘任特务营党代表，1929年1月跟随毛泽东转战赣南闽西，开辟新的革命根据地。1930年1月至1933年6月期间，陈树湘历任红军汀连独立团团长，福建军区独立第七师、第九师师长，红十九军五十六师师长，红三十四师一〇一团团长等职。1934年3月，陈树湘任红三十四师师长。

1934年10月，党中央和主力红军进行战略大转移，开始二万五千里长征。

1934年11月，陈树湘率领红三十四师担负全军总后卫，掩护中央机关、中央军委和红军主力抢渡湘江。12月10日，

陈树湘烈士雕像

陈树湘率红三十四师余部在江华桥头铺牯子江渡口抢渡潇水时，腹部中弹，身受重伤。12月11日，当他继续指挥部队到达道县四马桥时，遇到国民党地方保安团的截击，危急时刻，陈树湘命令师参谋长王光道率大部队突围，自己和几名警卫员留下掩护。12月17日，因敌众我寡、弹尽粮绝，陈树湘不幸被俘。敌人将他抬到四马桥集镇上进行诱降，从药铺拿来洋参泡水让他喝，并好饭好菜招待，但陈树湘拒医拒食，誓死不向敌人投降。敌人无奈，于12月18日将陈树湘押往道县县城及长沙向上司邀功领赏。在途经蚣坝石马神村时，陈树湘趁敌不备，毅然用手撕开腹部早已溃烂的伤口，掏出肠子，用尽最后一丝力气绞肠自尽，壮烈牺牲，年仅29岁。

2009年，陈树湘被评为100位为新中国成立作出突出贡献的英雄模范人物。习近平总书记多次提到陈树湘。2021年，正在广西考察调研的习近平总书记，来到位于桂林市全州县才湾镇的红军长征湘江战役纪念园，向湘江战役红军烈士敬献花篮，并参观红军长征湘江战役纪念馆。在一幅油画前，习近平驻足凝视。这幅油画中的主人公是陈树湘，油画上方写着的"为苏维埃流尽最后一滴血"，是他的真实写照，也是他率领的红34师的真实写照。

"英雄姓名无人知晓，烈士功勋与世长存。"红三十四师6000多名将士几乎全部牺牲，他们用生命掩护党中央和红军主力成功渡过湘江，在中国革命生死攸关之际挽救了党、挽救了红军、挽救了中国革命，筑起了一座对革命理想无比信仰、对党绝对忠诚的精神丰碑。

石马神村基本情况

湖南省永州市道县蚣坝镇石马神村，距县城约 25 公里。石马神村按照"红色乡村、美丽村庄"总体规划，以党建为引领，努力打造红色旅游名村。多年来，省、市、县、镇、村十分重视对陈树湘师长断肠明志牺牲地的开发建设，先后修建了遗址广场、雕像广场，现正在规划建设游客服务中心、陈列馆、停车场、麒麟庙等设施设备。陈树湘断肠明志牺牲地与树湘小学、石马神村连成一片，形成红色文化盛行、乡风文明的红色村庄，先后被评为"道县美丽乡村建设示范村""湖南省脱贫攻坚先进集体""全国红色美丽村庄创建村"。

陈树湘烈士纪念园位于湖南省永州市道县梅花镇贵头村，洣水南岸，距离县城 4.5 公里，为纪念中国工农红军第五军团第三十四师师长陈树湘及红三十四师全体将士而建。园内纪念馆现共有藏品 60 余件，其中，收录红三十四师烈士名录、红军遗物、通信工具、生活用品、枪支炮弹等 38 件。纪念馆陈列室以"断肠明志铸忠魂"为主题，分四个部分展示红军长征及陈树湘光辉的革命历程。目前，纪念馆被评为湖南省爱国主义教育基地、湖南省党性教育基地和湖南省华侨文化交流基地。陈树湘烈士墓为湖南省第十批省级文物保护单位。

57 铁血铸丰碑　革命存火种
——广东省梅州市汇东村三河坝战役的故事

梅州是广东省唯一全区域被认定为原中央苏区范围的地级市，人杰地灵，英雄辈出。回望90年的革命风雨征程，周恩来、朱德、邓小平等穿过枪林弹雨的先辈和英烈用鲜血和生命在这里谱写了一部气壮山河的英雄史诗，将红四军出击东江、红色交通线等革命故事印刻在这片红土地上，留下了值得缅怀和传承的精神遗产。90多年前，中国革命史上一场承前启后的战役在这里打响，成为南昌起义部队入粤至关重要的一战。开国上将萧克曾评价："没有三河坝战役，便没有井冈山会师。"

三河坝位于梅州市大埔县西部，为粤东水路交通要冲，因梅江、汀江、梅潭河交融相汇而得名，自古以来便是兵家必争之地，"得此控闽赣，失此失潮汕"。

1927年8月初，在当时敌强我弱的情况下，南昌起义胜利后，起义军挥军南下，准备占领潮汕，经闽西上杭、长汀、永定，进入了广东大埔。9月20日，起义军实施中共前委长汀会议分兵潮汕的决策，周恩来、贺龙等率起义军从三河坝前往潮州、汕头。第9军副军长朱德率领第11军25师和第9军教育团工3000多人，以汇东村东文部的"田氏宗祠"作为作战指挥部，据守三河坝，掩护主力南下。国民党反动派调兵黔江，派钱大钧部约2万人"讨伐"南昌起义军。为更好牵制敌军，为贺龙、叶挺主力军攻打潮汕争取更多时间,起义军从处于背水位置的汇城村撤退至地形较高的笔枝尾山,并在周围布点防御、修筑工事,利用地形进行有效防护。枪林弹雨、火光耀天,起义军浴血奋战三昼夜,给予敌人沉重的打击,后东撤饶平。这既保留了革命火种,又打击了国民党反动派的嚣张气焰,为中共苏区的创建打下了坚实的基础,让革命火种撒播开来。

在这场敌我力量悬殊的战争里,如何以3000敌两万,不仅考验起义军的战略战术,更考验将士们的意志信念。在田氏宗祠墙面上,朱德写下"誓死杀敌"四个苍劲大字,激励起义军战士们。弹尽援绝之际,起义军陷入敌人三面包围中,以"次第掩护,逐步撤退"战略撤离。为掩护部队转移,起义军第11军25师75团三营营长蔡晴川及全营近300名将士坚持打完最后一颗子弹,甩尽最后一颗手榴弹,跳出战壕与敌军进行肉搏,最后全营牺牲在笔枝山上,用行动诠释了"誓死杀敌"四字背后视死如归与顽强斗争的革命精神,体现了高涨的革命情绪和伟大使命。在整个三河坝战役中,汇东村民在党组织和工农的领导下,主动为起义军运输伤员、提供食物,真正体现"军民鱼水情"。

经过长达半年的千里转战,朱德、陈毅率领起义军余部历经艰难险阻,最终达到井冈山,与毛泽东领导的秋收起义部队胜利会师。2018年,在三河坝战役精神

梅州"八一"起义军三河坝战役纪念园

学术讨论会上,与会的党史、军史专家提炼了三河坝战役精神,即"信念坚定、勇于担当;军民同心、誓死杀敌;务实探索、薪火传承"。三河坝战役精神在人民军队发展壮大的过程中,始终作为难能可贵的本色,让人民军队更加有生命力和创造力。这种精神也在不断激励着一代又一代大埔儿女不忘初心、砥砺前行。

"没有三河坝战役,就没有井冈山会师。"枪林弹雨、火光耀天,起义军浴血奋战三昼夜守住了革命的火种和有生力量,并在艰难时刻为部队种下必胜信念,铸造军魂,成为探索中国革命中心从城市到农村,军事上从正规战到游击战转变的重要转折点。革命先烈的故事在这片遍洒英烈鲜血的红色土地上传颂,永远激励着后继者不忘初心,砥砺前行。

汇东村基本情况

汇东村位于汀江、梅江、梅潭河的汇合处,下辖15个村民小组714户2852人,是"八一"南昌起义三河坝战役所在地,辖区内有三河坝战役纪念园、田氏宗祠、龙文阁、永福寺、古溶渡等景点5处。近年来,该村旨在联片打造红色景点,发展红色旅游。目前,汇东村已入选中组部推动红色村组织振兴建设红色美丽乡村试点,正深入推进汇东书院、朱德指挥部旧址修缮布展、红色文化广场、汇东村委连接线道路工程建设和"红色+研学点"两镇六村联动党建示范区建设。

58 点燃革命烽火　信仰力量不息

——广东省汕尾市海丰县海珠社区中国农民革命运动先驱的故事

"一寸山河一寸血，一抔热土一抔魂。"汕尾市海丰县是中国第一个苏维埃政权诞生的地方，是中国十三个革命根据地之一，处处都有凯歌以行的英风浩气，处处都承载着铁骨铮铮的英雄故事。周恩来、徐向前、叶镛、董朗等无数革命家都曾在海丰留下光辉的革命足迹。人民是历史的创造者，是真正的英雄。"中华民族能够经历无数灾厄仍不断发展壮大，从来都不是因为有救世主，而是因为有千千万万个普通人挺身而出、慷慨前行。"[1]被毛泽东同志誉为"农民运动大王"的彭湃则正是这么一个乘着中国革命浪潮砥砺前行的人。

彭湃出身于地主家庭，家里拥有"鸦飞不过"的田地和数不尽的商铺，因母亲是农家女，他年少便接触农村，亲近农民。农村凋敝、农民贫苦的现实让他深刻了解了旧社会的腐朽与苦难。怀着寻求救国救民真理的强烈愿望，彭湃东渡日本求学，接触并开始研读马克思主义学说，他意识到"中国是农民占多数，中国的革命要依靠农民"。[2]学成归来，彭湃毅然脱下西服，换上粗布衣裳、头戴斗笠、赤着双脚，和农民拉家常、交朋友，宣传革命道理，投身到农民革命运动中。无论是村头的榕树下，还是交错的田埂上都能看

---

[1] 来源：《习近平：在全国抗击新冠肺炎疫情表彰大会上的讲话》，2020年9月8日，新华社客户端。
[2] 来源：施复亮：《和彭湃的一次谈话》，《回忆彭湃》第150页，1992年，人民出版社。

到彭湃奔走的身影，都能听到他鼓励农民团结一心，共同奋斗，摆脱困苦生活的话语。

真正的实践者绝不是喊口号、摆架子。彭湃以其一生演绎了如何做一个忠于信仰、追求理想的革命实践者。在彭湃身体力行的感召和坚持宣讲的触动下，张妈安、林沛、李老四等五位进步农民于1922年7月29日，主动到得趣书室与彭湃探讨农民的前途与命运。当晚，海丰第一个由共产主义者领导的农会——六人农会，在彭湃的得趣书室诞生。在短短的两个多月内，农会由最初的6名会员发展到500余人，赤山约农会也于同年10月成立。

1922年11月，在龙舌埔演大戏时，彭湃当众焚烧了自家的田契，将田产统统还给农民，彰显与地主家庭彻底决裂、与私有财产制彻底决裂的决心。这一把火燃起了农民运动的高潮，使彭湃成为真正的无产者，也让海丰农民运动以星火燎原之势迅速发展壮大。1923年1月1日，彭湃建立了中国第一个县级农会组织——海丰总农会，半年内全县农会会员已达20万人，约占当时海丰县总人口的二分之一。这位从地主阶层杀出的书生，带领广大农民率先扛起了农会大旗。自此之后，农潮突起海陆丰，波及广东全省。

在农民受压迫几千年的黑暗中，彭湃

广东省文物保护单位——得趣书室

敢为人先，举起革命的火把，让农民看到当家做主的一丝光。1924年4月，彭湃赴广州领导农民运动，创办农民运动讲习所。在后来的大革命中，他兼任广东农民自卫军总指挥，领导建立全国第一个苏维埃政权——海陆丰苏维埃政权，让农民站起来。1929年8月24日，因叛徒出卖，彭湃被捕。在狱中，他仍坚贞不屈，英勇斗争。8月30日，彭湃在上海被反动派秘密杀害，年仅33岁。

英雄已去，浩气永存。他的百折不挠让信仰显出光辉，他心系群众让信仰更添重量。他为革命为理想奋不顾身，无私奉献的精神在时代中熠熠生辉，让红色基因在传承中绽放光彩，在人们的血液里澎湃不息。

无数共产党人对信仰的践行、坚守、奋斗，在黑暗中托举起一个新中国。正如彭湃一般，"星星之火，可以燎原"，他的命运始终与中国农民运动紧密联系在一起，成为大革命时期全国农民运动的一面旗帜，为后来大规模的农民运动播下了革命的种子，提供了宝贵的经验。至今，"敢为人先，无私奉献"的精神仍在这片土地代代相传、生生不息。

广东省文物保护单位——彭湃烈士故居

海丰县海珠社区基本情况

　　汕尾市海丰县海珠社区地处龙津河东岸，与城东镇的名园村委、桥东社区河龙山村委相邻，下辖19个居民小组，总人口14000人，辖区内有彭湃故居、得趣书室等著名景点。近年来，社区按照"六好社区"的要求，创造性地开展工作，并利用革命遗址众多的有利条件，深入挖掘保护利用红色资源，传承弘扬红色文化，助力推动红色旅游和乡村振兴发展，社区环境及群众生活水平得到明显提升。

59 红色印记　精神传承
——广西壮族自治区河池市河池镇红军标语楼的故事

位于广西河池市的红军标语楼始建于1926年，是一座三进二层木楼板，夯土墙内外抹石灰，硬山搁檩，小青瓦屋面建筑，由前、中、后及天井组成，位于河池市金城江区河池镇街中心，距金城江城区28公里。从外表看，该楼跟其他民房并无两样，推门进入，可发现墙上留有90年前红军写下的不少标语和漫画，这是1930年红七军在此驻扎时留下的。

1929年12月，百色起义胜利后，红七军主力由百色向凤山、东兰革命根据地转移。1930年3月31日，在红七军总指挥李明瑞和军长张云逸的率领下，部队到达河池县城，夜宿河池镇及附近村屯。这是红军第一次驻扎河池，由于对红军缺乏了解，再加上国民党军队的欺骗宣传，当地群众对红军心存怀疑、恐惧心理，有些人一听到"红军要来了"，就赶上骡马进山躲藏起来，家中仅留下老弱病残。

红军入城后，首先打开监狱，释放了被国民党关押的无辜群众，并上街打扫卫生，帮群众劈柴、挑水，在居所墙壁上书写标语、漫画，大力宣传红军的宗旨和纪律，消除群众顾虑。在家的老人们看到红军与以往的国民党军队、土匪不一样，并没有胡乱放枪，也没有打人、骂人、抢东西，语言和蔼，谈吐从容，便不再害怕红军，并通知山上的亲人回家。

红军标语楼

尽管条件艰苦，缺衣少粮，但红军始终视纪律高于生命，关心群众利益，遵守群众纪律。这样"纪律严明"的军队，深得当地群众拥护。11月10日，红军打好背包、打扫卫生、归还借用之物，向房东告别后，两个师7000余人到城外集合，服从中华苏维埃共和国临时中央政府指挥，北上江西与中央红军会合。当地群众闻讯，即从四面八方赶来送茶送水，送果送食，高呼口号，送别红军。

红军先后三次进入河池县城，并把红军标语楼作为宿营地和指挥部，让这幢不起眼的古朴小楼，在战火纷飞的年代，见证了革命志士对美好新中国的无限向往。为了宣传自己的政治主张，红军在该楼的墙壁上先后写下了55条宣传标语，画有6幅宣传漫画；因而这座小楼得名"红军标语楼"。

经多方考证查实，红军标语楼是目前全国红军标语保存最多、最集中、最完整、内容最丰富的地方之一。为此，广西壮族自治区人民政府于1978年12月11日,公布"红军标语楼"为"自治区重点文物保护单位";1995年12月25日,定其为自治区爱国主义教育基地;2006年5月,经国务院批准,"红军标语楼"被定为"全国重点文物保护单位",从而奠定了该"红军标语楼"极其珍贵的历史文物价值和地位。

时光如梭,沧海桑田。如今,标语楼留存的励志标语和漫画,同样激励着河池儿女在新时代继续披荆斩棘、克难攻坚,昂首迈向更加幸福的生活。

中国共产党领导下的中国工农红军,以标语、漫画等形式,大力宣传红军宗旨和纪律,并以言行一致的工作作风,以严明的纪律、庄严的承诺,锤炼了红七军将士严守纪律的政治品质,赢得了广大群众的信任和支持。在红七军精神的感召下,河池当地100多人义无反顾地追随红军,投身革命,壮大了红七军的力量,使中国革命从胜利走向更大的胜利。

广安昌盐店照片

河池镇基本情况

河池镇位于河池市金城江区西部,总面积319.4平方公里,人口约3万,因民谣"大雨成河,天旱成池"而得名。河池镇有着光辉的革命历史。革命战争年代,邓小平、张云逸、韦拔群、李明瑞等曾经率领红七军、红八军三次驻扎此地,恢复和发展农民协会、工会、青年团、妇联组织,开展革命活动,受到当地老百姓的热烈欢迎。河池镇有着悠久的文化底蕴和丰富的旅游资源,先后有当代著名作家巴金、丰子恺,抗日名将冯玉祥,著名画家徐悲鸿等名人志士在河池镇留下珍贵的足迹。镇内有元朝罗汉洞、明朝城墙、河池文庙、红七军、红八军阅兵广场、全国重点文物保护单位红军标语楼等历史文化景点及英洞旅游度假山庄、红沙湾生态旅游景区、河池机场景区、壮王湖、流水岩、鲤龙关等优美的生态旅游景点。

60. 支部勇于担当　党员引领示范

——广西河池市巴马坡纳屯抓党建促旅游脱贫的故事

坡纳屯位于巴马县甲篆镇百马村，2005年以前，坡纳屯身处好山好水，却戴着深度贫困的帽子，群众非常渴望发展。那时，屯里只有3名党员，他们看在眼里、急在心头，于是自发成立了党小组。党小组经过研究，认为坡纳屯山清水秀，发展旅游才是生路。发展旅游必须满足最基本的食宿条件，当时村民住的都是吊脚楼，一楼养猪养鸡养鸭、臭气熏天，二楼住人，三楼放粮食，四楼是破屋顶四处漏风。党小组大胆提出，推倒旧房，统一建设连排别墅，经营农家旅馆。在召开群众大会的时候，不出意外地遭到绝大部分村民的强烈反对。当时，建一栋乡村别墅大概要花12万元，这对人均收入不到1000元的坡纳群众来说是一笔天文数字。屯里的3名党员反复做村民的思想工作，最终，村民虽勉强同意，但都拖拉着不肯动手拆房子。当时，党小组中有一名党员家的房子是刚刚装修的，他邀请全屯每家派一名代表来到他家，在村民围观下，他抡起锤子，重重朝墙面砸了下去，推倒了自家房子。

党小组一边动员村民拆旧建新，一边向县里乡里打报告争取支持。巴马县委被坡纳党员的决心所打动，派出工作组帮屯里做起旅游规划，并答应谁家拆旧建新，就提供免息贷款。有了上级党委的支持，党小组更有底气了。部分村民见到党员带头拆房子，又有那么好的政策，思想也转变过来了。

百马村坡纳屯风貌

2008年,坡纳屯屋舍全部改建完成,游客越来越多,村民的腰包鼓了,生活越来越好。到2010年,坡纳屯贫困率下降到11%,人均纯收入达到4600元。

随着村里农家旅馆的增多,村民各自经营,无序竞争的情况屡有发生,收入没有提高,邻里关系反而变得紧张起来。引进企业统一规范的经营管理模式,避免恶性竞争,提高服务质量被提上了日程。随着党员人数的增加,党小组申请成立了党支部。面对部分村民不理解、不配合的压力,村党支部成员耐心解释,最终说服全体村民,并经过层层筛选,引进了有经验的公司统一管理农家旅馆。村民们惊喜地发现,公司成熟的管理和营销让每家经营户相比之前每年可以增收两三万元。村党支部的几次决策都为村民带来了实实在在的好处,村民开始信任党员干部,村党支部的工作也得以顺利开展。

百马村坡纳屯乡村旅游区

2015年,随着游客越来越多,冬季到此一住数月的"候鸟人"也越来越多,最多是可达到五六百人,比屯里的原住民还多。这时候,环境卫生、群众与游客纠纷、屯风民风受到冲击等问题出现了。村党支部感到,自上而下的管理方式已不能适应形势。于是,组织成立了党群理事会,屯内大事由村党支部引领,党群理事会组织群众召开大会决定,走出了一条"党支部谋事、理事会议事、群众大会定事、党员带头干事"的村民自治新路子。在村党支部的带领下,村民自觉开展民主管理、环境卫生门前三包,"候鸟人"主动参与保持屯内环境卫生,还自发组织成立书院,开展丰富多彩的文娱活动,群众与游客相处得就像一家人。

坡纳屯党员在上级组织的支持鼓励下,发挥党员引领带动示范作用,带领村民发展旅游,脱贫致富,并在工作实践中得到群众信任,不断壮大党员干部队伍,巴马县委积极发挥基层党组织优势,为党的全面发展奠定更牢固的基础、提供更强力的保障。

坡纳屯发展至今,随着旅游区游客人数的不断增加,为满足游客的需求,推进全县乡村旅游的快速发展,坡纳屯被纳入宾达斑斓乡村旅游区。该屯先后获得"广西新农村示范建设标兵村屯""广西休闲农业十佳名村""中国特色村",广西农业旅游示范点、2018年广西五星级乡村旅游区等称号,成为广西乡村旅游的标杆,必将为推进乡村振兴起到一定的引领作用。

巴马坡纳屯基本情况

巴马县甲篆镇百马村坡纳屯多年来积极探索党建促产业发展新路子,彰显"关键时期靠党引领",党员队伍发展壮大与全屯脱贫致富步伐相伴相随,成功创建党建促旅游脱贫的"坡纳模式",在全县28个村屯进行推广。该屯先后获得"广西新农村示范建设标兵村屯"、"广西休闲农业十佳名村"、"中国特色村"、广西农业旅游示范点等称号,2018年其所在的宾达斑斓乡村旅游区获得广西五星级乡村旅游区称号。

时代楷模　感动中国
——广西百色市乐业县百坭村挂职第一书记黄文秀的扶贫故事

如果不是黄文秀，可能很多人不知道，在革命老区广西百色市的大山深处，有一个叫百坭村的地方。这里也是黄文秀用生命耕耘的地方。2018年3月26日，黄文秀来到广西壮族自治区百色市乐业县新化镇百坭村担任驻村第一书记。2019年6月17日凌晨，黄文秀从百色返回乐业途中遭遇山洪，因公殉职，年仅30岁。作为一名驻村第一书记，她把扶贫当作新的长征，一年多来埋头苦干、持续奋斗，带领百坭村88户贫困户实现脱贫，贫困发生率从22.88%降至2.71%。她用短暂的一生，书写了不获全胜、决不收兵的使命担当。

在百坭村副支书黄态度的记忆中，文秀这个文静的小姑娘勇敢挑起了百坭村的扶贫重任，她始终以昂扬的斗志、饱满的热情、旺盛的干劲，带领村"两委"干部如期完成百坭村2018年的各项脱贫攻坚任务。为了实现帮扶措施精准，按照县里的统一要求，黄文秀在村内组织召开了多轮研判会。对于已脱贫户，不降低帮扶力度，继续做好跟踪帮扶工作，同时建立返贫预警机制，巩固脱贫成效；对于未脱贫户则是因户施策，杜绝虚假和"数字"脱贫。同时，同步做好国家扶贫政策的宣传，提高群众的知晓率。

不说普通话说方言，与群众打成一片，黄文秀迅速赢得了群众信任。说得多，她做得更多，一点一滴的细致工作，蕴含的是开拓创新、真抓实干的务实作风。

除了走访全村的贫困户,黄文秀还有针对性地走访了村内党员、退休村干部、退休教师及各村屯的小组组长,将他们反映的问题一一记录在驻村日记中,并反复向上级相关部门反映情况,得到了有效的答复和解决。她的计划很长远——不仅要带领贫困户脱贫,还要盖一座村史馆让年轻人记住壮族的历史,办一所幼儿园让全村100多个孩子就近入园……

驻村一年多的时间,黄文秀团结村"两委"干部,通过考察学习、请专家指导、挨家挨户宣传、党员带头示范等方式,带领群众摸索并发展了适合本村的产业——种植砂糖橘、八角、杉木等。这些产业,现在已成为百坭村的支柱产业和群众脱贫致富的主要收入来源。

黄文秀在查看村里烟叶的生产情况

乐业砂糖橘每年11月上市,果农最头疼的是销售问题。怎么打开销路?黄文秀学习电商知识,建立了百坭村电商服务站。2018年,经百坭村电商服务站销售出去的砂糖橘达2万多千克,销售额约22万元,为30多户贫困户创收,每户增收2500元左右。

2018年的扶贫之路,对黄文秀而言更像是心中的长征,在这条路上她拿出了极大的勇气和信心,从"扶贫新手"转变为群众最信赖的人。

乐业县至凤山县二级公路的征地拆迁工作原本进展缓慢,在黄文秀的积极走访动员下,项目顺利推进,仅两个月时间就完成了57户征地拆迁工作。她协调完成了1.5公里的道路硬化,新建蓄水池4座,完成2个屯47盏路灯的亮化工作。她还组织村规民约吟诵比赛,开展全村道德模范人物评选和文明家庭评选活动。2018年,百坭村获得百色市"乡风文明红旗村"称号。

黄文秀在这里工作仅仅一年零82天,百坭村103户贫困户中的88户成功脱贫了!

2021年,全国脱贫攻坚表彰大会召开,黄文秀被评为全国脱贫攻坚楷模。2021年6月29日,中共中央授予黄文秀"七一勋章"。"脱贫摘帽不是终点,而是新生活、新奋斗的起点。2021年,我们党迎来百年华诞,文秀,我们要和你一样,不忘初心,牢记使命,

百坭村全貌

向着全面建设社会主义现代化国家新征程继续前进！"村民们深情地说。

2021年7月1日，在庆祝中国共产党成立100周年大会上，习近平总书记庄严宣告——经过全党全国各族人民持续奋斗，我们实现了第一个百年奋斗目标，在中华大地上全面建成了小康社会。我国脱贫攻坚战取得了全面胜利，9899万农村贫困人口全部实现脱贫，832个贫困县全部摘帽，12.8万个贫困村全部出列。正是因为有成千上万和黄文秀一样的青年，心系群众，担当实干，我们才在脱贫攻坚的道路上创造了彪炳史册的奇迹。

百坯村基本情况

百坯村位于广西乐业县新化镇北部，居住着壮、汉、瑶、苗等民族。这里曾经是个深度贫困村，全村共有472户2068人，其中建档立卡贫困户195户883人，2017年未脱贫的仍有154户691人，特别是因学致贫和因残、因病致贫者占比较高。2020年，随着最后9户贫困户脱贫，全村实现贫困人口"清零"，人均纯收入超过1.5万元。

62 创新基层民主建设　深化村民自治实践
—— 广西宜州合寨村"中国村民自治第一村"的故事

为了响应党和国家领导人对农村基层民主建设的号召、为了在更大的范围内管理好农村经济、社会事务，一场新的变革悄然在合寨村涌现。

1980年2月5日，广西河池市宜山县三岔公社合寨大队（今宜州区屏南乡合寨村）果作生产队85名群众代表围坐在村头的大樟树下，村民们神情紧张但充满兴奋，因为村里正在做的事从未有过先例，就是要从6名生产队代表中差额选出村民委员会的5名成员，组织成立了一个村民委员会！他们借着马灯的灯光，用卷烟小纸片制作的"选票"，向米筒"投票箱"投下历史性的一票。投完票后，村民现场唱票登记，用写"正"字的方法来统计每个候选人的票数，顺利选出由5名委员组成的第一届村民委员会。韦焕能最终获85票，全票当选村委会主任。

此后，韦焕能召集各生产队队长及村民举行村民大会，成立"村民委员会"并选举带头人，发布了"村规民约"和"封山公约"，约定自我规范行为、整治村容村貌。逐渐地，民风变淳朴，邻里更和谐了。令韦焕能感到格外自豪的是，他们首创的村民委员会组织形式，1982年被写进了宪法。1988年，我国有了第一部《中华人民共和国村民委员会组织法（试行）》，后来作为正式法律予以颁布实施。

广西合寨村村委会

40年来,合寨村村委会民主选举的形式不断变化、程序不断规范、制度不断完善。为方便偏远村屯群众投票,村里采用流动投票箱,派专人前往11个自然屯收集选票,有效提高了村民的选举参与率。外出务工的村民无法返回,可以通过视频、电话投票,或者委托他人代为投票,切实保障了每位村民的合法选举权。在过去的换届选举中,合寨村有超过600名在外务工人员通过手机视频等方式投票。

近年来,合寨村选举程序更为规范严格,村民们也更加珍惜手中选票,希望选出他们认可的能人。村里持续深化村民自治实践,不断完善治理机制,推动村里加快发展、焕发新颜。在村里各项事业蓬勃发展的新形势下,村民自治的范围、模式、内涵也逐步拓展。2014年,合寨村各个屯成立"党群理事会",通过党组织号召、党群理事会牵头搭台、广大群众普遍参与的方式,将常态化、规范化自治自理的触角延伸到屯里。为进一步深化村屯管理，合寨村还在试点自然屯设立了微信网络管理员、广播资料管理员、信息排查发布员等岗位，引导党员和群众投身集体事业。现在村里聘请保洁员、修建篮球场和文化舞台，村民都积极自筹资金参与。通过村民自治，村里相继解决了用电用水、硬化道路、水渠维修、产业发展等问题。合寨村群众还自发组织举办了4届"三月三"文化旅游节，成为河池市乃至广西首个由村级自发组织举办的乡村文化旅游节。村民自我管理、自我服务的意识越来越强，自治意识已经在村民心中扎下了根。

如今，合寨村再寻出路，面临的最大压力是在这个山多、人多、地少，发展经济先天禀赋不足的小村庄，如何把集体经济搞上去。2017年之前，合寨村的村集体经济几乎是空白。现任合寨村党支部书记兰锋经常和"改革先锋"韦焕能老书记交换意见。韦焕能叮嘱兰锋："把我们合寨村搞得更好，党员方面，多带领群众搞我们的家庭致富，特别是大种大养。"

近年来，通过资金入股、场地出租、发展乡村旅游等方式，合寨村有了一些村集体经济收入。村集体资金经过村民讨论、村民意见征询，在村务公开专栏公示后，被用于道路硬化、水渠维修、产业发展等。目前，合寨村已建成4个屯级文化活动中心，9个自然屯建有篮球场。2020年又整合资金160余万元在果作屯建设了一个村级养老中心，让村里老人老有所乐、老有所养。

如今的合寨村村容村貌焕然一新，村庄旁的小河边建起了供群众休闲的凉亭和步道，大樟树附近的房屋立面雪白，民房雕龙画凤，街道干净整洁……展现在眼前的这一幕幕，呈现出一派新农村

中国村民委员会发源地原址

的新气象,让人流连忘返,每天都有游客和党建团体到合寨村村民自治展示馆参观学习。

中共广西区委党校教授申华林评价说:"广西合寨村可以说是'泥腿子'走出了民主路,开创了中国基层民主政治建设先河。合寨村每一个时代的党支部都注重解决农民吃饱穿暖的问题。始终把老百姓对美好生活的追求和向往放在咱们支部一班人的手里,就像习近平总书记所讲的,人民对美好生活的向往,就是我们的奋斗目标。"

合寨村基本情况

合寨村被誉为"中国村民自治第一村"。位于宜州、柳江、忻城3县（区）的交界处，全村共11个自然屯12个村民小组1050户4636人，党员105人。全村总面积33.4平方公里，耕地面积3578亩，主要作物有水稻、玉米、甘蔗、桑蚕等。在20世纪80年代初期，合寨村村民大胆冲破体制束缚，通过差额选举的方式，产生了新中国第一个村民委员会，订立了当地有史以来第一个《村规民约》，开创了中国农村民主政治的先河，其组织形式于1982年写进了宪法之中。

合寨村先后获得"全国民主法制示范村、全国妇联基层组织建设示范村、全国人口和计划生育基层群众自治示范村、全国创先争优先进基层党组织、全国文明村镇"等国家级荣誉称号。其中：2010年民政部确认合寨村为中国第一个村民委员会；2018年合寨村列入中国改革开放40年的40个"第一"之列（即：选举成立村民委员会制度）。2020年成功入选全国乡村治理体系建设试点县范围，并把合寨村作为宜州区首批试点村之一。

40年来，合寨村村民自治坚持以党组织为领导核心，整合各屯党支部资源，并依靠"村党委—片区党支部—屯级党支部—网格党员中心户"的党组织领导体系，形成了党组织领导下的村—屯—户三级相互配合的自治体系。

63 二十三年红旗不倒　琼崖人民的一面旗帜
——海南省海口市琼山区云龙镇长泰村冯白驹将军的故事

冯白驹是海南革命史上一个不朽的名字，是琼崖共产党人的杰出代表。他在长期的革命生涯中，诠释了中国共产党人的革命精神和高尚品格，坚定的共产主义事业信念，是一份留给我们的宝贵精神财富。

冯白驹于1926年9月加入中国共产党。1927年奉命组建中共琼山县委员会，任县委书记，随后担任澄迈县委书记。1930年1月，接任中共琼崖特委书记。直至海南新中国成立前，长期担任琼崖党政军主要领导职务。1955年9月，冯白驹荣获中华人民共和国一级八一勋章、一级独立自由勋章和一级解放勋章。

冯白驹在小学和中学期间积极参加学生运动，力求上进。1925年，在上海大夏大学预科读书期间，他阅读了大量革命书刊，受到共产主义思想的影响，在心中播下了革命的种子。他于1926年9月加入中国共产党，由一个充满救国救民思想的热血青年，成长为一名无产阶级先锋战士。冯白驹回忆说："这是我的新

冯白驹将军雕像

生，永远不能忘记的光荣的一件大事。"

1927年4月琼崖"四二二"事变后，冯白驹历任中共琼山县委书记、澄迈县委书记。1929年8月，他在特委主要领导被捕遇害后，重建了琼崖特委领导机关。1930年1月，冯白驹接任特委书记，全面领导琼崖革命斗争。

冯白驹将军生平业绩陈列室

1938年至1950年，抗日战争和解放战争时期，冯白驹带领琼崖军民经历了日伪军的"蚕食""扫荡"和国民党四十六军"清剿"等一次次极为残酷的斗争，最后迎接和配合人民解放军解放了海南岛。

琼崖革命斗争如果没有海南人民的支持，琼崖党组织不但不能坚持23年红旗不倒，甚至不能在孤岛上生存，以冯白驹为代表的琼崖共产党人一直把人民群众视为真正的靠山。

1933年第二次反"围剿"斗争失败后，红军独立师解体，冯白驹带领仅存的100多人转战母瑞山坚持斗争，最后只剩下25人。凭着坚强的信念、必胜的信心，在广大人民群众的掩护下，冯白驹等25人得以突围，保证琼崖革命红旗不倒。

冯白驹在1951年为庆祝中国共产党成立30周年撰写的回忆录《中国共产党的光辉照耀在海南岛上》一书中指出："依靠群众、联系群众，群众的力量是不可战胜的力量。"

冯白驹深受海南人民的爱戴。作为琼崖纵队创始人、琼崖纵队司令的他却没被授予军衔。①

1973年7月19日，冯白驹因病在北京逝世。党中央在八宝山公墓礼堂为冯白驹举行了追悼会。1988年6月冯白驹85周年诞辰，徐向前元帅为冯白驹故居题字；后来，邓小平同志为坐落在海口人民公园的冯白驹雕像题写了"冯白驹将军"5个大字，王震为纪念亭题写亭名。②

长泰村基本情况

长泰村位于海南省海口市云龙镇西南方，南渡江东畔，原名那花村，是被周总理誉为"琼崖人民的一面旗帜"的冯白驹将军的故乡，是革命老区。长泰村共有23户、121名村民，有水旱田355亩、坡地700亩，以种植水稻、橡胶、花卉，养殖猪、牛等为主要经济收入。石料资源开采也是该村的一大经济来源。2010年全村人均收入6500元，是云龙镇较为富裕村之一，获2010年"海南省十大文化名村"称号。

---

① 来源:《抗战胜利六十年：琼崖孤岛的抗战将领冯白驹将军》，2005年8月26日，中国新闻网。
② 来源:《冯白驹将军：一份迟来的平反"通知"》，2009年12月7日，中国新闻网。

64. 战天斗地谱新篇　贫穷山村创奇迹
——海南省儋州市那大镇石屋村"农业学大寨"的故事

石屋村原名五岭脚，地瘦山荒、瘴气弥漫，当地的原住民祖祖辈辈摆脱不了"贫穷"二字。每到灾荒年，乡亲们举家外出逃荒。胡松担任村党支部书记后，提出了开垦荒山造胶园、凿渠引水造良田的发展计划，吹响了战天斗地、改变命运的号角。

胡松出生于1927年，16岁时给地下党组织当过交通员，1945年加入中国共产党。1953年12月参加军主（连主）土改工作，先后担任儋县洛南小乡副乡长、党委副书记、高级社主任，洛南大队副大队长、洛南农场场长，那大公社石屋大队党支部书记，是全国闻名"农业学大寨"的先进典型人物。1973年1月，他担任儋县县委副书记兼那大公社副书记、石屋大队党支部书记，是中国共产党第十次、十一次全国代表大会代表，十一届中央候补委员。1975年12月，任儋县县委副书记兼那大、前进公社书记，石屋大队党支部书记，海南行政区委员，广东省扶贫开发协会副主席。1981年11月任海南松涛水利工程管理局副局长，1989年被聘为海南省水利企业管理经济师。

胡松就任石屋村党支部书

胡松带领群众发展生产

胡松纪念馆

记时，全国各地掀起了多快好省建设社会主义的热潮。他借全国农业集体化快马扬鞭的东风，针对石屋村的实际情况，通过细致的调查研究，综合全国以及海南的经济建设大趋势，为石屋村的发展提出了高屋建瓴并且切实可行的计划：以开发荒山建胶园，凿渠引水造良田为突破口，实现农、林、牧、副、渔产业全面丰收。

石屋村成为全国"农业学大寨"的先进典型，全国各地的人乃至国际友人，纷纷来到海岛上的这个小村学习取经。

胡松是我国农业战线上的模范村干部。他带领群众在艰苦的条件中，改造穷山恶水，创建了一个农、林、牧、副、渔全面发展的经济奇迹，石屋人的生活发生了翻天覆地的变化。即便在20世纪60年代初举国陷入自然灾害、经济极其困难的时期，石屋大队的集体银行存款依然达到107万元，集体储备粮达138万斤。他带领当地村民把荒山改造成了胶园，把荒地整治成了良田。石屋村是海南最早迈开农业机械化步伐的村庄，生产队有发电厂、橡胶加工厂、农机厂等工业实体，有橡胶园、水果园和大片良田作为农业支柱。文化事业也蓬勃发展，村民过上了快乐的幸福生活。村里有小学、托儿所、卫生所、广播站、文化室、电影队，从前的茅房变成了楼房，村民都可获得福利分房，他们实现了免费医疗，免费养老，免费入学……

2000年，胡松病逝。这个曾经带领石屋村的乡亲们战天斗地，业绩享誉全国的村干部，他的事迹、他的精神、他的音容笑貌，永远地留在石屋村乡亲们的心中。

胡松是石屋村的领路人。他敢担当、有魄力、大公无私、一身正气，为石屋村选择了科学的发展方向，让石屋村成为全国"农业学大寨"的先进典型，周恩来总理曾赞誉"北有大寨，南有石屋"。

石屋村基本情况

儋州市那大镇石屋村位于城区北面，距那大城区2公里。年平均降雨量1815.6毫米，年平均气温23.2℃，绿化率达90%以上。村委会下辖石屋、富豪、冒坤、五岭、大坡新村5个村小组。

65 驰骋琼崖 英名永流传

——海南省琼海市阳江镇岭下村"红色娘子军"战士王运梅的故事

故事发生在 1927 年至 1937 年土地革命战争时期。

王运梅,女,1910 年 5 月生,海南省红色娘子军老战士,102 岁时加入中国共产党,红色娘子军原型,创下中国共产党党史上年纪最大的新党员纪录。2013 年 9 月 14 日凌晨,王运梅在老家海南省琼海市阳江镇去世,享年 103 岁。

1910 年 5 月 23 日,王运梅出生在阳江镇九弄园一户贫苦的农民家庭。父亲王启尧是共产党的地下交通员,叔叔王启宏是红军战士,哥哥王运栋是共产党地下工作者,舅父符国佳也是红军战士。王运梅从小就受到父兄辈的影响,积极参加各种革命活动。除了在家干农活外,王运梅年轻时参加过儿童团、妇协会、赤色女子军,还跟村里的兄弟姐妹一起扛过红缨枪。1931 年,红色娘子军走上了历史舞台,王运梅也在琼崖烽火中开始了自己的传奇人生,先后参加了伏击沙帽岭、火烧文市炮楼、炮轰白石岭、喋血马鞍岭等战斗,经历了红色娘子军几乎所有的重大战斗。

王运梅

在那兵荒马乱,"四权"肆虐的年

代，王运梅受当地村革命党人、琼崖党、政、军创始人王文明的启发与带动，她冲破"女人是头牛"的封锁，动员丈夫庞龙琨参加革命，还带动几位姐妹报名参加红军，成为中国工农红军女子军特务连，先后经历"挖地洞巧施火蒸国民党团猪""美人计沙帽岭伏击战""以软制硬拔除中原炮楼"等战斗。马鞍岭阻击战斗是保卫琼崖党、政、军三大机关生死存亡的决战：她带头火线上向特委交上《入党申请书》，参加以女子军连为主进行敢挡千军的惨烈战斗，10位姐妹献身。幸运生存的她冒死寻找党组织、寻找姐妹，革命精神震撼人心。

1932年夏，她怀孕了，本应退伍返乡，却强烈要求不回乡，奔向保卫琼崖党、政、军的母瑞山阵地，参加与国民党陈汉光3000大兵的决战，在超越人生极限挑战的千年大山之阴瘴险恶和敌军围堵追剿的危急中，她生下孩子，却因条件异常恶劣，缺乏营养，孩子出生后仅一个月不幸夭折。痛失爱子，王运梅没有被击垮，而是与敌人进行生死搏斗，谱写了一曲为党不惜牺牲的巾帼英雄壮歌。

1933年，正值土地革命低潮时期，红军化整为零后，早已逃往南洋的丈夫想尽办法让她去南洋，可她却始终不同意，一直在党的领导下，战斗在村内外。抗日战争、解放战争乃至抗美援朝的艰苦岁月中，她为革命工作建立功勋。2000年，当地政府建起"红色娘子军纪念园"，90岁的她既是阳江镇"关工委"的副主任，又是红色娘子军纪念园中以切身感受宣讲红色娘子军的宣传员，还不辞艰苦地到省内外多地上红课，受到党和国家领导人的接见。

她在102岁成为中共党员。王运梅自在马鞍岭阻击战时向党递交入党申请书后，就一直以一名党员的标准严格要求自己。2011年，一名来参观的学生问她：在炮声轰隆生死存亡的战场上向党旗宣誓时，您的内心是怎样的？这时，她才发现由于战事涉繁，特委和师部机关分开行动，自己并没有在党旗下宣誓过。于是，她找到村支部，再次提出接受党的教育，并让同村的党员手把手地教她写好《入党申请书》。

2012年5月1日，王运梅本应到当地的王文明中学上红课，但前一天晚上因为感冒发烧住院了。在病床上，她坚定地说："只要我还有一口气，就要不遗余力对下一代进行爱国、爱党教育！"最后，她在打点滴的同时上红课，她的忘我精神让全体师生及家长热泪盈眶……7月1日，102岁的她被村支部、镇党委一致通过，并在阳江墟大型红色娘子军群像下，同20位新党员一起，举起右

王运梅故居外景

手，向党旗宣誓，成为中国共产党党史上年龄最大、党龄最短的党员。

"驰骋琼崖，巾帼不让须眉；保家卫国，英名永远流传。"红色娘子军艰苦奋斗、甘于奉献的共产主义精神，值得每一个人学习和深思。王运梅老人的事迹说明，一个拥有信仰的人，什么困难都压不倒，任何委屈都可以肩扛。

岭下村基本情况

岭下村是海南省革命老苏区村庄，是举世闻名的红色娘子军连长庞琼花，战士王运梅、凌连香、吴春华、梁世銮等5位巾帼英雄的家乡。全村面积9.5平方公里，有20个村小组，723户，3028人，其中党员71人。近年来，这里以红色精神为动力，组织"琼花农商贸合作社""琼花志愿服务队"，探索出一条"以红促绿""生产＋加工＋销售一条龙"的乡村振兴之路，"贫困户"全部脱贫，实现零吸毒村庄，百分之百农户实现水、电、路三通，生产生活电器化。

岭下村是省文明村镇，省民主法治示范村镇，创建全国乡村治理示范村。

66 坚定跟党走　迈向新生活
——海南省琼中黎族苗族自治县番响村黎族苗族同胞主动寻找共产党的故事

1943年，黎族领袖王国兴带领饱受国民党迫害的黎族苗族群众发动"白沙起义"，不仅为琼崖特委开辟五指山革命根据地和解放海南岛创造了有利条件，更开启了黎族苗族人民跟着共产党走的革命新路。

故事的开端，就发生在琼中黎族苗族自治县番响村。

1939年2月，日本侵略军侵占海南岛。琼崖国民党当局抵抗无力，遂龟缩至五指山山区一带。他们巧立名目，对当地的黎村苗寨横征暴敛、捕人杀人，无数黎村苗寨沦为"无人村"。侥幸存活的，家中也是一贫如洗，到了年关竟无米下锅。

1942年农历新年，红毛乡各保保长假借拜年之名，到黎族头人王国兴家中商议对策。众人达成共识：不反抗、不斗争，就只有死路一条。经过一年多的筹备，定于1943年8月17日卯时揭竿起义。

1943年6月，国民党当局制造了惨绝人寰的"中平惨案"，黎族苗族群众的怒火终于被点爆。1943年8月12日拂晓，来自白沙、元门、牙叉等乡的4000余名黎族苗族群众，手持粉枪、弓箭、钩刀和锄头、木棍，朝国民党反动派冲去。

至此，白沙起义拉开序幕。

1943年8月12日至26日，白沙各区3万余名黎族苗族同胞分多路对国民党军政人员发起袭击，打死打伤800余人，缴获枪支、子弹一大批,驻在白沙县境内的国民党军政机关和部队被全部赶出,白沙起义取得初步胜利。

1943年9月底,国民党当局调集1000多兵力,分多路向白沙地区猖狂反扑。由于缺乏正确的斗争纲领和严密的战斗组织,武器简陋、弹药不足,加之缺乏战斗经验,起义军伤亡十分惨重。

王国兴只好率领部分起义队伍撤退。彼时,起义队伍不仅面临国民党军队的穷追不舍、血腥屠杀,更面临山蚂蟥叮咬、瘴气侵袭、饥饿、寒冷和疾病的多重威胁,几乎被逼上绝路。

白沙起义纪念园全景

王国兴、王玉锦等起义领导没有被敌人吓倒,他们各召集十多人在红毛什丘村召开会议,决定派出三路代表寻找共产党和红军,最终抵达中共儋临联县委和县抗日民主政府驻地,见到了琼崖特委书记冯白驹。

对于这次黎族同胞主动寻找共产党,毛泽东主席给予高度评价:中国少数民族自发起义,主动寻找党,王国兴是有代表性的一人。①

此后,在中国共产党的坚强领导下,王国兴组建了各类反抗武

---

① 来源:《王国兴:那时很危险,我们决定找红军》,2016年7月5日,人民网。

白沙起义烈士纪念碑

装，动员黎族苗族人民积极支前、踊跃参军，充实了琼崖革命武装力量。到海南解放时，平均每五名琼崖纵队战士，就有一人是少数民族同胞。

对于黎族苗族同胞而言，白沙起义也是一次全新的开始。五指山革命根据地建设期间，中共琼崖特委通过土地改革、减租减息、清匪反霸等一系列斗争，推翻了压在各族人民头上的势力，黎苗等各族人民翻身做了主人，被乌云笼罩的五指山山区终于迎来了曙光。

对于红色精神最好的传承，就是艰苦创业的实干精神。如今，番响村群众承袭红色革命优良传统，继续苦干实干，番响村的变化日新月异，群众的日子一天比一天好。

番响村基本情况

红毛镇番响村是著名的"白沙起义"策源地，红色文化在这里生生不息。番响村辖番响、牙模、道响、南美4个村小组，共有288户1039人，2020年人均纯收入11376.6元。2006年以来，在当地党委、政府的领导下，该村不断巩固橡胶、槟榔、水稻等传统产业，以种桑养蚕、养鹅、林木种植和山油茶等特色产业为突破口，引导群众发家致富，并充分发挥辐射、带动作用，引领周边贫困村庄扶贫攻坚工作，促进红毛镇经济社会全面发展。

67 打通绝壁天路　踏上幸福新程

——重庆市巫山县竹贤乡下庄村"下庄天路"的故事

"下庄像口井，井有万丈深；来回走一趟，眼花头又昏。"这是下庄村民祖祖辈辈传下来的打油诗。老下庄村坐落在巫山县竹贤乡的大山深处，四周高山绝壁合围，整个村子被"锁"在由喀斯特地貌形成的巨大"天坑"之中。从"井口"到"井底"，垂直高度1100多米，外出只有一条在绝壁上的羊肠小道，到县城要走3天，全村的生产生活物资全靠背篓背进山，村民的生活条件十分艰苦。

1997年，时任下庄村党支部书记的毛相林在县里参加干部培训班时，看到原本封闭落后的邻村如今家家电灯亮、户户电视唱、路上汽车忙的景象，深受刺激，下定决心修路，带领村民走出贫困。

"修路！"这两个字像一颗深水炸弹，在平静的下庄村掀起了千层浪。"那个路怎么可能修得通，那个万丈悬崖，人都不会去，草也不会长。""既没钱又没物资，拿什么修路？"村民们纷纷提出质疑和反对。

毛相林和村干部一遍遍跟村民算细账："山凿一尺宽一尺，路修一丈长一丈。如能前进一丈，绝不后退一尺。我们修不完还有儿子，儿子修不完还有孙子，总有能修完的一天。"村民们渐渐动了心。"修吧！""我同意修！""我也支持修！"……乡亲们纷纷高举手臂，一场征服自然挖掉穷根的战役，就在这些青筋暴突的庄稼汉手中打响了。

党支部活动室开会场景

1997年冬天，毛相林和村民们带着钢钎、铁锤、锄头、撮箕进山，开始向悬崖绝壁发起挑战。没有资金，毛相林"挪"用了母亲700元的养老钱和妹妹寄存的3000元家具款，还以个人的名义向农村信用社贷款1万元。村民们也纷纷加入其中，尽自己所能出工出力，用能买多少物资就修多少里路的办法，一块钱一块钱地攒。没有大型机械设备，毛相林就带着青壮年在悬崖上腰系绳索，像荡秋千一样打炮眼。高山绝壁没有人家，毛相林和村民们一起在半山腰打地铺、睡岩洞……为早日修通绝壁路，毛相林最长一次在工地三个月没回家。

就这样，在毛相林的带领下，历时7年，以先后6人献出生命为代价，村民们在悬崖峭壁上以最原始的方式抠出了一条长8公里的出山公路。这条路是人们盼望已久与外面世界沟通的连接路、出行路,它凿碎了下庄村人祖祖辈辈贫困的封锁,凿开了下庄村通往富裕的新希望。

红日初升,其道大光。毛相林同志在担任村干部的43年里,始终牢记共产党员身份,为改变家乡贫困落后面貌,带领村民发扬"愚公精神",以"不等不靠"的自觉、"敢想敢干"的勇气、"百折不挠"的毅力、"合力攻坚"的奋斗,不断创造出更加美好幸福的生活。他立公心,冲锋在前、勇担重任、无私奉献,让人民群众真切地感受到了共产党员的先锋力量;他强信心,带领村民站在新生活新起点上接续奋斗,激发出周围群众"勤劳勇敢、艰苦奋斗,坚守初心、自强不息"的精神力量。

如今,这座曾深锁天坑的村落,正张开怀抱,热情迎接八方来客。路就在脚下,勤劳勇敢的下庄村村民在毛相林的带领下又踏上了新的征程。

毛相林以一种表率的力量,带领下庄村人构建了一个脱贫致富的强大正能量集体,勇于破除空间贫困壁垒。下庄村人用艰苦奋斗的精神赢得了脱贫攻坚的胜利。

下庄天路修通后的下庄村

下庄村基本情况

下庄村位于巫山县竹贤乡西部，毗邻小三峡上游峡谷平定河、后溪河，辖区面积9.1平方公里，耕地面积1165亩，林地面积7960亩，森林覆盖率达71.5%。因地貌奇特，境内既有海拔1600米的高山又有海拔250米的河谷，整体呈井形矗立，又称"天坑村"。全村辖4个村民小组，225户693人，有党员18人，在职村干部5人。下庄村立足自身独特的地理条件和气候，因地制宜的确定了"瓜果为主、多种经营"的产业发展模式，探索培育出蓝色（劳务输出）、绿色（西瓜）、橙色（纽荷尔橙）"三色"经济。常年稳定外出务工200余人，全村每年劳务收入700余万元；按照"政府主导、村两委主管、合作社主抓、农户主体"的产业发展原则，种植经济作物近2000亩，实现年产值200余万元。2015年已实现整村脱贫，2020年农村居民人均可支配收入达13785元。

68 彝汉结盟一家亲　团结光辉映后世

——四川省凉山州冕宁县彝海村"彝海结盟"的故事

1935年5月，红军长征途经凉山，红军先遣队司令员刘伯承与彝族首领小叶丹结盟，书写了"彝海结盟"的传奇故事，也成就了红军长征史上光辉灿烂的一页！

1935年5月22日，先遣队司令刘伯承、政委聂荣臻率领中央红军先遣队到达冕宁县大桥场。当红军先遣队过大桥翻峨瓦山进入彝区时，受到彝族武装的袭击，他们试图阻止红军前进，走在队伍后面的工兵连，被彝人缴械退回到大桥场，红军只得原地待命。红军纪律严明，严格执行党的民族政策，不向彝民开枪反击。

刘伯承和聂荣臻命令队伍在原地休息待命，让懂彝语的向导陈志喜给彝族作宣传解释，说明"红军是穷人的队伍，只是借路通过，北上抗日，决不会以彝族人民为敌"。

家住彝海羊坪子的果基家支头人果基小叶丹派其管家沙马尔各去探听情况。沙马尔各与红军干部冯文彬、萧华相见，进一步了解到红军的民族政策及其主张后报告小叶丹。小叶丹听取沙马尔各的汇报后决定与红军首长见面。

在彝海边上，小叶丹与刘伯承相见。两位四川汉子一见如故，相谈甚欢。小叶丹在我党、我军民族政策和行动的感召下，对红军产生了好感和信任，愿与刘伯承司令结拜为兄弟，保红军通过百里彝区。

彝海结盟纪念地

在美丽的彝海湖畔,刘伯承和小叶丹,按照彝族的传统习俗,杀鸡歃血,对天盟誓,结为兄弟,举行了举世闻名的"彝海结盟"。刘伯承把随身佩带的左轮手枪和一些步枪送给了小叶丹,小叶丹也将自己的坐骑送给刘伯承作为纪念。结盟后,红军帮助彝族同胞成立了一支"中国夷民红军沽鸡支队",任命小叶丹为支队队长,授予旗帜,并赠送了枪支。

红军离开后,国民党政府要追究小叶丹与刘伯承结盟的罪责,要他交出旗帜,可小叶丹宁愿倾家荡产甚至付出自己的生命也不愿把旗帜交出来。在那段艰苦的岁月里,小叶丹把这面旗帜视作民族团结的见证和民族解放的希望。

遗憾的是,小叶丹并没有等到红军回来的那一天,于1942年6月18日遇袭身亡,年仅48岁。

小叶丹去世后,家庭一下失去顶梁柱,他的妻儿陷入了困境。在那黑暗的年代,彝族人民面临国民党和地方军阀的政治压迫、经济剥削,这对于一个失去丈夫

在结盟新寨开展"我和祖国共成长"

的家庭,更是雪上加霜。好在小叶丹有一位深明大义、坚韧勇敢的妻子,在丈夫遇难后的艰难岁月里,小叶丹夫人始终不忘丈夫临终的嘱托,深信红军会回来,深信"刘大哥"会回来,深信革命会胜利。

"人在旗在",小叶丹夫人把丈夫留下的旗帜视如自己的生命,以极大的勇气和智慧保存下这面旗帜,面对敌人翻箱倒柜、敲诈勒索、威逼利诱,她从不屈服。她把旗子藏到背篼的夹层里,又担心疏忽暴露。几经思考后,她把旗帜缝进自己所穿的百褶裙夹层里。这一缝就是八年,近3000多个日夜的等待和坚守⋯⋯终于在1950年3月28日,冕宁迎来了和平解放。小叶丹夫人遵照丈夫的遗愿,将这面珍贵的旗帜献给了国家。

86年来,"彝海结盟"从一个故事变成了一种情怀,刘伯承和小叶丹用革命的友情和革命的亲情把两个民族紧紧地团结在一起。"彝海结盟"作为一面民族平等、民族团结的光辉旗帜激励着一代又一代的中华儿女。

彝海村基本情况

故事发生地彝海村地处安宁河谷上游,辖区面积80.8平方公里,位于冕宁县城北部37公里处,是红色革命老区,"彝海结盟"所在地,平均海拔2080米。

彝海村系彝族聚居村,全村共有12个村民小组,1088户,4626人。彝海村为传统农业村,主要以种植马铃薯、玉米、花椒为主。畜牧以养殖牛、羊、猪、家禽为主。G5京昆高速、108国道贯穿全境,有6条通村公路连接国道,总长28公里,1条旅游专线公路长6.9公里。通组路全部硬化共计28公里。全村人畜安全饮水全部解决,全村完成农网改造,户户通电。广播覆盖所有村组,电视入户率100%。全村共有两个幼教点,一所完小,在园幼儿53人,全村7~15周岁义务教育阶段适龄儿童入学率100%。

在战略支援部队、彝海文化旅游投资开发有限公司(以下简称彝海公司)援建及各级各部门帮助下,原址拆旧新建彝家特色旅游新寨——"结盟新寨",36户147人搬入新居。

村中大部分村民积极参与到彝海红色旅游接待服务中,有的向彝海公司供应农特产品,有的办起了特色民宿,有的招聘到彝海公司从事保安、保洁、景区服务等工作,村民不仅脱了贫,而且逐渐走上了致富路。

69 "有手有脚有条命,天大的困难能战胜"

——四川省广元市青川县枣树村"两幅标语"的故事

"有手有脚有条命,天大的困难能战胜"

——这条在"5·12"汶川特大地震发生后,曾激励无数灾区群众积极重建家园的标语,出自青川县枣树村村民石光武。枣树村全体村干部和群众认为,抗震救灾得靠这种精神,重建家园、生产自救也得靠这种精神,将来发展还得靠这种精神,有了这种精神,枣树村一定会建设得比过去还要美丽。

灾后重建中"两幅标语"精神不仅激励了枣树村的重建和发展,也成为青川县的"精神地标",在村党支部的带领下,枣树村苦干实干,建产业新村,按照川北民居风貌的要求,该村先后完成了农房风貌塑造,"一建三改"、农户庭院和公共场所绿化等一系列基础设施的改善,村里建起了公园、花园,公共场所绿化达到1049平方米。利用"特殊党费"援建契机完成村活动场所建设,安装了现代远程教育和文化共享设备,村里首次实现"有人管事、有地办事"的局面。

房子漂亮了,环境改善了,脱贫致富成为村两委班子心里的头等大事。

枣树村全貌

枣树村村头

经过认真研究,村党支部决定因地制宜发展山区农林产业,在全村建起了以茶叶为主导,同步发展天麻、魔芋和特色农家乐,建成了产业发展和旅游观光于一体的产业新村。创业初期总是最艰难的,不容易得到大家的支持,村支部书记及村里的干部,带头做示范,先行种植天麻和魔芋,为老百姓试种。当年村里共有6名示范户,由于第一年种植,自身没什么经验,加之气候原因,导致当年颗粒无收。

面对老百姓的质疑和不解的眼神,村支两委一班人及时开导和号召,"地震都没有震垮我们的信心和决心,有手有脚有条命,天大的困难能战胜,相信我们一定能够成功。"第二年,经过总结失败的教训,他们重整旗鼓,到外地考察并接受培训,聘请专家学习翻种技术,终于看到了累累硕果,尝到了丰收的喜悦,斗志也像微风中的火苗,越燃越烈。好消息开始不断传来,在经过无数次实验之后,沙种天麻在枣树村试种成功。2015年,枣树村种植的天麻达到5000平方米,一下带动村子里的人均收入翻了1倍。枣树村仅茶叶一项的种植面积就达到2000亩,年产值80万左右,让群众尝到了产业致富的甜头。

曾经的枣树村村民素质普遍偏低,经过时间年轮的洗礼,村干部的共同努力,村民的自我反省,如今早已脱胎换骨。产业的发展,带动乡村旅游的发展,前来参观学习的干部群众依旧络绎不绝,休闲观光农业+乡村民宿和农家乐的乡村旅游发展模式,成为又一致富增收的新手段,枣树村依靠旅游成为远近闻名的富裕村、文明村。全村星级文明户共123户、信用户196户、文明院落21个。同时,积极开展农村党员志愿服务活动,建立了一支党员志愿服务队,定时帮助有困难的村民做家务、干农活,受到了全村人的普遍欢迎。

"两幅标语"精神不仅激励了枣树村的重建和发展,也成为汶川地震灾后重建过程中的重要精神力量。汶川地震灾区能够呈现出如今和谐、幸福、繁荣的发展局面,正是对这一精神的传承与弘扬。

枣树村思进苑

枣树村基本情况

四川省广元市青川县枣树村是"两幅标语"精神发源地，位于青川县城南10公里处、城市公交直达村里，"广平"高速穿境而过，互通立交位于其中。全村辖区面积3.92平方公里，辖5个村民小组，有农户260户，752人，人均可支配收入达16350元。全村共有耕地面积777亩，山林3594亩；植被茂盛、森林覆盖率达78%。枣树村先后被中组部表彰为"全国基层先进党组织"，被四川省评为省级卫生村、四川省环境优美示范村、全省精神家园教育基地和全省精神文明村以及广元市"五好党支部"、四川省党性教育基地，是第四届全国文明村。

70 重温红色瞬间,铭记长征精神
——贵州省遵义市苟坝村苟坝会议的故事[1]

苟坝会议会址位于苟坝村四合村民组,因红军长征于1935年3月在此召开了著名的苟坝会议而闻名。

1935年3月10日,毛泽东、朱德正集中精力按中共中央政治局的决定,指挥中央红军乘遵义战役的胜利同驻仁怀坛厂的国民党追剿军周浑元纵队作战。

3月10日,红一军团林彪、聂荣臻一个"万急"电报建议中央红军改驻打鼓新场(时属黔西县,今金沙县城)。红军总司令、前敌司令部(3月4日根据中共中央总书记张闻天提议成立的)司令员朱德认为:打鼓新场是黔北首镇,又是通往毕节的要塞,黔军比国民党中央军好打,打开打鼓新场有利于中央红军拓展川滇黔边根据地(中共中央政治局扎西会议决定创建川滇黔边根据地)基础。前敌司令部政治委员(时称前敌总指挥)毛泽东在云南威信县境就已构思好把滇军调到贵州腹地来,绕个大圈子把中央红军带出蒋介石大包围圈套小包围圈的绝境,北渡长江(金沙江)去川西北会合红四方面军,创建新根据地的战略计划;同时,军委二局戴镜元截获敌方向遵义调动部队的电令,国民党中央军、川军、滇军正从四面八方向遵义、鸭溪、枫香、打鼓新场压来;

---

[1] 来源:《苟坝会议让毛泽东难以忘怀》,2016年7月19日,人民网。

毛泽东的作战方案因此同朱德产生分歧。

猴场会议后，中共中央政治局收回了中央革命军事委员会的决定权和指挥权，中央红军的每一个军事行动都须经中央政治局召集有20多人参加的中央会议讨论决定。张闻天接替博古职务后，几乎天天都要召集20多人参加中央会议，讨论决定中央红军的行动方针。

3月10日，中共中央总书记张闻天在遵义县（现遵义市播州区）苟坝新房子召集驻苟坝的中央政治局委员、候补委员，中央革命军事委员会委员和部分中革军委局以上17人首长开会，专题讨论进不进攻打鼓新场的问题。会议从早上开到夜间，毛泽东坚决反对进攻打鼓新场，其余参会首长都赞成。毛泽东来了脾气，对主持会议的张闻天说道："你们硬要打，我就不当这个前敌司令部政委了！"在座的首长毫不客气地顶撞毛泽东："少数应该服从多数，不干就不干。"毛泽东离开会议，张闻天搞了个举手表决，结果把毛泽东的前敌司令部政治委员职务表决掉了。深夜，毛泽东独自一人打着马灯，到周恩来住处，要周恩来晚一点下发进攻打鼓新场的作战命令，说服周恩来后，又同周恩来一起去说服朱德。

3月11日一早，周恩来提议继续召开20多人的中央会议，讨论决定撤销进攻打鼓新场计划。经过争论，毛泽东、周恩来、朱德终于说服参会的中央政治局委员、候补委员和中革军委委员。毛泽东坚决反对进攻打鼓新场，使中共中央、中央红军再一次避免了全军覆没的危险。会后，毛泽东向周恩来提出：成立中央新三人团，代表政治局全权指挥军事。周恩来将毛泽东的提议转达给张闻天。

3月12日，张闻天召集政治局扩大会议，提议成立了中共中央政治局最高军事指挥机构三人团。苟坝会议成立周恩来、毛泽东、王稼祥三人团,完成了遵义会议改变党中央最高军事领导机构的任务。

苟坝会议撤销了进攻打鼓新场的军事决议,避免了中央红军可能遭受的一次重大损失,体现了老一辈无产阶级革命家"坚持真理,敢于担当"的崇高品质;改组了中共中央军事领导机制,成立了由周恩来、毛泽东、王稼祥组成的"新三人团"全权负责指挥军

苟坝会议会址修缮前后对比

事，进一步确立和巩固了毛泽东在党中央和红军中的领导地位；为三渡、四渡赤水的顺利实施，为长征的伟大胜利提供了坚强的组织保证。

修缮后的苟坝会议会址

苟坝村基本情况

苟坝村位于贵州省遵义市播州区枫香镇东北部，距区政府45公里，距历史文化名城遵义50公里，辖18个村民组，共955户，3840人，辖区国土面积16.7平方公里，耕地林地25200亩（其中：田5700亩，土3500亩，山林16000亩）。苟坝会议会址位于苟坝红色文化旅游创新区核心位置，是国家级爱国主义教育基地。苟坝村依托苟坝会议会址及其乡村特色，吸引了大量慕名而来的游客。

71. 铸大国重器，开向星辰大海
—— 贵州省平塘县时代楷模天眼巨匠南仁东的故事

1993年，国际无线电科学联盟大会在日本东京召开，包括中国在内的十国天文学家提出，要建造新一代射电望远镜。

射电天文专家南仁东深知射电望远镜在未来天文学发展中的前景。那时，全国最大的射电望远镜口径不到30米。口径越大，灵敏度就越高，就能看到更暗弱的天体，看到更深远的宇宙。正因如此，南仁东敏锐地抓住了契机，提出了建造大射电的构想。用南仁东自己的话说："别人都有自己的大设备，我们没有，我挺想试一试。"虽然只是一个"试一试"，却成为他后来倾其毕生的浪漫冒险。

FAST 的发展历程

从 1994 年提出 FAST 建设构想，南仁东 22 年如一日，他的心中只有一个目标，那就是为下一代科学家建设好 FAST，要让中国射电天文进入世界第一梯队。

2007 年，FAST 终于被列为"十一五"国家重大科技基础设施项目。从倡议到立项，时间已经过去了 13 年。在 FAST 建设过程中，南仁东团队还面临着诸多挑战。2010 年，FAST 工程经历了一场近乎灾难性的考验——索网的疲劳问题。FAST 的索网无论是抗拉强度还是使用寿命，都远远超出了国家现行的工业标准。研究团队先后从知名企业购买了十余根钢索进行疲劳实验，结果全部以失败告终，没有一例能满足 FAST 的使用要求。南仁东说，"没有现成的，我们就自己搞！"

最终在耗时两年，经历了近百次失败后，一种新的钢索材料成功通过了抗疲劳实验，研制出了满足 FAST 要求的钢索。这项自主创新技术，已经成功应用到港珠澳大桥等重大工程中。

2016 年 9 月，在"中国天眼"落成启用前，南仁东已罹患肺癌。手术后三个月，他忍着病痛的折磨，气喘吁吁地又出现在施工现场。2017 年 4 月，南仁东病情恶化，生命进入了倒计时。在最后的日子里，他坚持着参加工程例会，通过电话、电子邮件和同事们交流，寄重望于 FAST 团队尽快完成调试及试观测、试运行。南仁东曾说，"我们还有太多的工作，要尽快地把这个望远镜调试好，用这些成果来回馈公众，回馈国家"。

经过不懈的努力，南仁东带领团队确定了 FAST 的科学目标和应用目标，实现了三大自主创新，攻克了一个个技术难关。2016 年 9 月 FAST 落成之际，习近平总书记专门发来贺信，勉励科学家们"早出成果、多出成果、出好成果、出大成果"。FAST落成仅一年多,在调试中已经探测到数十个优质脉冲星候选体,截至2018年年底有59颗新脉冲星已得到国际认证,实现了中国望远镜发现脉冲星零的突破。

在他去世后,南仁东的夫人说:"他平生最大的遗憾就是,命运没有再给他一点时间,让他再为FAST做一点工作。"

南仁东去世后,同事们心里都觉得,南仁东身体这么好,如果不是因为FAST项目,他可能还能多活很多年。可大家都了解南仁东的性格,如果再给他一次机会选择,他还是会选择FAST。他是用自己的生命去点燃中国的"天眼"梦。

从FAST选址到建成的22年中,南仁东为工程的推进、建设和发展呕心沥血、殚精竭虑,身患重疾仍坚持奋斗在第一线,为这一大国重器奉献了终生,无愧于"时代楷模"的称号。

虽然南老已经离开了我们,但他的故事并没有结束,他已经和FAST融为一体。他留给我们的科学精神和宝贵财富值得我们认真学习和永远铭记,而他主导建设的FAST,也将在新一代科学家的带领下,为世界天文学领域,为中国科技事业的发展做出更大贡献。

22年,中国"天眼"之父南仁东,为FAST的建成做出了巨大的贡献。他的心血与精神,聚成目前世界上最大的射电望远镜。在他的带领下,我国自主创新能力得到提升,天线制造技术、微波电子技术、并联机器人等

南仁东事迹

高科技领域得到发展;一批批新生代科学家奋起直追,将我国射电天文学带向世界一流水平。

平塘县克度镇基本情况

2009年,平塘县克度镇大窝凼12户人家65名村民积极响应国家号召,搬离故土,为"中国天眼"项目顺利启动作出积极贡献。当地群众也积极投工投劳开展项目建设前期工作。平塘天文小镇位于贵州省黔南布依族苗族自治州平塘县克度镇,依托500米口径球面射电望远镜(FAST)在未来20~30年内保持国际领先水平的世界品牌效应而建设,"天文小镇"带动了餐饮、酒店、休闲娱乐等行业的迅速发展,当地现有餐馆、农家乐288家,其中有各类特色小吃、当地农特产品及沙县小吃、凯里酸汤鱼等著名餐饮企业;宾馆、民宿、酒店137家;休闲娱乐设施11家,带动了当地1200余人就业。

天文小镇周边金科村的满口香农家乐

72 会议审时势，决策明方向

——贵州省六盘水市盘州市双凤镇长征路上的红二、红六军团盘县会议

1936年3月28日，红二军团在贺龙的率领下攻占盘县。29日，红六军团在军团长萧克、政委王震、政治部主任张子意率领下摆脱滇军孙渡纵队的追截后，从云南宣威阴角沟出发，经平彝后所，过云贵交界的胜境关进入盘县亦资孔。红二、六军团占领盘县期间，开展了宣传共产党政策和政治主张的活动。编演活报剧，进行"抗日挽救民族危亡""抗日必先倒蒋"和"参加红军"的演说；组织"抗日救国义勇军"和"抗日大同盟"；打开监狱释放无辜群众；在县城、亦资孔、平关等地召开施贫大会，打土豪分浮财，处决了作恶多端的区长刘惊琼、乡长刘玉章、保长高祖佑等人；在城关及土城、亦资、火铺东哨等地扩充红军700余人，壮大了红军的队伍；在醒目处书写了"打倒贪官污吏，铲除土豪劣绅""抗日必先反蒋""准许商人做买卖""公买公卖""不拉夫不派马"等大幅革命标语。

占领盘县两天后，红二、六军团收到红军总部总司令朱德、总政委张国焘的联名电示："一、依据国际国内情况，民族革命高潮在生长，苏维埃运动有些发展，但不可过分估计。蒋敌虽削弱，亦不能计算他在何时崩溃。二、最好你军在第三渡河点或最后处北进，与我们汇合一同北进，亦可先以到达滇西为目的，我们应尽力策应。三、在困难条件下可在滇黔川广大地区活动，但须准备较长

红二、红六军团盘县会议会址陈列馆内景

期的运动战。四、应如何请按实况决定,不可受拘束。"当天晚上,红二、六军团在盘县"九间楼"召开会议,出席会议的有军委分会成员、军团负责人贺龙、任弼时、关向应、萧克、王震、张子意、李达等。会议及时传达了红军总部的电示和《中央关于目前政治形势与党的任务决议》,分析了全国的形势。会议着重讨论了红军总部两次指示北上的精神,认为当时全国的革命大势已转到北方,特别是日本帝国主义进一步发动侵华战争以后,北上抗日已成为红军的主要任务。尽管当时的情况有利于红二、六军团在南北盘江地区建立根据地,但为了全局战略要求,最后决定放弃在长江南岸建立根据地的战略意图,立即执行红军总部的指示,渡过金沙江,同红四方面军会合,共同北上抗日。

实践证明,红二、六军团渡江北上的决定,符合党中央和红军提出的战略方针。1984年,萧克将军在云南丽江提及红二、红六军团长征时,谈到"盘县会议"是长征途中带有转折性的一次重要会议。会议所做出的决定不仅从根本上摆脱了在长江以南孤军作战的困境,更顺应了抗日救国的民族革命斗争形势,对维护党和红军的团结,壮大红军队伍,实现革命大势奠基西北,有着重大的作用。

如果说首批长征的红一方面军四渡赤水解决了如何渡江北进的问题,那么盘县会议则解决了红二方面军(红二、六军团)是否渡江北进的问题。这在当时是举足轻重的,是面对"两个正确"而要牺牲一个的抉择,所以说"盘县会议"在整个红军长征中是一个不容忽视的会议。

盘县会议是红二、六军团长征途中一次重要的战略转折性会议。会议中作出的正确决策使其与红军主力会师,扭转孤军奋战劣势,粉碎张国焘分裂主义,促成红军三大主力会师,胜利实现了战略转移目标,对开辟中国革命新局面起到了积极作用。

从红军的足迹踏上盘州的那一天起,从红二、六军团"盘县会议"胜利召开的那一刻起,红军长征的精神,就播种在盘州广袤的大地上,播种在盘州人民的心里,激励着盘州人民继续发扬长征精神,艰苦奋斗,与时俱进,开拓创新,为我们伟大祖国光辉灿烂的明天共铸辉煌!

盘州市九间楼居委会长征路上的红二、红六军团盘县会议会址陈列馆

双凤镇基本情况

双凤镇九间楼居委会位于贵州省六盘水市盘州市古城,九间楼居委会辖区面积约 0.7 平方公里,总户数 1586 户,总人口 3792 人。辖区内有著名的红二、红六军团盘县会议会址陈列馆、范家公馆,比邻至今贵州唯一保存完好的明代古城楼盘州镇远北门,是盘州古城的重要组成部分。红二、红六军团盘县会议会址始建于 1928 年,是由国民党贵州第二十五军第二师师长黄道彬指挥修建的兵营,是民国时期屯兵的地方,俗称"武营头"。该会址建筑面积为 600 平方米,因上下各九间,称为"九间楼",由红六军团团长萧克亲笔为红二、六军团盘县会议会址题字。

73 昔日贫困村，今朝大变样
——贵州省毕节市化屋村的脱贫故事

在脱贫攻坚中，化屋村把大力推进基层组织建设，激发村组干部和党员群众干事创业内生动力，作为巩固拓展脱贫攻坚成果和衔接乡村振兴的重要抓手。针对基础设施薄弱导致脱贫不稳定的农户，全力提升"水、电、路、房"等各项基础设施质量，不断改善贫困群众生产生活条件，夯实群众脱贫致富基础。在公路改造方面，建成黔织至自由的环湖旅游公路2.8公里，全力做好近5公里通村油路的提质改造工作，并加修边沟，全程翻铺沥青，对公路两侧进行了亮化美化。建成通组路、连户路11.33公里。在安全饮水方面，投入近68万元实施"哈冲洞"供水管网改造工程，安装自来水管道11.54公里，解决黔织、岔河两个组近200户安全稳定饮水问题；投入37万元实施自由组供水管网工程，34户易搬安置点农户全部受益。在住房保障方面，近3年来，实施危房改造11户、解决困难户安全住房1户、旧房整治11户，完成移民"避险解困"房屋整治162户。

2018年以来，以产业发展为重点，以党支部领办的村集体合作社为依托，化屋村打造扶贫车间1个12间，其中村合作社入股54万元、鼓励社会资金入股112万元，带动群众就近就业36人（其中安置点群众16人）。大力发展蜂糖李等经果林种植、乌鸡等养殖，带动群众经营农家乐及旅游民宿29家，44人就业。目前，村

组织村两委开会

集体经济积累达到124万元。在大力发展产业的同时,坚持守住发展和生态底线,持续加强生活污水治理,实施67户农村生活污水治理,成立流域护河队伍11人,专业打捞船1艘,明确河段责任到人,随时保持河面、河岸干净整洁。2018年化屋村全面取缔网箱养殖,流域内共取缔网箱(暂养箱)养殖1022平方米。

采取"帮扶责任人+教师+家长"的模式开展教育扶贫工作,确保适龄儿童读完九年义务教育,全村无辍学学生,落实最低生活保障52户181人,整户兜底保障8户18人,全村参加城乡居民养老保险553人、占比80.02%。教育、生活全有保障。

依托新时代农民讲习所、新时代文明实践站等载体,组建了35人的讲习队伍,以"群众点单、支部配菜"的方式,讲党的方针政策、讲实用技术、讲感恩奋进等，激发群众脱贫攻坚、乡村振兴的内生动力。

2017年，化屋村顺利摘掉深度贫困村帽子；2018年，化屋村顺利通过国家脱贫攻坚第三方评估验收，并荣获"全省脱贫攻坚先进党组织"称号；2019年，全村所有建档立卡贫困人口稳定脱贫。昔日以贫困著称的化屋村，已变为集观光、采摘、农家乐、露营、度假等为一体的"旅游村"，数十年一直受贫困困扰的世代苗家儿女，终于彻底撕掉"贫穷、落后"的标签。

化屋村在党的十八大以来，以习近平新时代中国特色社会主义思想为指导，深入贯彻落实党中央、省委、市委、县委脱贫攻坚决策部署，紧盯脱贫目标，大力推进基层组织建设，集中力量攻坚，变"穷山恶水之地"为观光度假村的故事激励着当地党员群众继续奋斗，铸就新时期乡村建设新的辉煌！

易地扶贫搬迁安置点的群众住房

化屋村基本情况

化屋村位于乌江源百里画廊鸭池河大峡谷、东风湖北岸，海拔在870米至1360米之间，距黔西县城38公里，村域面积为8.2平方公里，有耕地1403亩，林地面积3986亩。辖3个村民组，284户1133人，居住着苗、彝、汉3个民族，其中苗族275户1096人、占比96.7%，是典型的苗族聚居村落。全村建档立卡贫困户共145户721人，是黔西县仅有的14个深度贫困村之一。早年间，这里一度以贫穷、闭塞、落后著称，全村房屋破漏，不通水、电、路，人们要出村，必须攀爬村后的悬崖"手扒岩"，物毁人亡的事故时有发生。直至2008年，这个与世隔绝的"悬崖村"才打通了与外界的联系，并同步实施了沼气池、小水窖及特色民居改造工程，新建了化屋码头、舞台、广场、宾馆、接待中心等旅游基础设施。独特的深峡河谷景观和原生态民族文化成就了化屋原生态旅游度假村的美誉。

74 不忘初心　坚守如一

——云南省保山市施甸县共产党人杨善洲的故事

在云岭之南，有一位被习近平总书记评价为以正确的世界观立身、以正确的权力观用权、以正确的事业观干事、以正确的群众观做人的当代共产党员的优秀代表，领导干部的优秀楷模，老干部的优秀典型，他就是原云南省保山地委书记——人民公仆杨善洲。他一辈子把党和人民的利益放在个人利益前面，一辈子淡泊名利，一辈子廉洁奉公。

1950年1月23日，杨善洲参加了当天在姚关召开的第六区人民政府成立大会。会上，区工委书记万荣仁同志给大家讲了中国共产党的性质、宗旨、任务，特别强调了现阶段的主要任务是进行土地改革，就是把地主的土地没收过来，无偿地分配给广大的贫苦群众，杨善洲对此极不相信。直到1951年4月，杨善洲成了一名土改工作队队员，他和队友一起亲自将地主的土地没收过来，无偿分配给广大的贫苦群众。同时，家里人也带信给他说，我们家乡大柳水已进行了土地改革，我们家分到十多亩土地呢。至此，杨善洲彻底相信了万书记所说的这一切，他决心永远跟着共产党干革命，一直干到脚直眼闭！

1952年10月，他在入党申请书中这样写道："入党的动机是为了经常得到党的教育和培养，从思想上提高一步，时常指出缺点来，自己好改正错误，革命到底……放弃自己的利益，把群众的利

现场教学之播种希望

益放在前面,衷心地为人民服务到底,永远跟着共产党和毛主席走,跟着时代走。"同年11月,他光荣地加入了中国共产党。

1962年,施甸县成立之后,杨善洲任施甸县首任县委书记。他上任后做的第一件事,就是以最快的速度走完了施甸坝区所有的村庄以及所有的山区生产队。通过走访,他发现这个刚成立的县存在着许多问题和困难。其中,由于土壤贫瘠,耕作方式落后,农田水利设施薄弱,当地农业产量十分低下。"一人种三亩,三亩不够吃"成了保山的真实写照。杨善洲经过充分调研之后,主要从以下四个方面着力,寻求改善。一是注重培养创新人才队伍,发展保山农业科技,培育出了保山农作物优良品种"京国92"杂交水稻。二是亲自抓样板、做示范,通过种样板田先行先试,再总结经验。三是引导群众改变传统种植模式,提高了保山的农业产量。四是兴修水利。集思广益后,杨善洲亲自带领群众建水库、修沟渠、挖隧洞、改河道,从根本上改善了保山水利落后的状况。20世纪80年代初,全国尚处在推广农村家庭联产承包责任制改革的初期,保山就已经解决了人民群众的吃饭问题。1978年到1981年,保山的水稻单产量居全省第一,保山也因此获得了"滇西粮仓"的美誉。

1988年3月,杨善洲同志光荣退休,可是杨善洲说:"工作可以退休,但共产党人的身份永不退休。"于是,在退休后的第四天,他便带着17个人,赶着18匹骡马,驮着被褥、锅碗瓢盆、砍刀锄头,毅然决然上了大亮山。自此,植树造林的序幕便拉开了。22年过去了,他把山穷水尽的荒山秃岭守护成了山清水秀的生态屏障。

在2010年10月10日,在这被所有人称为十全十美的日子,杨善洲却永远地离开了我们。他生前留下这样一句遗言:"我死后,不接礼、不待客、不浪费、不铺张,悄悄地来,悄悄地走。"

杨善洲不忘"人民需要什么他就做什么"的中国共产党初心,善始善终地坚守着共产党人的精神家园,展现了共产党人的精神气质。正是这样的初心和坚守使中国共产党立于时代潮流之上,带领中华民族在新时代迈向伟大的民族复兴。

育人基地

善洲林场基本情况

善洲林场原名大亮山林场，是杨善洲1988年3月退休之后上大亮山牵头创办的国社联营林场。善洲林场坐落在施甸县南端，位于姚关镇、旧城乡、酒房乡三个乡镇的交会处，涉及11个行政村、2400多户农户的山林权，林场收益国家占八成，农户占二成。林场管护面积为7.2万亩，人工林5.6万亩，基本上为华山松。2009年4月，杨善洲把自己用20多年辛苦创办的大亮山林场的经营管理权正式无偿移交给国家。老书记去世后，为了铭记他兴办林场、绿化荒山的功绩，大亮山林场于2010年11月更名为善洲林场，这也是我国第一个以人名命名的国社联营林场。

75 彩旗飘扬迎红军　红旗直指金沙江

——云南省丽江市红军长征的故事

1936年4月24日,红军先遣部队从鹤庆来到丽江东元桥、玉龙锁脉和四方街时,先后受到200多名手持彩旗的群众的欢迎。

红军先遣部队派出兵力打开监狱,释放了48名被关押的劳苦群众。红军打开监狱救群众的消息一刹那传遍了大街小巷及附近村寨,不明真相跑出去躲避的老百姓陆续回了家。随后,红二军团主力进入丽江古城,红军发表演讲、传唱歌谣、张贴布告、书写标语、散发读物,宣传革命宗旨,争取民众的支持。不仅如此,红军还对罪大恶极的5户土豪劣绅的财物进行没收,集中在商号,分发给贫苦群众。打开地方政府存集的谷仓,救济贫民、筹集军饷。这些举动,吸引了和履道等14名青年踊跃参加红军。被释放的大研镇青年桑乐天,主动报名给红军带路。同时,裁缝们也响应号召,动员了35个师傅,17部缝纫机,分散在7个地方,连夜为红军赶制衣帽和米袋。丽江商会的李荫候、杨启明和牛兆南帮助红军将"滇票"兑换成银圆,想方设法为红军在途中用银圆购买物资提供方便。

总指挥贺龙在丽江城了解到金沙江边鲁桥乡副乡长王缵贤先生比较开明,便写了一封亲笔信给王先生,请他协助红军渡江。王缵贤先生看到贺龙的信后,认为事关重大,立即叫船工杜有发、徐栋才和陈双友,到江对岸渡口把隐藏的1只船连同中甸县属的船工赵

三迎红军

锡敏和马光友一并找来，等待红军过江。

25日下午，先遣红四师到达石鼓，届时当地政府的官员已逃避无余，刚修筑起来的5座碉堡空无一卒，沿江船只被勒令隐藏，仅有海洛塘的1只小船来不及转移。前卫骑兵队找来李顺才等5名船工，立即勘察和选择渡江点起渡。同时，组织了22个铁匠、木匠，投入到紧张的技术器材和抢占江上游渡口的准备工作中。

先遣红四师12团在师长卢冬生的指挥下，红军连夜点起火把从木瓜寨渡口起渡。在木取独渡口得到了王缵贤先生已准备好的1只船和5名船工的帮助，至26日红四师全部渡完，沿江北上，进抵吾竹地区。红军先后又在格子渡口、士可渡口、木取独渡口获得当地百姓支持，在船工的帮助下，利用木船抢渡金沙江。

红五师15团7连战士在士可渡口乘船拉马泅渡时，因马不敢下水用力往回拖，使船头失去平衡沉入江中。在千钧一发的危急关头，曾在红军长征途中身负重伤而失去一只臂膀的师长贺炳炎立即组织抢救,派船急驶到出事地点。船工彭氏父子2人从中甸一侧撑一只渡船救出21名战士。被红军解救出来的尹学富把自己的安危置之度外,立即驾着木筏奋力驶向江中,救出了连长和司号员,有6名战士凫水上岸,其他十多名战士被湍急的江流冲走,光荣牺牲。士可渡口的船工周长寿,也在抢救红军过程中,献出了宝贵的生命。

自4月25日下午从石鼓附近木瓜寨渡口开始,至28日下午的巨甸渡口结束为止,主要在5个渡口,历时4天3夜,连续紧张而有秩序的抢渡,仅以7只木船,几十只木筏,28名船工,把1.8万人马,神速地从金沙江西岸送到东岸,将追敌远远地甩在自己后头。

红二、六军团渡过金沙江后,取得了战略转移的决定性胜利。红六军军团长萧克抑制不住喜悦的心情,挥毫疾书《北渡金沙江》:"盘江三月燧烽飚,铁马西驰调敌忙。炮火横飞普渡水,红旗直指金沙江。后闻鼙鼓诚为虑,前得轻舟喜欲狂。遥望玉龙舒鳞甲,会

红军长征过丽江指挥部纪念馆

师康藏北飞缰。"行进中的红军战士唱起豪放的战歌:"金沙江流水响叮当,常胜的红军来渡江,不怕山高路又远,更不怕敌人来阻挡……"

硝烟已散,精神永存,红军战士的聪明才智和大无畏的精神,谱写了金沙江上的奇迹,在群众心头唱起了党的赞歌,激励时代新人奋发前行。

丽江古城基本情况

丽江古城位于云南省丽江市古城区,又名大研镇,坐落在丽江坝中部,始建于宋末元初(13世纪后期),地处云贵高原,面积为7.279平方公里。

丽江古城内的街道依山傍水修建,以红色角砾岩铺就,有四方街、木府、五凤楼、黑龙潭、文昌宫、王丕震纪念馆、雪山书院、王家庄基督教堂、方国瑜故居、白马龙潭寺、顾彼得旧居、净莲寺、普贤寺、接风楼、十月文学馆、红军长征过丽江指挥部纪念馆、丽江古城历史文化展示馆、丽江古城徐霞客纪念馆等景点。丽江为第二批国家历史文化名城之一,是中国以整座古城申报世界文化遗产获得成功的两座古城之一。丽江古城体现了中国古代城市建设的成就,是中国民居中具有鲜明特色和风格的类型之一。

76 光辉照雪域，红旗映党心

——西藏自治区林芝市立定村"一面红旗"的故事

在西藏自治区林芝市巴宜区林芝镇立定村便民服务大厅的资料柜中，存放着一面叠放整齐、手工缝制的国旗。旗面泛白的红，五星淡淡的黄，厚重的历史感仿佛在讲述着中国共产党和这片土地的动人故事。国旗旁边，挂着一张精心装裱的黑白合影照片，照片的标题书有："毛泽东主席接见参加十一周年国庆观礼的西藏、新疆、宁夏、云南四省区五个少数民族参观团合影。"

立定村党支部副书记、村委会主任仁青动情地说，20世纪60年代，老书记旺久亲手缝制了这面五星红旗。2007年9月，老书记去世前，把这面"特殊"的五星红旗交到村委会原主任尼玛手中，叮嘱他好好保管。2008年12月，尼玛主任离任，又把国旗传给了我。这面红旗到现在已经保存了60余年。

1937年，旺久出生在林芝市巴宜区米瑞乡的一个贫困农奴家庭，还是当时处于农奴制度的西藏阶级最为低下的"朗生"（藏语意为"家里养的"，即奴隶），没有人身权利和人格尊严，生活看不到任何希望。然而，命运还是给了他惠泽。1951年，中国共产党的光辉照进雪域高原，西藏和平解放，旺久及他的家人翻身当家做了主人。

1958年，21岁的旺久被西藏自治区筹备委员会推荐到北京参加为期两年的少数民族学习班。因成绩优异、表现突出，1960年

立定村新村公房全景

10月，旺久荣幸地作为西藏、新疆、宁夏、云南四省区五个少数民族国庆观礼团的代表，在北京受到毛泽东等党和国家领导人的亲切接见，并合影留念。

毛主席的谆谆教导，让旺久夜不能寐。他满怀感激之心，用整整7个晚上缝制了一面五星红旗，以此来感恩中国共产党和伟大的祖国。

北京学习归来后，旺久被推选为立定村党支部书记。旺久牢记党和国家的教诲，在条件艰难和物资匮乏的情况下带领群众修堤坝、建水渠、铺村路，为粮食增产奠定了坚实基础。当时修建的水渠灌溉土地面积达上千亩，立定村的粮食亩产量也因此达到了全乡（林芝镇前身为达则乡）其他村的两倍以上。作为马帮队长，旺久还带领 100 多人马,向墨脱的边防部队运送粮食和战备物资。

几十年里,旺久把对党和国家的热爱付诸在对这面国旗的敬仰上。在田里劳动时,他把这面国旗插在田坎上;在山上放牧时,他把这面国旗插在山上;运输物资时,他把这面国旗绑在马背上……见旗如面,五颗鲜艳的五角星,让旺久仿佛一次又一次见到了毛主席。

一甲子传承接力,一甲子砥砺前行。走访立定村党员干部和群众,能发现旺久播撒的爱党、敬党的种子已经在立定村的土地上生根、开花、结果。被旺久引导入党的尼玛次仁如今已接过他的衣钵成为立定村的党支部书记;被旺久力荐发展入党的仁青,也已继承他的遗志加入了村班子队伍,为立定村的发展赓续奋斗……在"一面国旗"故事的引领下,立定村的群众纷纷递交入党申请书。目前,村里党员占比达到了 12.94%,立定村党支部也从最初 9 个人的小队伍发展成如今 40 余人的战斗"堡垒"。

现在村党支部正通过开展"讲好国旗故事、做国旗传承人"活动,引导教育群众感党恩、听党话、跟党走。与这面国旗同岁的尼玛次仁说:"国旗是我们立定村群众的信仰之旗、奋进之旗、团结之旗、感恩之旗。重大节日、新班子上任、老班子离任、新党员宣誓举行的活动或仪式,都要让这面国旗见证。这既是对老书记表达缅怀和致敬,更是对党的恩情表达浓浓的感谢。"

一面旗,一甲子,旺久的一生是老共产党员们奋斗人生的真实写照。在党中央的带领下,千千万万共产党人的艰苦奋斗史,犹如千千万万条涓涓细流,汇成了中国共产党百年光辉历史的大河。

立定村尼洋河自然风光带全景

立定村基本情况

  立定村位于雅鲁藏布江畔，靠近娘欧码头，在苯日神山景区沿线，距离林芝市和米林机场20多公里，有着美丽的尼洋河风光和田园风光。全村共69户314人，是林芝市巴宜区以农业、畜牧业为主要经济发展方式的典型村。近年来，该村还依托优越的地理位置发展旅游业。在全村党员群众的共同努力下，农牧民群众目前的生产生活条件已得到了极大的改善和提高。2020年，全村实现农村经济总收入651.07万元，农牧民人均可支配收入1.66万元。

77 正气留千古　肝胆映河山

——西藏自治区那曲市巴青县拉西镇勒玛唐村"草原英雄"的故事

草原英雄布德故居是布德生前居住地，这里陈列着布德生前的生活、工作用品等物品，是巴青县"爱国主义教育基地"。

"敌人挖掉了我的眼睛，我还有耳朵听党话，还有嘴宣传党的路线方针政策，还有手干革命，还有腿走社会主义道路！"短短一段话道出了"草原英雄"布德的心声。

20世纪60年代，"草原英雄"布德的故事传遍了祖国的大江南北。如今，60多年过去了，布德这一忠诚于党、热爱祖国、反对分裂、维护民族团结的"活教材"，仍教育感染着我们。

1932年，布德出生在西藏那曲市巴青县拉西镇22村的一个贫苦牧民家庭。在那黑暗的封建农奴制社会，布德和所有穷苦牧民的孩子一样，没有上学读书的机会，不满6岁就成了当地头人的奴隶。西藏和平解放后，人民解放军在当地办起了牧民学校，布德开始学识字。1957年，布德加入了巴青县第一代工人的行列，在养护段所属的红旗林场工作。

1959年藏历新年，工区区长嘎金派布德和才嘎二人前往荣布等地购买牛羊以保证节日供应，不料，在第二天早上返回途中遇上一场蓄谋已久的武装叛乱。叛乱分子企图借节日送牛羊之机，对林场干部职工和驻军进行突然袭击。得知此事的布德，心急如焚，与叛匪几经周旋后，负伤回到驻地，并将这一消息报告给了邓连

草原英雄布德之路

长。第二天，布德等四人受上级委派装扮成要饭的，到距巴青县52公里的亚安乡送信求援，途中却遭到300多名叛匪包围，因势单力薄而落入叛匪"魔掌"。

面对敌人的严刑逼供，布德始终咬定自己是要饭的。为不泄露机密，布德在手脚被捆的情况下，用牙齿将藏在上衣里的秘信咬出来咽进肚里。后来，当叛匪得知布德是给解放军送信的人员时，气急败坏，对他严刑拷打两天三夜，逼他讲出林场里有多少人、多少部队、多少枪。对此，布德断然拒绝。得不到半点情报的叛匪看来硬的不行，便对布德许以封官承诺。布德仍不改初衷，威武不屈地回答说："我吃的是共产党的饭，穿的是共产党的衣，共产党为西藏人民谋利益，我就是死也要站在共产党这边。"

红了眼的叛匪逼迫布德投降无望，就将他用绳子绑起来捆在马尾巴上拖行。灭绝人性的折磨，使布德几次昏死过去。在布德被关进热登寺后，叛匪仍不甘心，将他的衣服脱光后绑在十字架上，再用50千克重的盐巴袋子坠在脚上，然后吊起来，一边用皮鞭抽，一边逼供。各种残酷的手段用尽，可布德依然不肯低头。于是，叛匪就用吃饭用的勺子残暴地挖出了布德的双眼。

幸运的是，解放军及时赶来，将他从死神手中救了出来。布德始终保守党的秘密，保护了农场职工和驻军85名弟兄的生命。

布德为维护祖国的统一、为西藏的社会主义革命和建设事业做出了卓越贡献,他的英雄事迹被广为传颂。1960年,周恩来总理接见布德,并赠送给他一把手枪。1965年,中央军委授予他"草原英雄"称号,1994年,国务院授予他"全国民族团结先进个人"荣誉称号。西藏民主改革后,布德当选为自治区第一至六届人大代表、区政协第七届委员,先后担任巴青县拉西乡乡长、拉西乡党支部书记、巴青县民兵连指导员,县委常委、县人大副主任。2005年9月,布德同志因病去世,享年73岁。

一部西藏革命史,就是一部英雄血泪历史。布德等老一辈革命先烈的感人事迹,至今仍教导着我们反对分裂、维护祖国统一。

"草原英雄"布德故居是布德生前居住地

勒玛唐21村基本情况

布德故居位于西藏自治区那曲市巴青县拉西镇勒玛唐21村。勒玛塘村坐标位于东经93°50′6″,北纬31°55′20″、北部与勒直根村相邻,西部与察定康村相邻,东部与拉西塘村相邻,距离巴青县城约6公里,位于317国道旁,海拔4200米。

78 农村党支部书记的楷模
——陕西省铜川市印台区红土镇惠家沟村郭秀明的故事

郭秀明是新时期共产党员的优秀代表,是党在农村的脊梁,农村党支部书记的光辉典范。

1991年秋,40岁的郭秀明为了改变惠家沟村贫穷落后的面貌,毅然舍弃自家富裕的小日子,毛遂自荐当上了村党支部书记,并向乡党委保证,三年无政绩,薪酬分文不领,自动辞职。当时惠家沟村集体账户上没有一元钱,还有七八千元外债,是远近闻名的"烂杆子"村。

上任前三天,郭秀明就跑遍了全村118户,并制定了"林草业打头,养殖业垫底,生态经济奔小康"和让"学校变新、荒山变绿、河水变清、土地变平、道路变宽、群众变富、村风变正"的具有超前意识的发展新思路和奋斗目标。在他的带领下,经过五年多的不懈奋战,全村宜林荒山荒坡全部得到绿化。1996年3月,惠家沟被国家绿化委命名为"全国绿化千佳村"。郭秀明带领群众两度集资建校,使村办小学的办学条件得到了根本的改善。从1992年起,他带领村民先后四次打响修路战役,对村组道路进行拓宽改造。

郭秀明在上任之前是全村最富裕的,当支书的八年他却成了贫困户。一年夏天,村里因整地欠下加油站1000元油款,郭秀明狠心卖了自己的三轮车,替村里还了债。村上筹建计划生育服务室,没钱做牌子，郭秀明把自家优质玉米种子卖了钱，做了牌子。1998年，村上给郭秀明落实了2000元扶贫款。他知道后，追到镇上划去了自己的名字，改成了村里的困难户。在外办事，他从不舍得吃一份超过1.5元钱的面。每次出门为村里办事，郭秀明都是自己买车票，住最差的，吃最简单的，从未报销过。

郭秀明身患疾病在西安住院时，仍然不忘了解外地的致富信息，到了周末，常常瞒着医生回到村里检查安排工作。后来，当他得知党中央发出了西部大开发的动员令后，便毅然出院回到了村里，拖着病体以超人的毅力投入到山川秀美工程的建设当中，此时，郭秀明的生命进入了倒计时。1999年12月19日晚上，他主持召开了党员、干部、村民代表会议。那天晚上，他靠着被子半躺着开完会，第二天到西安去复查，因病情恶化、大口吐血，最终抢救无效，离开了人世，终年49岁。

郭秀明用生命践行了自己在入党转正申请书上写下的"人生为一大事来，做一大事去，我不加入自己的组织，不把共产党的阳光送到群众手上，我死不瞑目"的铮铮誓言。

他是农村党支部书记的优秀代表，是新时期广大农村基层干部的榜样，是广大党员和各级领导干部学习的楷模，是"三个代表"的忠实实践者。

为深切缅怀郭秀明同志，弘扬郭秀明精神，铜川市印台区委、区政府于2014年年初建成郭秀明纪念馆，依托郭秀明先进事迹，重点建设开发了郭秀明墓地、功德碑、郭秀明故居、秀明碑（题字碑）、秀明林和秀明湖、秀明路、原村小学等多个现场教学点。

陕西省铜川市郭秀明纪念馆

惠家沟村基本情况

惠家沟村位于红土镇西南部,共5个村民小组。全村耕地面积2651.83亩,农户254户768人,2020年动态调整结束后建档立卡贫困户77户194人,贫困发生率为25%。近年来,在各方力量帮扶下已脱贫74户189人。其中,2016年脱贫27户76人,2017年脱贫7户20人,2018年脱贫30户80人,2019年脱贫10户13人,贫困发生率为0.65%。目前,剩余建档立卡贫困户3户5人,主要以病残类人口为主。近年来,全村以干杂果产业为长效主导产业,持续带动农户增收。全村种植干杂果1000亩,养殖肉(蛋)鸡10余万羽。村卫生室运转正常,有坐班村医1名。安全饮水均已到户,生产生活用电已实现全覆盖,通村沥青(水泥)路已通达各组,长度约8.6公里。村集体经济组织农副产品加工、繁育羊养殖共注资170万元,均稳定运营。

79 传承先烈志,迈步新长征
——汉中市宁强县烈金坝村"长征一家人"的故事

陕西宁强,是"陕南星火初萌地"。在这片浸透烈士鲜血的沃土上,1927年春,陕南第1个党组织"中共大安小组"建立;1930年10月,陕南第1个县委组织"中共宁羌县委"建立;1932年12月,陕南第1个农村党支部"中共简池沟支部"建立;1935年2月,陕南战役在宁强打响第1枪。无数革命先烈在宁强谱写了可歌可泣的革命史诗,每一方纪念碑,每一座烈士墓,每一段英雄故事,都是永不熄灭的"精神火炬"。这其中,就有宁强大安陈锦章烈士一家三代11人跟随红四方面军走上长征之路的身影。

"长征一家人"点燃了陕南革命的"星星之火"。1923年,中国共产党在上海成立两年之后,24岁的陈锦章从汉水源头一个叫作金牛驿的村庄出发,千里跋涉来到东海之滨的上海美专求学。在上海,陈锦章像一滴水珠融入了中国革命的第一次浪潮,接受了思想的荡涤、经受了组织的考验,于1925年光荣加入中国共产党。入党之后,他成为中共上海西区组织的骨干成员,积极投身"五卅运动"等革命活动。1926年,他受党组织派遣带着革命"火种"回到家乡,动员妇女放足、男子剪辫,组织学生上街宣传联俄、联共、扶助农工三大政策,发展胞弟陈文华和进步青年何蔚然加入中国共产党,并且建立了陕南历史上第一个中共党组织——中共大安小组,点亮了陕南革命的第一盏明灯。

"长征一家人"见证了陕南革命的"百折不摧"。1928年,大革命失败后的白色恐怖中,陕西地下党组织遭敌破坏,陈锦章不幸被捕入狱,后经党组织多方营救出狱避难于四川成都。1929年,革命斗争形势更加严峻,陈锦章潜回汉中,投入更为艰险的革命斗争。那时,陈文华也已担任汉中第五师范党小组组长,创办了汉中第一个党的机关刊物《前驱》,旗帜鲜明地号召青年学生团结起来,参加革命斗争。1930年11月,陈锦章、陈文华同时被选为中共陕南特委委员,陈文华被任命为特委书记。在兄弟二人和众多革命志

陕西省汉中市宁强县烈金坝村陈锦章烈士(1899~1935)

陕西省汉中市宁强县烈金坝村陈锦章烈士故居

陕西省汉中市宁强县烈金坝村长征一家人的雕像

士的努力下,陕南学运一浪高过一浪,农运逐渐形成热潮,陈文华任政委的红二十九军第三游击队等数支游击队在汉水两岸的秦巴山地点燃了武装斗争的熊熊烈火。

"长征一家人"诠释了革命先烈的"舍生取义"。1935年,红军攻克宁强,陕南战役首战告捷。陈锦章趁热打铁动员全家男女老幼11人,毅然踏上长征之路。当时,陈锦章之父陈大训已年过六旬,最小的陈青梅还在襁褓之中。长征路上,陈锦章和弟弟陈文华、陈文芳被分到作战部队,先后在不同战役中牺牲。陈大训和家中妇女儿童被分到了后勤部队,在转战途中或牺牲、或掉队、或失踪。吴家珍在与红军强渡嘉陵江后转战途中被敌军冲散,与大部队失去了联系,几经辗转,回到汉中娘家,几年后曾登报寻夫,但最终无果;宁素梅在江油突围战役中也不幸牺牲;李泽生在延安找红

陕西省汉中市宁强县烈金坝村

军的部队继续革命,之后再无音讯;当16岁的陈真仁带着11岁的陈亚民、4岁半的陈汉兰走到四川茂县时,陈真仁染上伤寒、高烧不退,陈汉兰患上严重脱肛、流血不止,陈亚民在绝望中哀求一位开茶铺的老婆婆收留下陈汉兰后,继续和姑姑陈真仁前行,却在走到达拉山时因极度虚弱与姑姑走散。最终,仅陈真仁一人到达延安。等到60年后,陈亚民在上海电视台《长征·世纪丰碑》摄制组的帮助下,终于找到了当年被自己"遗弃"的妹妹陈汉兰。

硝烟已散,精神永存,"长征一家人"点燃了陕南革命的"星星之火",诠释了革命先烈的"舍生取义",见证了陕南革命的"百折不摧",激励了时代新人的"忠诚担当"。

烈金坝村基本情况

烈金坝村地处宁强县西北部汉江源头发祥地,距镇政府5公里,108国道与烈阳公路在此交汇,阳安铁路东西贯穿,全村总面积15.18平方公里。烈金坝村被命名为省级传统村落,也是建立陕南第一个党组织的革命烈士陈锦章的故乡。在国家脱贫攻坚好政策的推动下,烈金坝村发展种植产业,种植100亩烤烟,20亩蔬菜园,10亩猕猴桃园,带动25户贫困户增收,拓宽9组、10组道路5公里;实施9组、10组饮用水工程建设,建设蓄水池3个,给村民带来了较好的经济收入及生活便利。通过美丽乡村文明家园创建工作的开展,如今的烈金坝村村民生态环境意识不断增强,生活水平不断提高。

80 从群众中来 到群众中去

——陕西省榆林市绥德县郝家桥村走群众路线的故事

郝家桥调查,是1943年习仲勋同志在绥德分区郝家桥村进行的一次重要的调查活动。通过这次调查,发现了劳动英雄刘玉厚,形成了模范村郝家桥村,为全面开展绥德分区大生产运动树立了一面旗帜,掀起绥德分区群众生产热潮,有力支援了陕北革命。习仲勋同志在开展郝家桥调查中始终坚持做到"把屁股端端地坐在老百姓的这一面",最终解决了绥德52万人的吃饭问题。调查中所展现的密切联系群众的工作作风和深入调查研究的工作方法,是对党员干部增强全心全意为人民服务的宗旨提出的最根本要求,从群众中来,到群众中去,要坚持做到一切为了

郝家桥乡政府旧址

群众。

郝家桥蹲点调查是中国共产党与人民群众真挚情谊的生动呈现。1943年3月,时任中共绥德地委书记的习仲勋,带领调查组成员时任绥德地委秘书长安志文、绥德县委书记宋养初、地委宣传部副部长邹文宣、绥德县妇救会主任张力、沙滩坪区委代书记林肖硖、《解放日报》驻绥记者田方和《抗战报》主编梅行,来到郝家桥村展开了蹲点调查。

抱着"把屁股端端地坐在老百姓的这一面"的工作态度,调查组进驻郝家桥村后,以绝不打扰群众正常生活、生产秩序为出发点,采取上门入户、深入田间地头、帮助群众解决实际问题、帮助村党支部制定生产计划、开展谈心活动、召开座谈会等群众欢迎的方式方法开展调查。随后,调查组全面总结了郝家桥村减租减息、变工队、精耕细作、移民运动、厉行节约、改善群众生活条件等方面的经验,形成了《谈夏收》《记两个变工队》《谈锄草》《移民问题》等多篇调查报告发表在《解放日报》上,有力地促进了绥德分区的各项工作。

在44天的时间里,调查组坚持"深入群众实际,以问题导向为主,典型突破,推动全局"的工作方法,调动了劳动者的积极性,提高了粮食产量,缓解了租佃矛盾。这些矛盾的解决,为郝家桥村接下来开展农业大生产扫除了障碍,打开了局面。郝家桥调查中形成的生产理论和生产实践,迅速在绥德分区全面推广。

学习农村楷模,弘扬英雄精神。在郝家桥调查期间,为了鼓舞群众的劳动热情,掀起生产高潮,调查组还组织开展了"好受苦人"("好劳动人")评选活动，选出全村各行业中的"好受苦人"，作为村级劳动英雄的候选人。再经全村群众投豆，在"好受苦人"中选出郝家桥乡、村劳动英雄。其中，以刘玉厚为代表的劳动英雄团结带领全村人民勤劳生产，改善生活，支援抗战的功劳，经习仲勋提议，地委会议研究决定，授予刘玉厚模范党员、劳动英雄称号。在群众中形成了"劳动光荣，受人尊敬"的观念，在全区掀起了"人人学习刘玉厚，村村学习郝家桥"的高潮，为全区大生产运动树立了一面旗帜。

1943年年底，郝家桥村不仅取得了大丰收，绥德分区当年的生产总值折合小米也达到了40余万石，既解决了全区52万人口的吃饭问题，还支援了抗战，解决了部队大部分粮食的供应，实现了全区粮食自给自足的目标。44天后，习仲勋因工作返回绥德地委，却为郝家桥村留下了代代传承的劳模精神和深情厚谊。

1944年7月，中共绥德地委、绥德专署给郝家桥村送来了"农村楷模"的牌匾。由此，郝家桥村就有了另外一个响亮的名字——农村楷模，郝家桥村也成为陕甘宁边区的一面旗帜。

郝家桥乡全景

郝家桥调查取得的成果,是老一辈革命家发动群众搞好生产,支援革命的历史缩影,是坚持走群众路线战胜困难的真实写照。进入新时代,面对新任务,坚持群众路线,成为党在和平年代取得辉煌发展成就,永葆青春的动力源泉。

郝家桥村基本情况

郝家桥村位于榆林市绥德县城西南10公里处,革命战争年代是陕甘宁边区的模范村,是闻名遐迩的农村楷模。大革命时期,郝家桥村是成立村农民协会和建立中共组织较早的村庄之一;抗日战争时期,郝家桥村是陕甘宁边区大生产运动的楷模,在政治、经济、文化、教育建设中发挥了模范作用;解放战争时期,郝家桥村积极开展减租减息、实行土地改革,为边区作出了积极的贡献。中华人民共和国成立后,郝家桥村发扬光荣革命传统,积极搞好生产,在社会主义建设和改革开放中继续走在前列,永葆农村楷模的先进性和创造力。

截至2020年年底,全村集体经济收入达到120万元,村民分红80余万元,人均可支配收入达到11543元,全村实现整体脱贫。2021年2月25日,郝家桥村荣获"全国脱贫攻坚楷模"荣誉称号,成为陕西唯一获此殊荣的集体。如今的郝家桥村,正在以新的面貌、新的作为、新的变化讲述着新时代农村中的发展故事。

84 革命战争胜利前夜
——陕西省榆林市小河村小河会议的故事

1947年,毛泽东等老一辈革命家转战陕北,从1947年6月8日至9日、6月17日至8月1日,毛主席在靖边小河生活战斗了48个日夜。1947年7月21日至23日,毛泽东在陕西省榆林市靖边县小河村原房东贾秀连石窑院的草棚下主持召开了中共中央扩大会议,史称"小河会议"。

小河会议确定了解放军由战略防御转入战略进攻的重大抉择。彭德怀、贺龙、陈赓、王震、杨尚昆、习仲勋等革命家参加了会议,会议专门研究了大反攻问题,吹响了全国解放战争由战略防御转入战略进攻的号角,揭开了解放战争反攻的序幕。经过几天的充分讨论、酝酿和准备,小河会议确定了基本的框架,主要议题已经明确。会议主要讨论了战争形势、人民解放军的战略部署和各个战场的作战配合等问题。

经过认真分析战场形势,会议总结作战经验,并根据战局的变化,调整战略部署,为形成"中央突破,两翼牵制,三军挺进,互为犄角"的战略进攻态势创造了有利条

毛泽东与中央机关机要人员在小河村合影

召开"小河会议"的草棚

件。对于解放军由战略防御转入战略进攻,迅速将战争引向国民党统治区,有着重要战略意义。参加会议的中央领导同志有:毛泽东、周恩来、任弼时、陆定一、杨尚昆、彭德怀、习仲勋、贺龙、马明方、贾拓夫、张宗逊、王震、张经武和晋南前线赶来的陈赓。还有会议记录员胡乔木。在紧张的战争环境中,领导人聚集小河这样一个偏僻的村庄开会实属不易,出席会议的十四人中西北党、政、军、财方面负责人就占八位,可以反映出"西北战场"是这次会议的重要议题。

会议上毛泽东根据一年的作战情况,首次提出了对蒋介石的斗争计划用5年(从1946年7月算起)时间来解决的设想。关于土地改革,毛泽东提出:"土地政策今天可以而且需要比《五四指示》更进一步,因为农民群众的要求更进了一步。"

实施"三军配合,两翼牵制,中央突破"的战略进攻方针。会议调整了战略部署,决定刘邓大军向大别山区跃进,直插国统区心脏地带,陈谢兵团南渡黄河西出豫西,陈粟兵团南下鲁西南,实施"三军配合,两翼牵制,中央突破"的战略进攻方针,揭开了人民解放军战略反攻的序幕。

在7月22日的会议上,习、彭、贺、马、贾等围绕陕甘宁、晋绥两解放区的地方工作和西北局工作及土地改革、财政经济、后勤供应分别做了发言；会议决定晋绥军区重新并入陕甘宁晋绥联防军，贺龙任司令、习仲勋任政治委员。小河会议决定了加强西北战场的措施，同意由彭德怀、习仲勋、王震、张宗逊、徐立清、刘景范、张德生组成西北野战兵团前委，彭德怀为书记，西北野战兵团定名为西北人民解放军野战军，彭德怀为司令员兼政委、习仲勋为副政委；同时决定西北局回后方主持工作（会后，习仲勋即与彭德怀分开，与贺龙司令前往绥德，统筹后方工作，全力支援野战军作战工作）。

小河会议是解放战争处于转折关头的一次重要会议。这次会议认真分析了战争形势，总结了作战经验，并根据战局的变化，调整了战略部署，对于解放军由战略防御转入战略进攻，迅速将战争引向国民党统治区，有着重要战略意义。

小河会议旧址景区全貌

小河村基本情况

小河会议旧址位于陕西省榆林市靖边县城东南40公里的小河镇小河村,是1947年中共中央毛主席和中国人民解放军总部转战陕北时生活和战斗了48个昼夜的地方。旧址总占地面积120492平方米,建筑面积1240平方米,包括中共中央扩大会议旧址(小河会议)、毛泽东旧居、旮旯沟会议旧址、中共中央在小河纪念馆,充分再现了革命前辈当年转战途中的艰辛。1997年被陕西省委宣传部评为爱国主义教育基地,2016年被纳入《全国红色旅游经典景区名录》,2019年被国务院公布为第八批全国重点文物保护单位。

从落后村到美丽旅游村的蜕变

——陕西省延安市安塞区南沟村的故事

南沟村距延安市区 15 公里，有 337 户 1002 人，在 2014 年前，这里还是原延安市安塞区一个典型的山区贫困村，曾有一句调侃的话这样说：南沟有"三难"，出行难、娶媳妇难、村干部干事难。因为南沟村是一个典型的拐沟村，只有一条三米宽的通村土路，人们"晴天一身灰，雨天一脚泥"，村里也没有通信信号，村民有急事连个电话都打不通，村民生活贫困，村集体更是一年都没有什么收入，想干点事非常难。

2013 年，延安遭遇百年不遇的强降雨，南沟村里大部分窑洞严重受损，少数窑洞就地倒塌，加上群众居住分散、宅基地短缺，灾后重建工作寸步难行，整个村子一度陷入了困境。也正是这场百年不遇的大雨，让南沟村走上了"穷则思变"的变革之路，为了改变贫穷落后的面貌，高桥镇根据文化旅游资源优势确立了"创建全市文化旅游名镇"的发展目标，并依据南沟村毗邻延安市区，北接枣园、南连万花，村内自然植被覆盖率高等特点，把南沟村确定为发展乡村旅游的试点村。

同时，南沟村调整了村基层组织领导班子，把乡村发展同基层组织建设有机结合起来，确定了"支部引领、企业带动、党员示范、群众参与"的思路，探索推行"支部+企业+合作社+贫困户"的发展模式，并全面启动集现代农业、生态观光、乡村旅游为

三农馆上党课

一体的南沟生态农业示范园区建设,蹚出了一条脱贫攻坚的"南沟路径"。

南沟村的发展成效不仅得益于村两委班子的主动作为,更得益于本土企业家张维斌"领头雁"作用的发挥。2015年,在镇村两级党组织的不懈努力下,南沟村外出创业成功的企业家张维斌回乡创业,助力村民拆建并举,全面启动集现代农业、生态观光、乡村旅游为一体的南沟生态农业示范园区建设。

为大力发展乡村旅游、带动村民增收,南沟村生态园建成了休闲垂钓园、沙地摩托车、木屋酒店、花样迷宫、观景台和100亩兰花鼠尾草等项目。同时,新建塞北牧场、1060亩矮化密植苹果示范园,发展现代农业。除了乡村旅游,当地还完成22公里高万路柏油工程,硬化果园生产道路18公里;建成了基础设施齐全完备的大南沟39户、水头32户两个集中安置小区；新建信号塔一座；新建蓄水坝7座、完成植树造林和林峰改造12000多亩等。

为了实现共同致富，在安塞区委区政府的大力支持下，南沟村党支部按照"支部引领、企业带动、农户参与"的模式，在合作共建中实现了"资源变资产、资金变股金、农民变股东"的"三变"改革。将全村除村民的宅基地、果树地之外的22500亩撂荒地、沟洼地、滩涂地和山林地，折股量化以南沟格桑花谷旅游专业合作社的名义入股到惠民公司，公司每年保底给合作社固定分红。同时，村民以土地、人口要素入股，共享经济发展成果。

南沟村按照"入股分红、滚动发展"的方式，通过流转整合土地资源，使之成为集体资产，将土地经营权入股到合作社，形成入股资产实现分红收益。获得收益后，合作社按约定股比分红给入股农户。村里组建了劳务合作社，长期安排村民在园区、景区工

南沟村生态酒店

作,将农民变成产业工人。村民入股有分红,务工有工资,经营有创收,人均可支配收入由2014年年末的4653元增加到2020年末的15856元;村集体经济纯收入达到28.6万元,贫困户收入从2375元到9850元,找到了一条脱贫致富奔小康的新路径。

从泥泞小路到水泥大道,从偏僻落后的拐沟村到延安市乡村旅游示范村,山还是那座山,但南沟村的生活却已发生了巨变。如今南沟村的农民,人人是产业工人,在园区务工,或者围绕园区办农家乐、小卖部等,在家门口实现就业。南沟村景在村中,人在景中,村民幸福指数直线上升。

南沟村基本情况介绍

现在,南沟村成为全国扶贫经验交流示范基地、中国美丽休闲乡村、国家3A级旅游景区、陕西省现代农业示范园、陕西省水土保持示范园、陕西省乡村旅游示范村。南沟已经成为全市最美的乡村旅游首选地,自开园以来,累计接待游客200余万人次,接待前来考察学习的单位和组织达100多批,5000多人次。

83 十二月的曙光

——陕西省榆林市米脂县杨家沟的故事

陕西杨家沟,是中国共产党领导的人民军队转战陕北取得光辉胜利的标志点,是离开陕北走向全国胜利的出发点。中共中央在此召开了扩大会议,即"十二月会议"。这是在中国革命战争的历史转折关头召开的一次具有重大意义的会议。

这里是转战陕北取得光辉胜利的标志点。1947年11月22日,毛泽东率领代号为"亚洲部"的中央前委机关和中国人民解放军总部转战陕北来到了米脂县的杨家沟村,居住时间长达122天。1947年12月25日至28日,中共中央在陕北米脂县杨家沟召开"十二月会议"。会议由毛泽东、周恩来、任弼时主持,会议讨论通过毛泽东所作《目前形势和我们的任务》的书面报告,阐明党的最基本的政治纲领,总结人民军队的作战经验,提出十大军事原则。[1]

报告指出:人民解放军已转入了全国规模的进攻,"这是一个历史的转折点。这是蒋介石的二十年反革命统治由发展到消灭的转折点。这是一百多年以来帝国主义在中国的统治由发展到消灭的转折点"。报告深刻阐明党在军事、土地改革、整党、经济、统一战线方面的基本政策,提出今后夺取全国胜利的各项任务。报告在总结我军长期作战特别是最近18个月作战经验的基础上,提出十大

---

[1] 来源:《中国共产党简史》第124页。

十二月会议

军事原则。报告指出,新民主主义革命的三大经济纲领,是没收封建阶级的土地归农民所有,没收以蒋介石、宋子文、孔祥熙、陈立夫为首的垄断资本归新民主主义的国家所有,保护民族工商业。提出没收官僚资本是中国共产党新民主主义革命总路线内容的一个重要发展,是为把新民主主义革命转变为社会主义革命进行准备的重要条件。毛泽东在讲话中指出:1947年敌我双方的形势发生了根本变化,这是一个伟大的事变,人民大革命的高潮已经到来。

　　会议举行之前,召开了18天的预备会议。会议着重讨论并通过了毛泽东的书面报告《目前形势和我们的任务》。这篇报告深刻阐明了打败蒋介石,夺取全国胜利的军事、经济、政治等方面的纲领和政策。会议指出:"这个报告是整个打倒蒋介石反动统治集团,建立新民主主义中国的时期内,在政治、军事、经济各方面带纲领性的文件。"会议还讨论通过了毛泽东起草的《关于目前国际形势的几点估计》,[①]讨论了解放区在土改和整党中出现的"左"的偏向及其纠正的办法。

这里是离开陕北走向全国胜利的出发点。在杨家沟,毛主席自豪地说,"二十年来没有解决的力量对比的优势问题,今天解决了"。他在《目前形势和我们的任务》报告中预言,中国革命的新高潮即将到来,而这个新高潮的标志就是打胜仗。会议最后,他向全党发出了伟大号召:"曙光就在前面,我们应当努力。"离开杨家沟,毛主席就把无奈的别名"李德胜"甩进了"太平洋",信心十足地恢复了鼎鼎大名"毛泽东",开启了东渡黄河、迈向西柏坡、解放全中国的胜利征途。

杨家沟是中国共产党领导的人民军队离开陕北走向全国胜利的出发点。

杨家沟革命纪念馆

---

① 来源:《中国共产党简史》第124页。

杨家沟村基本情况

杨家沟村位于米脂县城东南 23 公里处,有闻名西北的马氏地主集团的百年窑洞庄园,毛主席 1947 年转战陕北在此居住了 122 天。杨家沟深具历史文化内涵与革命传统,1978 年便被开辟为杨家沟革命纪念馆,1994 年被陕西省人民政府命名为陕西省委爱国主义教育基地,2001 年被国务院公布为全国第五批重点文物保护单位,2005 年 11 月被国家文物局评为第二批中国历史文化名村,2008 年被中宣部列为全国爱国主义教育示范基地,2012 年 12 月被评为第一批中国传统村落。2020 年 10 月,杨家沟获批"全国关心下一代党史国史教育基地"。同年 12 月 25 日,米脂县杨家沟干部培训学院正式挂牌成立。如今,杨家沟正致力于打造红色文化和窑洞庄园体验游的样板区,村民主要收入靠旅游业。近三年,杨家沟接待游客达到近 100 万人次,实现旅游收入近 1 亿元。

84 学习提升文化水平　争做新时代文明新人
——甘肃省酒泉市肃州区银达村毛主席光辉按语的故事

刚解放的时候，甘肃省酒泉市肃州区银达乡五四永丰合作社被列为省、地、县的两百户以上农业合作社试点，那时农村会计和记工员是必不可少的，可银达乡（后改名银达镇）全乡识字的人只有32个，入社的农民绝大多数不识字，严重阻碍了合作社的发展，咋办？为解决这一问题，1950年，合作社组织群众办起了识字班、农民夜校，引导农民利用田间地头、冬闲时间学识字，发展农民业余文化教育。1952年开办了速成识字班，这里很快出现了父子互教、兄弟互学、夫妻互帮，人人学文化，家家有读书声的动人景象，推动了合作社的发展。1954年又把冬学改办成民校，还成立了3个扫

毛主席光辉按语碑

八奶奶学习班

盲班，一个高小班。群众识字了，就想着读书看报了。1955年，银达全乡订了79份报纸，12份杂志，生产队成立了读报组。社员们说，那些年，在田间地头读报，成了银达乡间一景。

银达大队学文化的热潮一浪高过一浪，青壮年学文化、学政治的生动局面，也感染着老年人，他们也不甘落后，二队的"八奶奶学习班"就是在这个时期诞生的。何玉芳老大娘虽年过六十，但耳不聋、眼不花，学习的劲头非常足。她走门串户把另外七位老大娘许宗兰、桂月珍、李月兰、郑秀英、杨春花、李茹兰、钟秀美组织起来商量说："毛主席支持我们学文化，我们决不做'睁眼瞎'，我们也要学文化，学毛主席著作。"经商量，她们主动成立了学习班，在学习毛主席著作的同时，识字、学理论，他们的行动立即得到了社员们的称赞。党支部得知这一情况后，认为这是进一步推动群众业余文化的绝好典型，对她们的学习精神给予了热情的鼓励并将学习班正式命名为"八奶奶学习班"，生产队还为她们配备了教师。

从此，她们的学习风雨无阻，雷打不动。凭着坚强的毅力和决心，长年累月地攻克一个个难关，把学习文化、扫除文盲当作是热爱党、热爱毛主席的具体行动。学习中，如果谁有病或者有其他事缠身不能参加学习，为使她们不掉队，其他老人都聚集到她们的家里，先帮有困难的老人做完家务，再坐在一起认真完成当天的学习任务。

功夫不负有心人。几年来，她们每人识字800个以上，真正做到了会写、会认、会讲、会用，基本上能够看书读报，何玉芳、桂月珍二位老大娘还能像青年人一样学着作诗、写文章。当听到背后有人讽刺她们的话时，二位老人回击说："活到老，学到老，毛主席教导要记牢，掌握文化干革命，人老心红斗志高。"

1953年冬，原酒泉县委派当时任宣传干事的车宏彰和黄显德两位同志专门驻扎在银达村支持开展农民业余文化教育，农民学习文化的热情异常高涨，各种公益事业、文化活动也相继开展起来。车宏彰和黄显德就以银达乡农民学习的情况为内容写了《酒泉县银达乡是怎样进行农民业余文化教育的》一文，重点就银达乡学文化的经验和做法进行了描写，当时该文在《甘肃日报》刊登。后这篇文章被收录在由中共中央办公厅主编的《中国农村的社会主义高潮》一书中。1955年12月27日，毛主席亲自审阅了这篇文章并题写了指导全国农村开展"扫盲运动"的按语，对银达村积极开展"扫盲运动"和群众文化给予了高度评价，号召全国农村要学习银达的做法。1958年，银达全乡80%的青壮年都摘掉了文盲帽子，小学的学生数也由解放初的104名，猛增到381名，适龄儿童入学率超过90%。

1975年，在毛主席光辉按语发表20周年之际，银达村党总支提议修建毛主席光辉按语碑，党员群众积极响应，自己酬工酬劳修建起来占地2000平方米的毛主席光辉按语碑广场和占地750平方米的文化剧场。2015年，在毛主席光辉按语发表60周年之际，银达村党总支又提出,按语碑广场周边破败不堪有碍观瞻,村"两委"在上级党委、政府的大力支持下,将按语碑广场进行了拓展和提升改造,并将银达村近60年的发展历程用室外写真的方式向外宣传,2017年区委宣传部又在银达村建起了"肃州好人馆",极大地丰富了银达村红色教育基地的内涵。

近年来,在银达村毛主席光辉按语碑广场和"肃州好人馆"开展红色教育的单位团体逐年增加,年接待人数近万人次。按语的光辉,领导的关怀,激励着银达人民紧随社会发展进步的步伐,为时代引吭高歌,始终在发展生产、教育、文化、经济和社会各项事业的道路上昂首阔步、奋勇向前。

活到老,学到老,毛主席教导要记牢,掌握文化干革命,人老心红斗志高。银达村毛主席光辉按语的故事,彰显了在党的领导下百姓对精神文化生活的积极追求,显示出人民紧随社会发展进步的步伐,共促生产、教育、文化、经济和社会各项事业发展。

银达村基本情况

银达村地处甘肃省酒泉市肃州城北5公里处,总面积9.6平方公里,现辖14个村民小组,625户2384人,耕地面积4700亩。多年来,银达村依托深厚的文化底蕴,以"加强文化引领、打造红色堡垒、助推农村发展"为目标,在毛主席光辉按语精神的鼓舞下,大力繁荣农村文化事业,有效激发村级组织内在活力,"逢节有演出、月月有活动""下地是农民、上台是演员"成了银达农民的真实写照。

85 依靠红色遗迹打造精神高地
—— 甘肃省平凉市继红村界石铺红军长征会师的故事

1935年8月12日拂晓,程子华、吴焕先和徐海东率领红25军从甘肃省秦安县安伏镇出发,经魏店乡梨树梁,向静宁进发。8月14日凌晨,从张家小河红山嘴上山,沿西岩寺山进抵八里铺稍事休整,补充给养。时遇敌机扫射,红军分散隐蔽,未受损伤。红25军随即逼近静宁县城,毙伤敌数十名。当时驻守静宁县的国民党新1军第11旅旅长刘宝堂,一面紧闭城门,胁迫群众防守,一面急电兰州求援。至此,横贯陕甘两省的交通大动脉西兰公路被红25军拦腰切断,打乱了国民党军围堵红军的部署,有力地配合了红一、红四方面军的行动。

1936年9月14日至10月25日,西征中的红1军团进军至静宁单家集、界石铺以北地区,在这一带驻防42天,迎接二、四方面军北上会师。9月16日,在单家集成立中共静宁县委和县苏维埃政府,由红1军团1师党委领导,蒲耕钟任县委书记,下辖4个党支部,共有35名党员。马云清(回族)任苏维埃政府主席,下辖10个区苏维埃政府(其中静宁县境内7个,隆德3个)。同日,二、四方面军接中革军委指示,红1军团特别支队占领静宁界石铺,切断了敌西兰公路交通和有线通信联络,为三军会师创造了条件。

1935年10月3日至5日,中央红军、中央机关和中革军委机关在界石铺驻留期间,毛泽东、周恩来、张闻天、王稼祥等党和红

毛泽东旧居室内供桌、太师椅、火盆、电话机、铜油灯

军领导人宿营此地,时任红1纵队2师政委的萧华在界石铺一光绪十三年建成的藏传佛教寺庙戏楼上进行了演讲,在戏楼上宣讲抗日政策,邓颖超同志在戏楼前给当地老百姓分发在界石铺战斗中缴获的战利品。

1936年9月30日,红四方面军分为五个纵队,先后从岷县、漳县等地出发,向通渭、庄浪、静宁、会宁地区前进。10月8日,红四方面军4军10师,由师长余家寿,政委叶道志率领到达西兰公路大道上之界石铺、青江驿,分别与红1军团1师、15军团第73师会合,揭开了三大主力红军会师的序幕。红二方面军于1936年10月中旬从通渭进入静会地区。22日,二方面军总指挥部在甘肃静宁县将台堡(现属宁夏西吉县),与西方野战军红1团主力会师。23日,二方面军红6军到达兴隆镇、单家集一带,与红1军团1师会师,并在兴隆镇举行了会师联欢会。至此,红二、四方面军结束了伟大而艰巨的长征,红军三大主力实现了大会师。

现今,在静宁县界石铺镇,占地35亩、建筑面积5200平方米的界石铺红军长征毛泽东旧居纪念馆,以175件(套)历史文物、毛泽东旧居建筑等重点展示了静宁界石铺作为长征会师时中央战略部署中确定的会师中心"基点"的重要历史地位,并以界石铺为重点,突出中央三大红军主力会师静宁的情况以及毛泽东等中央领导人在静宁留下的革命遗迹。

近年来,界石铺镇围绕党的十九大提出的"乡村振兴"目标,按照"红色圣地、绿色家园"发展定位及"一馆一街一区一带"总体规划,把发展旅游作为加快全镇经济社会发展的重要抓手,坚持规划引领、多方融资、建管并重,全镇旅游产业发展不断加快。

静宁县界石铺红军长征毛泽东旧居纪念馆曾是毛泽东、周恩来等老一辈革命家于1935年、1936年两次过境并留宿和播撒革命火种的地方,具有光荣的历史。现今,静宁县在加强保护的基础上,

红军楼

挖掘红色文化内涵，通过打造红色旅游示范带等讲好红色故事，为当下人们提供了一处聆听长征故事、缅怀革命先烈、接受党史教育的精神圣地。

继红村基本情况

界石铺镇继红村位于静宁县西北部，素有平凉"西大门"之称，是红军一、二、四方面军会师的"中心基点"。继红村位于312国道沿线，交通畅通便利、区位优势明显、红色文化深厚。2006年被甘肃省建设厅和省文物局评选为"历史文化名村"，2018年被住建部列入第七批中国历史文化名镇名村，2020年荣列省级旅游示范村创建名单。静宁县界石铺红军长征毛泽东旧居纪念馆现为全国爱国主义教育示范基地、甘肃省党史教育基地、平凉市廉政教育基地。

86 老院装载革命故事　村镇红绿发展喜开颜
——甘肃省陇南市两当县老南街"张家大院"的故事

甘肃省陇南市两当县城关村有一处两当红色文化革命旧址——老南街。老南街位于城关镇城关村西南处,全长 256 米,是两当兵变暨红色革命文化园区——两当兵变旧址的重要组成部分。

1929 年起,陕甘连续几年大旱,灾民四起,加上国民党新军阀连年混战,形成反抗国民党反动统治的浪潮。从 1929 年到 1930 年秋,中共陕西省委先后派李秉荣、李特生、习仲勋等共产党员到国民党部队开展兵运工作,提出"组织政治罢工,组织兵变,扩大红军"策略。

老南街北门

陕甘游击队第五支队与围追的国民党军队展开激战

在酝酿兵变的过程中，习仲勋很注重营官兵与驻地群众的关系，发现士兵强拿群众东西，及时进行批评教育和制止，严肃部队军风军纪，维护群众利益。他以身作则，伸张正义，公平待人的作风，赢得了群众的尊敬和爱戴。同时，习仲勋注意到国民党军队士兵生活十分困苦，杂牌军队部队中装备、服装和生活质量更差。习仲勋提出反对打骂士兵，改善士兵生活，反对压迫杂牌军，要求平等待遇等口号，进而提出反对军阀战争、拥护红军口号，成立红军之友社。

1932年3月，营党委准备利用该营即将从驻地凤县、两当出发前往徽县换防之机，拉出武装，发动兵变。4月1日傍晚，习仲勋、刘林圃主持召开中共营党委扩大会议，作了兵变的具体部署和深入动员。4月2日零点，在习仲勋、刘林圃、许天杰等人的指挥下，发动了兵变，与敌人展开了激烈的交战。后连夜行军，一路到达两当县太阳寺,在此召开了部队改编大会,宣布成立中国工农红军陕甘游击队第五支队。随后兵变部队北上,意欲与刘志丹部队会合,在途中先后同国民党军队、地方民团和土匪武装进行了多次战斗,行军千余里,把革命火种撒向陕甘大地。转战多日后,第五支队终因敌众我寡,加之长途跋涉,兵变战士伤亡溃散,震动国民党甘陕当局的两当兵变最终惜败于泾河之滨。

两当兵变旧址位于两当县城关镇城关村老南街20号,这里是1932年4月习仲勋等老一辈无产阶级革命家领导发动"两当兵变"的指挥部所在地,也是参加兵变的二连官兵驻地。发动兵变时,习仲勋等兵变领导人曾在张家大院中召开过紧急会议。跨过清漆大门进入宅院,看到的是典型的传统明清时期四合院风格的建筑。指挥

甘肃

老院装载革命故事 村镇红绿发展喜开颜
——甘肃省陇南市两当县老南街"张家大院"的故事

两当兵变旧址新貌

地原是清朝中期一位姓张的陕西户县商人来两当修建的一座二进院的居民建筑，故又称"张家大院"。据老人讲，当时两当有所谓"四大家族"之说，张、苏、雷、索四家人中，张家和索家的大宅院，就位于老南街的中心地带。其中，张家是四大家族之首，崇尚耕读，人丁兴旺。两当兵变旧址便位于张家大院所在地。

张家大院建于道光四年（1824年），距今已有190多年的历史。整座建筑坐西朝东，共有大小房屋32间，中轴线上主体建筑三座，两侧厢房建筑四座，总占地面积1439.65平方米，建筑面积586.31平方米。张家大院是两当唯一一座保存完好的古宅院，具有典型的明清建筑文化特色。2016年6月，两当兵变旧址被甘肃省政府公布为第八批省级文物保护单位（近现代重要史迹及代表性建筑类）。在旧址的保护传承中，按照修旧如旧的原则，用青石板铺装改造了指挥地所在的街区老南街，铺装面积2426.5平方米，建有牌坊两座，维修改造房屋10栋，新建房屋11栋。街道两边古色古香，仿古还原了20世纪二三十年代两当兵变年代两当城的风貌，青色的瓦、灰色的砖、雕花的门窗，集中完整地体现了当时的建筑风格，最大限度地保存了其风貌的完整性和文化的延续性。

两当兵变是中国共产党在甘肃国统区部队中有组织，有计划，有目的发动的最早的一次军事斗争行动，在中国革命史和兵运史上具有重要的地位。现今的两当，以其红绿结合的旅游模式，吸引着慕名前来游览的四方来客，2020年全年，两当兵变旧址累计接待游客10.5万人次，百姓借助红色旅游等资源，日子过得越发红火。

89年前，习仲勋等老一辈革命家在两当县城关镇城关村发动了著名的"两当兵变",打响了甘肃地区武装起义的第一枪,掀开了陕甘革命的新篇章。如今硝烟虽已散尽,但那些可歌可泣的英雄故事和不屈不挠的革命精神,依然在这片土地上生生不息。

城关村老南街基本情况

位于两当县南面的城关镇城关村,共辖6个村民小组,453户1608人。全村耕地面积2329亩,均为山地,人均占有耕地1.44亩,主要经济收入来源以务工、个体经营为主。截至目前,全村村级集体经济积累共计163.1万元,固定资产144.35万元,经营收入主要为房租收入和地租收入,平均年收入在10万元以上。两当,这座伫立于陕甘大地,有着两千多年悠久历史的小城以其红绿结合的旅游模式,吸引着慕名前来游览的四方来客。2020年全年两当兵变旧址累计接待游客10.5万人次。

87 《七律·长征》道征途
——甘肃省定西市通渭县《七律·长征》毛主席诗篇发表的故事

1935年9月27日晚,毛泽东等中共中央领导人在甘肃省定西市通渭县榜罗镇中心学校校长室召开中共中央政治局常委紧急会议,即著名的"榜罗镇会议"。会议分析了当时国际国内的新形势,讨论了党中央今后的战略方针,进而改变了9月12日俄界会议制定的在接近苏联地区创建革命根据地的既定方针,正式做出了把红军长征落脚点放在陕北,以陕甘苏区作为领导中国革命大本营的伟大决策。也就是在这一时期,作为红军领导人的毛泽东,回顾红军长征在经受了无数次考验后,看到曙光在前,胜利在望,想到了红军将士四处转战的艰难与找到落脚点和即将到"家"的喜悦,他心潮澎湃,满怀豪情地写下了《七律·长征》这首壮丽的诗篇。

那是1935年9月,中央红军越过雪山草地,来到了通渭,这里是红军走出草地后占领的第一个县城。自从离开中央苏区以来,由于连续的战斗、行军,同志们的体力已消耗殆尽。部队中,不仅行军掉队的现象很严重,而且大伙思想上的疑虑也很多。"到哪里算个头呢?""哪里是我们的目的地?"已成为大家谈论的中心。

部队迫切需要很好地休息一下,可是敌人不允许。战士们必须迅速地通过西(安)兰(州)大道和平(凉)固(原)大道。因此,上级决定在通渭县城休整三天。就在休息的这天下午,红一大队卫生队,忽然接到了支队召开副排长以上干部会议的通知。

会场设在城东的一个小学校里，校舍不大，泥土地，整个会场除了一张讲桌外，再无其他陈设。参会的 200 多人，搬来许多石块、砖头当凳子，坐在屋子里。有的在互相谈论着自己部队的情形，有的在估计着开会的内容。

战士们坐了一会儿，聂荣臻政委陪着毛主席来了。顿时，整个屋子鸦雀无声，每个人都异常兴奋地注视着毛主席。

毛主席那魁梧的身体，显得有些消瘦了。他慢步走进会场，带着慈爱的笑容扫视了一下所有的人，然后微笑着问道："同志们好！""主席好！"战士们的回答是那样响亮、整齐，就像是一个人喊出了他很久就埋藏在心里的话一样。

毛主席微笑着，向战士们摆了摆手，然后便用他那洪亮的声音从容地开始讲话。他讲了很多，从长征的意义，讲到敌人的失败，我们的胜利。许多没有参会的同志，听说是毛主席在作报告，也都纷纷赶来听，顿时，小学校的里里外外，都挤满了人。

毛主席说："你们从去年十月到今年九月，已经经过了十个省，走了两万余里，打垮了敌人的前堵后追，战胜了种种困难，你们都是革命的珍宝，是民族的精华。同志们都很辛苦了，可是我们还要加一把力，明天还要继续前进！"

毛主席刚讲到这里，有的同志便问道："主席，我们要到哪里去呀？"

毛主席丝毫没有因为有人插了他的话而不高兴，他非常和蔼地回答道："到抗日最前线去。我们首先到陕西北部与陕北红军会合，然后，哪里有侵占我们国土的日本鬼子，我们就到哪里去消灭他们。"

"到陕北还有好多路呀?"一个人问开了,又有人问起来。

毛主席回答道:"千把里路。如果每天走六十里,十七天就可以走到。怎么样?行吗?"

"行!每天走七十里也可以。"

"每天走八十里吧!争取早到早去打日本鬼子。"

全场更加活跃起来。仿佛大家不是在听主席的讲话,而是在同自己的战友谈心。

毛主席看同志们热情很高,又向同志们详细介绍了陕北的情况。

最后,毛主席说:"我写了首诗念给你们听听。不知行不行。"接着,毛主席便雄壮地朗诵起来:

> 红军不怕远征难,
> 万水千山只等闲。
> 五岭逶迤腾细浪,
> 乌蒙磅礴走泥丸。
> 金沙水拍云崖暖,
> 大渡桥横铁索寒。
> 更喜岷山千里雪,
> 三军过后尽开颜。

随着毛主席的朗诵,战士们仿佛又回到了那高入云霄的五岭山脉;仿佛又回到了那惊涛骇浪的金沙江和大渡河畔;仿佛又回到了那终年积雪的雪山和荒无人烟的草地,当往日的艰难困苦一幕幕掠过脑际时,同志们感到摆在面前的这进军路程和艰难困苦是多么渺小啊!毛主席那伟大的胸怀,英雄的气魄和高度的革命乐观主义精神深深地感动了战士们,激励着战士们,使战士们感到有移山填海，开天辟地的力量。

毛主席诵罢诗句，全场响起了长久的掌声。毛主席微笑着看着战士们，连连向战士们摆手说："在座的同志有不少人是革命的知识分子，你们把我讲的这些，也编一个'到陕北去'的歌子。现在就编，编好后给我看看，晚上就教，明天就边唱边走！"

毛主席整整作了两个钟头的报告。他的话深深地打动了每个战士的心，战士们的眼睛亮了，身上的疲劳全消失了。战士们都充满着胜利的信心，整个部队士气高昂，热情洋溢。许多行军需要坐担架、骑毛驴的同志，也主动提出了不坐担架，不骑毛驴……

当晚，支队宣传部部长彭加伦同志便编好了"到陕北去"的歌子。第二天天刚亮，战士们便又出发了。行军的行列里，到处都响着"到陕北去"的歌声：

> 陕北的革命运动大发展，
> 　　创造了十几县广大根据地。
> 迅速北上会合红军二五、二六军，
> 　　消灭敌人，争取群众，
> 巩固发展陕北红区建立根据地。

> 陕北的革命运动大发展，
> 　　创造了十几万赤色的军队。
> 迅速北上会合红军二五、二六军，
> 　　消灭敌人，争取群众，
> 高举抗日鲜红旗帜插到全国去。

在毛主席的率领下，红军战士们背负着民族的希望，激昂、雄壮的歌声伴随着坚定的步伐，经过了16天的行军和战斗，终于在10月19日胜利到达陕甘革命根据地吴起镇，长征胜利结束。

一首《七律·长征》道出了长征的波澜壮阔，又表达出对长征必将胜利的坚定信念。毛主席用铿锵有力、大气磅礴的诗意言语，激励战士，鼓舞战士以迎接即将到来的胜利曙光。

甘肃省榜罗镇毛泽东发表《七律·长征》的地方

榜罗镇基本情况

甘肃省通渭县榜罗镇，位于通渭县城西南55公里处，地处定西、天水两市辖区的通渭、陇西、甘谷、武山四县交接地带，境内有马云、通榜、马陇、常榜公路，交通便利，信息畅通，是通渭县西南部的政治、经济、文化中心。目前，在榜罗镇主要保存着中共中央政治局榜罗镇会议会址、陕甘支队连以上干部会议会址、中共中央和红军领导人住宿旧居、红军司令部及警卫团驻地旧址、红军驻宿一条街、红军饮马池、朱家堡战斗遗址以及全面展现红军长征途经通渭及重点突出中共中央政治局榜罗镇会议召开重要作用的展陈馆。

88 信守承诺巧治沙　忍辱负重铸丰碑

——甘肃省武威市古浪县土门镇八步沙"六老汉"的治沙故事

20世纪80年代的土门镇，寸草不生，狂沙肆虐，风沙严重侵蚀着附近的村庄和农田。面对风沙蔓延、家园岌岌可危的严峻现状，1981年，甘肃省武威市古浪县尝试对荒山、荒滩、荒地试行"政府补贴，个人承包，谁造谁有"的开发政策，鼓励国家、集体、个人一起上，并把八步沙作为林地承包试点向全社会公开推出。

这年春天，时任土门公社漪泉大队主任、共产党员的石满第一个站出来，并动员了他的搭档——54岁的支部书记贺发林加盟入伙。尔后，台子大队40岁的支部书记张润元、60岁的郭朝明、罗元奎及和乐大队45岁的程满等六个志同道合的共产党员，不约而同相继"辞官"，庄重地在护沙造林的承包合同上，一一按下了鲜红的指头印。以联产承包的方式，组建了全县唯一一家生态公益性集体林场——古浪县八步沙林场。由此，拉开了与天斗，与地斗，与风沙抗争的序幕。

面对乡邻的冷嘲热讽与家人的困惑不解，六个老汉毅然而然背着铺盖卷，拿着简单的锅碗瓢盆，以壮士断腕的勇气，抛家离舍，走进当时一无所有的林场——没有场房，没有资金，没有匾牌，没有后勤保障，更没有一点治沙造林技术，有的只是为了人民的幸福而奋斗的信念。为了改变家园的生存环境，共产党员就要勇敢地站出来，任劳任怨，下定奉献自我的决心；有的只是肩膀上扛着的铁锹，身边的毛驴车，相依为命的6个伙伴；有的是誓在荒沙上撒播绿色的坚定信念，不达目的决不罢休的顽强意志！

为了植树造林，改变面貌，六老汉舍弃了天伦之乐，以场为家，挖地窝子栖身，吃住在古浪有名的风沙口——八步沙。没有树苗，在自家的承包地里育；没有水源，赶着毛驴车，到附近村子的涝池里拼命往回拉；没有经费，卖掉自家土豆种子，甚至口粮收麦草。饿了，找3块石头，支个小铁锅，煮几把面，喝几口汤，啃两口干粮，就是一日三餐。冻了，几个人相互依偎在一起，或是燃一

六老汉住过的毛坯房

把干草取暖；干活乏累了，仰躺在沙丘上，抽几口旱烟解乏……为早日取得效益，他们以户为单位，将八步沙周围的荒漠，大致分为6块区域，约定谁植好谁承包区域的树，且要保种保活保管护。在县林业主管部门技术人员的指导和亲身实践中，他们逐步摸索出"一把草、一棵树，压住沙子防风掏"的治沙措施。为了治理沙漠，六个执拗的老汉约定"吃在八步沙、住在八步沙，死了也要埋在八步沙……"

一年又一年，春秋种冬夏护，树木林草一棵棵一丛丛地成活了，汗水滋润的脚印，逐步变为生机勃发的沃土。经验多了，看护勤了，林木成活率逐步提升。

绿色，在六老汉心血的浇灌和滋润下，先是一点一点，接着是一片一片，如星火燎原般在八步沙悄然蔓延开来。

八步沙六老汉及后代们坚持防沙治沙的事迹，得到了社会各界的一致赞誉和党和政府的充分肯定，甘肃省委、省政府曾两次树立"六老汉"所在的八步沙林场为"全省造林绿化先进单位""甘肃省防沙治沙先进单位"。1999年，甘肃省绿化委、甘肃省林业厅专门在八步沙林场为"六老汉"树碑记功。"六老汉"中的石满、张润元两位老人先后荣获"全国治沙劳动模范""第四届地球奖"等荣誉称号，二代郭万刚先后获得"全国优秀护林员""甘肃省农村优秀人才"、中央广播电视总台"第五届"慈善人物、武威市首届"绿化奖章获得者"等各级各类表彰奖励。2020年11月24日，第二代治沙人、八步沙林场场长郭万刚更是被评为"全国劳动模范"。

八步沙六老汉，三代人四十载，代代传承，六个家庭一直延续着一个诺言，就是誓把荒漠变绿洲。走进八步沙，触摸六老汉的精神高地,那就是:一心一意听党话、感党恩、跟党走。八步沙治沙人以愚公移山的精神生动书写了从"沙逼人退"到"人进沙退"的绿色篇章,为生态环境治理做出了重要贡献,以自身实践着绿水青山就是金山银山的生态理念!

八步沙林场基本情况

土门镇八步沙林场位于县城东北30公里处,东接黄花滩镇,西连泗水镇,北接永丰滩镇,南靠定宁镇。平均海拔1760米,属温带大陆性气候。南北长20公里,东西宽8公里。这里属于冲积平原,地势平坦,淤积层厚,土壤肥沃,自然条件较好,土地大部分为平川河水灌区,宜于发展农业生产。

89 易地扶贫搬迁 迎接幸福好日子

——青海省海东市班彦村易地搬迁的故事

易地扶贫搬迁是脱贫攻坚的"头号工程"和标志性工程。班彦村,位于青海省海东市互助土族自治县五十镇。曾经,行路难、吃水难、就医难、上学难、务工难、娶妻难,是困扰班彦村发展的"六大难"。

2016年8月23日,习近平总书记到青海省互助县五十镇班彦村视察时给贫困群众提出了"早日搬入新家"的良好祝愿和"搬得出、稳得住、能致富"的殷切希望。①

易地扶贫搬迁,助力班彦村"挪穷窝"。五十镇班彦村共8个社369户1396人,是典型的土族聚集村落,土族人口占总人口的85%,人均耕地面积2.5亩,祖祖辈辈靠天吃饭,群众生活异常艰苦。2015年年底,国家吹响精准扶贫、精准脱贫号角,班彦村被确定为首批建档立卡贫困村,共精准识别贫困户186户712人。2016年,互助县人民政府批复投资3617万元对位于沙沟山的班彦村5、6社实施易地扶贫搬迁集中安置,及时成立了县、乡、村三级易地扶贫搬迁工作领导小组,在充分征求群众意愿的基础上,进行易地搬迁。

在项目地址选择、村庄规划建设、房屋户型确定、建筑材料采

---

① 来源:《牢记习总书记嘱托落实易地搬迁政策 青海省海东市互助县五十镇班彦村贫困群众"挪穷窝""拔穷根"》,2017年8月30日,青海省政府网。

购、扶贫产业选择上坚持群众"五做主"原则,科学选址、高标准建设,为每户贫困户修建80平方米安全住房,并配套水、电、路、冲水式公共卫生间、雨污水管网等基础设施,以及村卫生室、文体活动等公共服务场所等。通过易地搬迁,村民走出了大山,住进了新房,喝上了干净安全的自来水,走在了崭新的硬化路上,困难群众的生活发生了翻天覆地的变化。

易地扶贫搬迁,助力班彦村"拔穷根"。紧扣习近平总书记"新村建设要同发展生产和促进就业结合起来,把生产搞上去,实现可持续发展"的要求,班彦新村易地扶贫搬迁项目始终坚持搬迁与发展两手抓,在推进项目建设的同时,同步谋划富民产业,做到因村因户因人施策,制定了《五十镇班彦村易地扶贫搬迁后续产业实施方案》。在充分尊重群众意愿、群众普遍认可的基础上,确定了八眉猪养殖、特色种植、资产收益、生态补偿、光伏扶贫、酩馏酒酿造、盘绣制作、转移就业等多项脱贫措施。

易地扶贫搬迁,助力班彦村奔小康。2006年,盘绣被确定为国家级非物质文化遗产,但是由于没有渠道与市场对接,一直养在深闺人未识,变不成效益。2018年,班彦村组建土族盘绣合作社,并与知名电商合作,使盘绣逐渐成为民族特色产业,带动了全村145名妇女就业,有的绣品还远销国外。现在,除了从事传统盘绣工艺,绣娘们还开始承接民族服装的加工制作。为了形成产业规模,村里在省道边建起盘绣园,还为盘绣等产品注册了班彦商标,探索特色产品品牌化、产业化发展之路。

依托特有的八眉猪品牌,当地政府给每户在集中养殖区配套建设36平方米的圈舍,八眉猪存栏最多时超过1200头,户均年可增收3000元；通过与企业合作建设分布式光伏项目，户均年收益2500元；政府投资的村级光伏电站，每年可为村集体带来可观的收益。同时，班彦启动了乡村旅游发展项目，扶持16户民宿农家乐和酩馏酒坊，打造了休闲农业观光园。2020年，全村人均可支配收入达到11415元，全村实现了小康。

2016年，习近平总书记考察班彦村时嘱咐当地干部群众，大家生活安顿下来后，各项脱贫措施要跟上，把生产搞上去。在各级、各部门的大力支持下，班彦村借易地扶贫搬迁惠民政策的东风，从"一方水土养不活一方人"的边远山区整体搬迁到川水地区，贫困群众人居环境、生活面貌发生了质的转变，步入了搬迁致富奔小康的快车道。

"青海青、湟水黄，民族娃、团结花，汉藏蒙、回土撒，各个民族把手拉。"这段班彦村全村人都会的花儿，唱出了土族群众内心深处满满的收获感和幸福感。

班彦新村大门

班彦村基本情况

　　班彦村位于青海省海东市互助土族自治县五十镇,全村共有8个社369户1396人,其中土族占总人口的96%,是一个土族聚居村落。"十年九旱,靠天吃饭",这是过去班彦村的真实写照。2015年10月,土乡大地吹响了精准扶贫的冲锋号,班彦村迎来了易地搬迁的好政策。

　　2016年8月23日,习近平总书记冒雨来到班彦村,考察易地扶贫搬迁工作,2017年实现整村脱贫摘帽。2020年,班彦村全村实现了小康。目前,该村已形成以乡村旅游主线引领,盘绣制作、酩馏酒酿造、光伏发电、特色养殖等富民产业融合发展的良好局面。

班彦村新貌

90. 驼铃响彻历史 脚步书写忠诚
——青海省海西州农垦莫河骆驼场的奉献故事

青海省海西州农垦莫河骆驼场,前身是西北军政委员会1953年成立的"西藏运输总队"。20世纪50年代初期,为了新中国的和平统一,为了中华各民族的团结与进步,为了祖国边疆的稳定,在青藏高原上,莫河骆驼场广大驮工们拉着一峰峰骆驼,用朴实而坚定的脚步书写着感人至深的"艰苦创业、无私奉献、勇于创新、团结奋斗、科学务实"精神。岁月悠悠,这种精神也在每一代驮工身上得到了延续和发扬光大。

青藏高原上的驼队生命线,一切为了祖国的和平。1951年8月,解放军18军独立支队进藏,司令员范明、政委慕生忠,来自甘肃等地的驮工们参与了运输武器弹药和粮草的任务。独立支队进藏,当时组织了强大的后勤保障队伍,两万多牲畜、三四千名战士和驮工组成的队伍浩浩荡荡,于1951年8月上旬进藏,历经千辛万苦,12月中旬到达拉萨,这也是莫河骆驼场老驮工们拉着骆驼第一次进藏。

独立支队经历重重艰难险阻,终于胜利完成了探路和运输任务。随军进藏的西北西藏工

莫河老驮工运输物资进藏

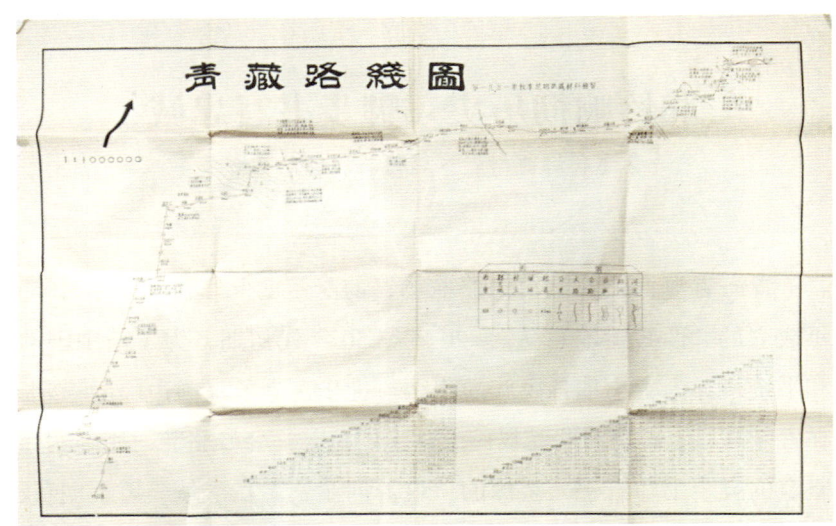

当时驮工们使用的青藏路线图

委迅速完善了西藏的党组织，巩固了我们党对西藏的领导地位。据统计，这次进藏行程近 2000 公里，用了近四个月时间，总共运粮 400 万斤，数百名队员牺牲在进藏途中，队员每前行 500 米就有一头牲畜倒下。

青藏高原上的驼队生命线，一切为了民族的团结。十世班禅返藏，莫河老驮工们拉着骆驼于 1952 年 1 月中旬开拔，跋涉 1502 公里，于 1952 年 4 月 28 日抵达拉萨。护送驼队总计 3 万峰骆驼，90% 以上的骆驼又倒在了进藏途中。

护送十世班禅返藏后，十世班禅的固有地位和职权得以恢复，使中央政府实现西藏和平解放落到了实处，西藏真正回到了祖国的怀抱。

青藏高原上的驼队生命线，一切为了边疆的稳定和各族人民的融合。1953年春天,西藏粮食供应严重短缺,中央命令西北军政委员会紧急成立了"西藏运输总队",其实是28000峰骆驼组成的一个骆驼运输队。运粮驼队自1953年11月13日陆续向西藏进发,徒步1438公里,仅仅用了54天时间,第一批近100万斤粮食突击运抵西藏那曲,然后由黑河分工委转运至拉萨。28000峰骆驼,回来不足2000峰,其余骆驼全倒在了进藏途中。"西藏运输总队"运粮援藏,大大缓解了西藏的粮食供应紧张局面,稳定了西藏局势。

1954年,完成运输任务的1200名驮工,随同慕生忠将军用7个月时间修通了简易的青藏公路,促进了西藏人民和全国各族人民的大融合。

"天上无飞鸟,地上不长草,风吹石头跑,氧气吸不饱",这就

莫河骆驼场"驼峰驿站"民宿

是自然环境严酷的青藏高原。60多年前，莫河的老驮工们拉着骆驼随驻藏部队进藏、护送十世班禅进藏、参加西藏运输总队运粮援藏、修筑青藏公路，以及在柴达木盆地运输物资、开荒种地、资源勘探……演绎了一幕幕可歌可泣的历史，以实际行动践行了共产党人的奉献与忠诚。

莫河骆驼场基本情况

青海省海西州农垦莫河骆驼场地处柴达木盆地东沿，距茶卡盐湖景区仅有 10 公里。全场共有土地47.2 万亩，其中草地面积 41.81 万亩，耕地面积 1.5 万亩，林地 0.2 万亩，茶卡盐湖东湖面2.035 平方公里。莫河骆驼场是全国农垦百家良种企业，国家级青海骆驼和柴达木绒山羊保护场和原种场；是海西州柴达木肉牛科技推广示范区；是荣获国家地理标志认证"茶卡羊"品牌的主产区；有高原蔬菜大棚 126 座；种植柴达木枸杞 2000 亩；沙棘 10517 亩。

莫河骆驼场前身是西北军政委员会1953 年成立的"西藏运输总队"，为援藏固藏、修筑青藏公路、柴达木资源勘探开发、发展农垦经济做出了巨大贡献。

作为第二批国家农村产业融合发展示范园，形成了一产（农牧业）二产（盐业、屠宰冷藏加工业）三产（文化旅游业）融合的产业格局。

91 高原赤子　用生命守护可可西里

——青海省玉树藏族自治州治多县索加乡莫曲村索南达杰的故事

青海省玉树藏族自治州治多县索加乡地处长江源头腹地，这里是青藏高原西北部，唐古拉山和昆仑山之间的可可西里国家级自然保护区，平均海拔4700米，高寒缺氧，广袤荒凉，这里是野生动物的天堂。

杰桑·索南达杰，是这片壮阔土地孕育的英雄，是可可西里和三江源生态环境保护的先驱。作为改革开放早期我党培养出来的优秀党员、优秀少数民族领导干部的代表，是高原儿女献身生态环境保护的杰出代表。他发起了对可可西里生态环境的有组织保护，组建了我国第一支武装反盗猎队伍，开启了可可西里和三江源生态环境保护的新纪元。

索南达杰体现了共产党人的奉献精神。1974年，索南达杰从青海民族学院毕业，当时有很多大城市的工作向他抛去橄榄枝，可是他毅然选择回到生他养他的治多草原。担任治多县文教局副局长时，面对治多县教育滑坡、

杰桑·索南达杰

适龄儿童入学率低等状况,他心急如焚。上任伊始他只身一人骑马奔赴治多县各乡进行动员调研,历时 35 天,行程 600 多公里。他组织制定了寄宿学校教学管理办法,试行了两门主课不及格降一年级的"降级制",使学龄儿童的入学率、巩固率和升学率等明显提高。

1985 年,索南达杰的妹妹从州民族师范学校毕业,他把妹妹分配到了离治多县城最远、条件最艰苦的索加乡当老师。父母责备他,亲戚们埋怨他,当妹妹哭着离开家去索加乡时,杰桑·索南达杰也哭了,"索加乡虽然艰苦,但那里是我们的家乡,那里的孩子们需要老师,你是文教局局长的妹妹,你不去,谁去?"

索南达杰身上体现了共产党人敢为人先、勇于开拓的精神。1987 年,组织上派他到索加乡任党委书记,他没有任何怨言,一去就是 5 年。索加乡交通闭塞,雪灾频发,牧民生产生活条件极度困难,索南达杰落泪了,他告诫自己,"如果不把索加建设好,让索加的父老乡亲们过上像样的日子,我愧为索加的儿子,愧为一名共产党员!"当年冬天,杰桑·索南达杰带领几名乡干部,冒着 –40℃的严寒,实地踏勘索加至沱沱河的冬季运输线,开通了一条维系索加乡生产、生活的生命线。1991 年,他争取将索加乡至县城公路列入以工代赈的工程,全长 265 公里的公路修通近百公里,实现季节性通车,这条公路修通之后,结束了索加乡长期与世隔绝的历史。

索南达杰以生命践行了共产党人舍生取义的忠诚担当。20 世纪 90 年代初,为保护国家资源,合理开发可可西里,制止非法偷猎盗采活动,他向治多县政府提交了《关于管理和开发可可西里的报告》。1992年7月,治多县西部工委成立,他兼任西部工委书记。接着,依托西部工委,索南达杰组建了我国第一支武装反盗猎队伍。第一次走进可可西里,他豪迈地喊出:"迎接我们的是号称'生命禁区'的可可西里以及横行在这片土地上的各种邪恶势力,我们肩上承担的是保护和利用全县60%版图的责任,需要我们具备的是吃苦耐劳、开拓创新、敢于奉献的精神,有可能要我们的生命作抵偿。"他喊出了这石破天惊的誓言,他也用实际行动践行了自己的誓言。

1994年1月18日,40岁的索南达杰和4名队员在可可西里抓获了20名盗猎分子,缴获了7辆汽车和1800多张藏羚羊皮,在押送歹徒行至太阳湖附近时,遭歹徒袭击。索南达杰在无人区与持枪偷猎者对峙,流尽了最后一滴血,被可可西里-40℃的风雪塑成一尊令人敬仰的冰雕。

习近平主席指出,"一个有希望的民族不能没有英雄,一个有

杰桑·索南达杰纪念碑

前途的国家不能没有先锋"①，杰桑·索南达杰作为改革开放初期，我党培养出来的优秀党员、优秀少数民族领导干部的代表，发起对可可西里生态环境的保护，献身生态环境保护，成为中华人民共和国历史上第一位为保护藏羚羊而献出生命的党员干部，他以死开启了藏羚羊以及可可西里环保新纪元。

索加乡基本情况

治多县位于青藏高原中部，玉树藏族自治州中西部，因地处长江源头而得名，被誉为万里长江第一县。这里有万山之宗昆仑山、百川之祖通天河、绝世美人嘉洛珠姆、动物王国可可西里、英雄家园。这里还有长江源高原地质奇观、嘎嘉洛游牧文化、帕玉秀山水文化、通天河流域历史文化遗迹以及长江源野生动物群观赏"嘎嘉洛十景"等丰富多彩的民俗文化和生态文化资源，独特的自然景观和人文景点使治多充满了神秘性和传奇性。

2013年，治多县修建了杰桑·索南达杰雕像——英雄广场，广场占地面积为8.06亩，雕像净高为8.06米，广场的面积和雕像的高度标志着治多县的行政面积8.06万平方公里。英雄广场现已成为治多县民族团结教育基地、生态文明教育基地、爱国主义教育基地、党员示范教育基地、思想教育基地、党支部组织生活共享阵地。

---

① 来源：《习近平在颁发"中国人民抗日战争胜利70周年"纪念章仪式上的讲话》，2015年9月2日，共产党员网。

92 情洒盐州的《王贵与李香香》

——宁夏回族自治区吴忠市盐池县《王贵与李香香》的创作故事

"打竹板唱起来,父老乡亲看过来,今天不把别的唱,夸夸老家盐池县。长城脚下是我家,咸盐、皮毛、甜甘草,唱起《王贵与李香香》,歌呀么歌声亮。"

1936年西征红军来到宁夏,第一个解放的地方就是盐池县,党中央建立的陕甘宁边区中宁指的就是盐池县。在盐池这片革命的热土上,诞生了许多脍炙人口的诗歌、散文、歌谣,其中最能叫上名号的、轰动大江南北的,甚至掀起了新诗歌风潮的,就数《王贵与李香香》。

《王贵与李香香》的创作者是现代著名诗人李季。李季同志原名李振鹏,河南唐河县祁仪镇人。1944年秋,李季身背行囊,沿着古老的明代长城,走过漫漫沙塬,来到了盐池县城,担任盐池县委政府秘书。李季对地方小调格外感兴趣,工作之余,他访遍民间歌手,当农民在地里干活随口唱时,他就用心地听、默默地记,遇见赶牲口骑毛驴的老乡随口哼唱信天游,他就紧紧跟在后面,边走边听边记录。一次下乡路过一户人家,听见一青年妇女轻声哼"山丹丹花儿背洼洼开,有哪个心思慢慢来……"他悄悄站在窗外边听边记。就这样不惧酷暑、不畏严寒,翻山过沟,李季搜集了3000多首信天游。一个偶然的机会,李季认识了盐池民间歌手王有。王有,一个普普通通的盐池放羊老汉,却是天生的好歌手,盘腿靠墙根儿,唱小调讲歌谣,嬉笑天地,好一个活脱脱地土生土长的盐池艺术家,不识字儿不要紧,歌谣记得牢,不会谱曲不要紧,调子唱得准,李季犹如获得了珍宝一般,与王有形影不离,你说我听、你唱我记,两个人第一次交谈就建立了深厚的友谊,好似许久不见的老友,有着讲不完说不尽的话题。李季与王有,一个是党的好干部,一个是本地的好歌手,在民间歌谣这个主题中不断碰撞出艺术的火花,灵感如滔滔不绝的黄河之水,聊之不尽,唱之不竭。

王有声情并茂地唱着三边地方小调《寡妇断根》,也许王有当时并没有感觉到,他的这段唱词已经开启了李季的创作灵感,也许李季也没有想到,就是这样的一个灵感,竟让他成了家喻户晓的现代诗人,引领了现代新诗歌的方向。

1945年隆冬的一个夜晚,朔风呼啸,寒气袭人。李季干完公务,点上一盏麻油灯,开始了他的长诗创作,此时他的文思已被带进《寡妇断根》的故事里,他的文笔灵感如"山水泉泉又遇下大雨,渠渠道道往外溢的时刻",手冻麻了就凑近火盆烤一烤,肚子饿了,就在炕洞里烧一个洋芋蛋吃,困乏极了,就站起来伸伸胳膊踢踢腿,熬了20多个夜晚,一篇以信天游形式写出来的长达740余行的长篇革命叙事诗脱稿了。李季激动不已地将诗稿邮寄至《三边报》

《王贵与李香香》故事插图

进行连载发表，随后《解放日报》将诗歌正式定名为《王贵与李香香》发表，轰动文坛，晓喻中外。

盐池大地上诞生的《王贵与李香香》，被文艺大家们搬上了舞台，唱遍了祖国，唱到了海外。

此诗共分三部十三章，以主人公王贵与李香香的爱情故事，讲述了边区人民在中国共产党领导下开展反帝反封建的激烈斗争。女主人公李香香，是一名贫苦的农村姑娘，面对封建社会地主恶霸的逼婚与迫害，她没有认命，而是奋起反抗，向游击队求救。面对逼婚的地主恶霸，她大声地控诉"老狗你别得意，大风迟早吹破你这盏破油灯"，成为受压迫人民追求自由与解放的呐喊。诗歌结尾"咱们闹革命，革命也为了咱"，更是引起了当时广大受压迫人民的共鸣。直到今天，《王贵与李香香》这部红色经典剧仍然鼓舞着一代又一代人为幸福生活而努力奋斗。"香香"这

《王贵与李香香》舞台剧照

个美丽的名字,也成为赞美女性坚强独立、不懈奋斗的代名词。

苦难中长大的王贵和李香香让我们感受着中国人民所蕴含着的巨大力量,他们像荒原上开出的山丹丹花,奋力绽放,像穿石的水滴,锲而不舍,唱响着"奋斗"这一永恒的主旋律,鼓舞着一代又一代中国人艰苦奋斗,向着幸福的新生活奋力前进!

盐池县基本情况

盐池县位于宁夏回族自治区东部,为吴忠市辖县,著名的宁夏滩羊集中产区。历史上中国农耕民族与游牧民族的交界地带。县府驻花马池镇。县境由东南至西北为广阔的干草原和荒漠草原,以盛产"咸盐、皮毛、甜甘草"著称。驰名中外的宁夏滩羊是盐池的主要经济来源。县城北、东、西南分布着大小20余个天然盐湖,因此得名"盐池"。

2016年12月7日,盐池县被列为第三批国家新型城镇化综合试点地区。2018年9月29日,宁夏回族自治区政府批准盐池县退出贫困县序列。2018年10月22日,盐池县入选2018年全国农村一二三产业融合发展先导区创建名单。2018年11月,被科技部确定为首批创新型县(市)。2019年3月,被列为第一批革命文物保护利用片区分县名单。2019年12月31日,入选全国农村创新创业典型县。

93 厚植长征精神　走好新一代长征路
——宁夏回族自治区固原市西吉县将台堡会师圣地的故事

西吉，西部吉祥之地。西吉大地上，流淌着红色的故事。在20世纪30年代，由于中国共产党领导的中国工农红军主力部队三次经过这里和将台堡、兴隆镇等地的红军长征胜利会师闻名于世，因此，它在中国革命史上有十分重要的地位。

从1935年8月至1936年10月，中国工农红军陕甘支队（即中央红军）、红二十五军、红一方面军、红二方面军长征途经西吉县的兴隆镇、单家集、公易镇、平峰镇、将台堡。英雄的红军在这里行军作战，斩关夺隘，与国民党反动派进行了殊死的搏斗，创建了不可磨灭的光辉业绩；在这里宣传革命，扩军建政，同人民群众建立了无比深厚的情谊，谱写了"回汉人民亲如一家"的光辉篇章；在这里力挽狂澜，战胜分裂，实现了历史性的三军会师，开创了中国革命的新局面。

1935年10月5日，毛主席率领中央红军进入西吉县玉桥乡的团庄村，当晚宿于单家集。10月6日拂晓，右路一纵队（红一军团：司令员林彪、政委聂荣臻、参谋长左权、政治部主任朱瑞、副主任罗荣桓）由单家集、兴隆镇出发，经什字乡的新店子、什字路、杨家磨、黄湾、进入固原县的张易堡。毛主席等中央领导于6日早晨6时左右从单家集南头出发，经兴隆镇陈田玉村山口，折向东北，从上马家嘴翻山，经杨家磨走小路，下午到达张易堡东南六华里的毛家庄宿营。7日凌晨，红军大部队经王奎、后莲花沟向六盘山急进。毛主席等中央领导从毛家庄出发，向东南入隆德县境，转进了山沟，沿小水沟登上六盘山，饱览了六盘山的雄姿。毛主席坐在一块石头上对张闻天说："这里可观三省，快到陕北了。"他慢慢站起来又说："你们看，现在天高云淡，红旗漫卷，大雁南飞，景色多好啊！"在此构思了气壮山河的著名诗篇《清平乐·六盘山》。

据史载，继1936年10月9日红军一、四方面军会宁会师之后，10月22日，总指挥贺龙、政委任弼时、副政委关向应和随二方面军行动的原红军总参谋长刘伯承与红一方面军的一军团代理军团长左权、政委聂荣臻、政治部副主任邓小平到达将台，与一方面军一军团及二师师长杨得志、政委肖华在明台村将台堡胜利会师。两军首长和会师部队在将台堡东侧广场上举行了盛大的会师联欢，会师官兵一万多人，这在红军长征史上是一大壮举。

1936年10月9日，红四方面军指挥部到达甘肃会宁，同红一方面军会合。22日，红二方面军指挥部到达甘肃隆德将台堡（今属宁夏回族自治区），同红一方面军会合。至此，三大主力红军会师。

1996年，为纪念红军长征三大主力在将台堡胜利会师60周年，经中宣部批准，修建了"中国工农红军长征将台堡会师纪念碑"。纪念碑坐落在将台堡外东侧，坐西朝东，由基座、碑身、碑顶三部分组成，碑高26.36米。碑的正面镌刻着江泽民同志题写的"中国工农红军长征将台堡会师纪念碑"碑名，背面是中共西吉县委、政府撰写的碑文。碑的顶部雕有三尊红军头像，象征红军三大主力胜利会师，碑身下部浮雕8组代表中国革命胜利的图案。碑背后有土堡，东西长70米、南北宽68米、堡城高10米。堡门"将台堡"

三个大字由薄一波题写。2006 年，将台古堡内建成红军长征纪念园，分为将军翰墨碑林、历史岁月、饮水思源、和平年代四部分，其中，红军会师纪念馆展厅、二方面军指挥部旧址各具特色。

1935 年 5 月至 1936 年 10 月，中国工农红军曾三次路过并驻扎于单家集，开展了一系列革命活动。毛主席夜宿单家集，会见回族阿訇，之后翻越六盘山写下了气势磅礴的《清平乐·六盘山》，留下了中国革命史上的动人佳话（单家集夜话）和"不到长城非好汉"的伟大长征精神，农家小院也永久留下了伟人的足迹，同将台堡红军长征会师纪念碑一起构成了宁夏独具特色的"红色旅游"重要景点。

2016 年 7 月，习近平总书记视察宁夏时第一站就来到西吉将台堡，在向红军长征会师纪念碑敬献花篮并参观将台堡三军会师纪念馆时指出，"我们要走新的长征路，长征永远在路上。当年的长征，是中国共产党带领人民夺取政权的长征，我们现在是改革开放新时期实现'两个一百年'奋斗目标的新长征，这是接续进行的。我们这一代人要走好我们这一代的长征路"。2020 年 6 月，习近平总书记视察宁夏时指出："1935 年毛主席率领红军转战宁夏，留下了'单家集夜话'的红色佳话。1936 年红一、二方面军在将台堡胜利会师。红军长征在宁夏留下了弥足珍贵的红色记忆。你们要用这些红色资源教育党员、干部传承红色基因、走好新时代长征路。"习近平总书记的重要讲话，对全区党员干部提出了明确要求，指出了努力方向。

西海固大地，曾印刻下红军长征的足迹，也厚植了伟大的长征精神。长征永远在路上。我们站在新的历史起点上，实现"两个一百年"奋斗目标的新长征，我们这一代人要走好新的长征路。

将台堡会师是红军三大主力会师的重要组成部分，标志着震惊中外、举世闻名的红军长征胜利结束，在中国革命史上具有同等重要的历史作用。将台堡已成为国家级爱国主义教育基地，它的辉煌历史，铭刻着先烈的丰功伟绩，昭示着后人不断进取。

宁夏西吉县明台村将台堡红军会师纪念地

西吉县基本情况

西吉县地处西北黄土高原中心腹地，位于宁夏回族自治区南部山区、六盘山西麓，总面积3130平方公里，辖4镇15乡，295个行政村，8个居委会，总人口49.6万人，其中回族29.2万人、占58.9%，是宁夏农业人口第一大县。县域内旅游资源丰富，集自然风光、人文景观、民俗风情、爱国主义教育基地为一体，是固原市的旅游资源大县。

94 闽宁携手筑新梦

——宁夏回族自治区银川市闽宁镇易地搬迁脱贫的故事

宁夏回族自治区银川市闽宁镇是一个纯移民镇,是当年习近平总书记亲自提议、亲自命名、亲自推动建设的东西扶贫协作示范点,是对口帮扶的集中缩影、易地搬迁脱贫的成功典范。

1996 年,党中央、国务院按照"两个大局"的战略目标,形成东西对口扶贫协作。1997 年,时任福建省委副书记的习近平同志提出"两年建成、三年解决温饱、五年脱贫"的发展目标建成闽宁村,并在 2001 年成立了闽宁镇。自此开启了闽宁镇大开发、大扶贫、大发展的新篇章。

闽宁镇人均可支配收入由开发建设初期,也就是 1997 年时的 500 元,增长到了 2020 年的 14961 元,增长了近 30 倍,由最初只有 8000 人的闽宁村发展壮大为如今 6.6 万人的闽宁镇。闽宁镇的移民实现了从无到有,从有到优的华丽转变。

贺兰山下曾走过这样一位优秀的共产党员,他就是原永宁县委副书记、纪委书记、闽宁镇党委书记李双成。

2004 年,时任永宁县委副书记的李双成同志主动请缨兼任闽宁镇党委书记。上任后,他很快解决了影响当地发展和稳定的 14 件历史遗留问题。2004 年 12 月 10 日,在李双成书记的主持下,闽宁镇成功地进行了换届选举,人代会顺利闭幕,但是在返程途中他不幸遇车祸永远地离开了。虽然李双成离世已经近 20 年了,但他熟悉的乡音仍在闽宁镇百姓的耳边萦绕。

他曾说过:"吃苦也是一种享受,吃点苦是人生价值的体现。"他以实际行动感染着身边的每一个人,影响着身边的每一个人。正是因为有一批像李双成这样"拼命三郎"似的党员干部在困难面前撑着,才能带领移民群众挺过难关。

电视剧《山海情》中踏实肯干、默默奉献的"马德福""马德宝"们,在现实的闽宁镇里随处可见。他们用最质朴的感情,最真诚的语言打动了每一个前来闽宁镇观光打卡的游客。

20多年来,先后有13家闽籍企业落户闽宁镇。福建在对口扶贫协作中,不仅给宁夏贫困地区带来了资金和项目,也把好的发展理念和干部的好作风带到了宁夏。福建一批又一批的干部、教师、技术人员、医务工作者和大学生青年志愿者来宁夏展开帮扶工

宁夏永宁县闽宁镇新貌

宁夏永宁县闽宁镇今昔对比

宁夏
闽宁携手筑新梦
——宁夏回族自治区银川市闽宁镇易地搬迁脱贫的故事

作,以务实苦干、乐于奉献的作风,尽自己最大的努力,为西海固地区的发展想办法、为贫困群众办实事。他们的无私帮助使贫困群众得到了实惠,他们的理念和作风,也感染和带动了宁夏广大干部群众。

正如电视剧《山海情》里播出的一样,早期的移民们经历最多的就是一个"苦"字。搬迁初期,闽宁村一片荒滩,没有电、没有路、没有灌溉土地的水,没有像样的基础设施,就连种地的土都是群众自己动手筛沙砾一点一点筛出来的。因为生态环境恶劣,盖好的房屋,修好的院墙经常被暴雨冲塌,被山洪冲垮。但是他们始终没有放弃怀揣的梦想,不断地整修、播种、翻盖,凭着这股坚韧不拔的信念和精神，护林带长起来了，良田果园多起来了，柏油路也四通八达了，昔日的"干沙滩"变为了金沙滩。

扶贫先扶志，首先要让人民群众对生活有向往。其次，要有"能下苦"的精神，有积极性、主动性和创造性，激发群众思想上的动力，用双手创造幸福美好的生活。

闽宁镇基本情况

如今的闽宁镇形成了特色种植、特色养殖、光伏产业、劳务产业、旅游产业的产业格局，就近解决了移民群众就业的问题。2021年年初，电视剧《山海情》的热播，为闽宁镇文化和旅游产业的发展带来了新机遇。在春节、五一期间，闽宁镇平均每天接待游客约3000人次。闽宁镇整合文化和旅游资源，发挥闽宁镇金字招牌的作用，打造新时代闽宁红色旅游基地，推出多条打卡线路，让游客感受闽宁镇从昔日的"干沙滩"到"金沙滩"的凤凰涅槃。

武夷山贺兰山山山相连，闽江水黄河水水水相融，闽宁人坚信，在习近平总书记的亲切关怀下，在党中央和自治区党委政府的坚强领导下，当地会进一步巩固闽宁东西对口扶贫协作的丰硕成果，深入发掘和传承脱贫攻坚精神的闽宁实践，推动巩固脱贫攻坚成果同乡村振兴有效衔接，将闽宁镇建成全国乡村振兴示范区。

95 库尔班大叔喜洋洋

——新疆维吾尔自治区和田地区于田县托格日尕孜村库尔班·吐鲁木的故事

1958年,毛主席亲切接见新疆维吾尔族农民库尔班·吐鲁木的故事登上《人民日报》,并被选入小学课本,流传全国。

库尔班·吐鲁木1883年出生于新疆于田县托格日尕孜村一个贫困农民家庭,家里房无一间、地无一垄,祖孙三代给地主当长工,他从8岁开始就给地主放牛,是在地主的牛棚里长大的。成年后,为了躲避地主的压迫和剥削,他带着妻子逃进荒漠,后来妻离子散,他只身在戈壁滩上流浪了17年。1949年12月,人民解放军进驻于田,在荒漠中找到了不成人样的库尔班·吐鲁木,并帮他找到了妻子女儿,将他们一家安顿下来。

新疆和平解放后,党领导各族群众开展土地改革,逐步走上互助组、合作化的人民公社的社会主义道路。1952年9月,库尔班·吐鲁木分得14亩耕地、2间房屋和1头毛驴,第一次有了自己的土地和房屋。为了报答党的恩情,他带头参加互助组,用劳动所得买了12张铧犁送给互助组。1954年,他又买了一头牛送给组里无偿使用。接着,他带头参加合作社,4年给国家卖粮4900多斤,两次当选劳动模范,成为于田县社会主义建设时期热爱劳动的一面旗帜。

怀着感恩之心,库尔班·吐鲁木托人给毛主席写了7封信,还寄去干果,并产生了看望毛主席的念头。中央办公厅给他回了4封信,并寄来毛主席的照片。1955年秋,库尔班·吐鲁木打了上百斤干馕,要骑毛驴上北京看望毛主席。乡亲们告诉他北京太远,骑毛驴走不到,他就几次跑上公路拦汽车。此事传到了时任新疆维吾尔自治区党委第一书记王恩茂耳朵里,王恩茂专程看望了他,鼓励他好好生产,争取当上劳动模范,并承诺一定设法让他去北京见毛主席。

虔诚的信念使库尔班·吐鲁木有一股用不完的劲,每年都能挣三百多个工分。寒风刺骨、冰天雪地的冬天,他舍不得歇息,跑到一二十里外的戈壁滩上拣粪;赤日炎炎、骄阳似火的夏季,他冒着酷暑抢收小麦,一人能割麦20多亩。1958年6月,他终于被选为全国劳动模范,到北京开会。6月28日,中央首长在中南海接见与会代表,当毛主席出现时,他激动得忘掉了一切,脸始终没有对准镜头,而是一直扭着头看向毛主席。合影后,毛主席专门走到库尔班·吐鲁木面前和他握手。他紧紧握住毛主席的手,久久不肯放开,摄影师侯波抓住这珍贵的瞬间,按下了快门。接见完毕,他向毛主席献上礼物:一顶花帽和一件袷袢(夹大衣)。6月29日,毛主席派人看望他,回赠了10公斤条绒布,后来又委托有关部门向托格日尕孜公社赠送了2台拖拉机。从北京回来后,库尔班·吐鲁木成了名人,但他依然躬耕不辍,靠劳动挣工分。

1975年5月26日,库尔班·吐鲁木在和田病逝,终年92岁。2003年,于田县将库尔班·吐鲁木故居修建为纪念室,2016年扩建为纪念馆,成为新疆的爱国主义教育基地、全国民族团结进步教育基地。库尔班·吐鲁木的后人以他为榜样,争当民族团结的模范,热爱伟大祖国,建设美好家园。2016 年年底,他的 103 名后人怀着对党的感激之情,给习近平总书记写了一封感谢信。2017 年 1 月 11 日,习近平总书记给库尔班大叔的后人回信,勉励大家继续像库尔班大叔那样,同乡亲们一道,做热爱党、热爱祖国、热爱中华民族大家庭的模范,促进各族群众像石榴籽一样紧紧抱在一起,在党的领导下共同创造新疆更加美好的明天。①

库尔班大叔虽已作古,但他为人民留下了一份热爱党、热爱祖国、热爱社会主义、珍视民族团结、热爱劳动的精神财富。库尔班·吐鲁木精神的红色基因代代相传,化作一心一意忠于党、坚定不移跟党走的强大动力。岁月沧桑,往事如烟,在建党一百周年之际,库尔班·吐鲁木精神永远激励着各族人民学党史、悟思想、办实事、开新局,努力为实现中华民族伟大复兴而不懈奋斗。

游客在库尔班·吐鲁木纪念馆前合影

---

① 来源:《习近平总书记给库尔班大叔的后人的回信》,2017 年 1 月 13 日,新华社。

库尔班·吐鲁木纪念馆

托格日尕孜村基本情况

新疆维吾尔自治区于田县托格日尕孜村位于县城以西18公里处，国土总面积1.5平方公里，耕地总面积1050亩，村民以务工、种植为主，养殖为辅。托格日尕孜，维吾尔语意为一行天鹅。相传几百年前，一行天鹅从这里飞过，村北湖中常有天鹅栖息，故而得名。改革开放以后，特别是党的十八大以来，托格日尕孜村发生了翻天覆地的变化，农民的生活如同芝麻开花节节高。2020年，全村人均收入超过1万元。

96 双拥花开天山美　军民团结一家亲

——新疆维吾尔自治区阿克苏地区库车市伊西哈拉镇兰干村卡德尔·巴克老人和解放军鱼水情深的故事

沿着北天山支脉却勒塔格山脚一路向前,在新疆阿克苏地区库车市伊西哈拉镇兰干村村委会大院左侧,有一座远近闻名的双拥展厅,"全国爱国拥军模范"卡德尔·巴克老人和解放军鱼水情深的故事在这里经久传颂,炽热如昨。

军民初识,一见如故。56年前,卡德尔·巴克在北疆阿尔泰运管站工作,由于父亲去世,为了照顾体弱多病的母亲,他放弃了稳定的工作回到兰干村。回村后,他发现母亲过得比儿女在身边的邻居都要好,询问后方知,原来是驻地解放军战士经常来看望照顾母亲,为她打扫卫生、挑水做饭。从那时开始,卡德尔·巴克将驻地解放军为村里办的一件件好事看在眼里、记在心里,并一一记录在笔记本上。

三十九年,纸短情长。卡德尔·巴克在日记中,详细记载了69071部队自1967年进驻村庄后,积极帮助村民发展生产,无偿为村民拉水泥、修建防洪渠、挖排洪沟、派公车运送公粮饲料、帮助牲畜转场、出资为村里建小学、整理校舍、送医药、送课桌、提供良种和化肥。

他的日记里有这样一句话:"1967年10月17日,雪。今天部队为村里拉来了三车煤,给五保户、困难户分,我家也分到了不少煤。"这就是最初的感动、最初的日记,这一写就是44年,从青春年少写到白发苍苍。1000多篇日记中，大到官兵在洪渠中勇救落水村民、午夜抢救难产孕妇、发生灾情时勇挑重担、修建希望小学时积极捐资，小到在村民发展生产时出人出力，顺风车、爱民井……一本本双拥日记见证了子弟兵对各族群众的真情实感，也见证了库车各族军民的鱼水之情。

军民鱼水，情深似海。卡德尔·巴克是个热心人，他不仅为部队和村民之间义务当翻译，每年夏天杏子、葡萄、西瓜成熟的时候，他总要摘下最好的，送到部队给官兵们品尝；当洪水冲毁部队通往县城道路的时候，他就带着村民与部队官兵一起抢修；当敌社情况紧张时，他就和村里的民兵与部队官兵一起联防巡逻；当部队人手少时，他就和村民一起牵着毛驴给部队犁地种地……

1966年，部队仓库进行光缆施工，有一公里要经过兰干村群众的麦地，部队开会研究一致决定，宁肯部队多花钱、多出力，绕过去、拐个弯，也不能从村民的麦田挖沟，不能让群众的利益受损。第二天清晨，寒风刺骨，去挖光缆的官兵刚出营区，就看见眼前出现一条"火龙"，走近才看清楚，原来是兰干村的村民在漫天飞舞的雪花里挥动着铁锹，在原定的光缆线路里，在自己的麦田里挖沟。由于天气太冷，村民纷纷回家将自家的柴草抱过来，在麦地上点燃，将坚硬的土地烧化了再挖。看着村民被火光映红的脸庞和挥动的铁锹，部队领导赶快上前说："谢谢乡亲们，你们的损失我们一定补偿。"村民却说，我们都是一家人，我们不要补偿。望着可爱的村民们，在场官兵不禁流下了眼泪。

红色精神，代代相传。"塔克拉玛干大漠当纸，塔里木的胡杨作笔，也写不尽党的恩情。"这是卡德尔·巴克经常哼唱的歌曲。

他的日记和行动不仅让家人记住了部队官兵做的好事,也让更多村民加入拥护解放军的队伍中来。在温暖的炕头上,在田间路边,他总是情不自禁地将日记中的故事讲给村民和孩子们听。现在虽然卡德尔·巴克老人已经离世,但他的日记从未停止过更新,他的子女和兰干的村民们继续传递着这份军爱民、民拥军的浓浓情谊。

讲述红色故事,传承红色基因。卡德尔·巴克老人的故事为党史学习教育提供了生动教材。他与部队之间鱼水情深的感人故事,通过一幅幅图片、一件件展品、一个个故事体现出来,引起心灵共鸣,教育引导广大党员要更加坚定理想信念、筑牢初心使命,不断增强斗争精神,传承好老一辈人的伟大精神,不断提升为人民群众服务的能力和水平。

拥军日记

兰干村基本情况

新疆阿克苏地区库车市伊西哈拉镇兰干村位于库车市以北21公里处的却勒塔格山脚下，与69071部队仅一墙之隔，距国家重点文物保护遗址苏巴什佛寺遗址2公里，距龟兹炼铁厂60公里，三面环山，一面临水，环境优美，古典名著《西游记》中关于"女儿国"的美丽故事，就来源于此。如今，兰干村村庄规划整齐有序，富民安居房鳞次栉比，干净整洁的柏油马路、漂亮整洁的活动广场、郁郁葱葱的古树、娇艳欲滴的花朵、甜美的瓜果、200多亩的广阔水域，俨然成了一个环境优美、交通便利、具有旅游发展潜力的村庄。村委会承载着卡德尔·巴克大叔记忆和荣誉的双拥展厅静静地守护在那里，继续见证着军民鱼水一家亲，创造更加美丽的画卷。

97 一棵小白杨

——新疆维吾尔自治区伊犁哈萨克自治州察布查尔县扎库齐牛录乡一棵小白杨的故事

20世纪80年代初,一曲《小白杨》唱红全中国,让全国人民知道了在遥远的塔斯提哨所,有一群可爱的人守护着祖国的边境,也让全国人民知道了在塔斯提哨所有一棵小白杨,传承发扬着"西迁"戍边的爱国主义精神,为弘扬爱国主义精神提供了有力支撑。

程富胜是塔斯提边防哨所的一名哨兵。"塔斯提",哈萨克语意为"石头滩"。当时的哨所生活条件艰苦,环境恶劣,没有电,战士们用马灯点蜡烛并自制煤油灯。哨所附近严重缺水,取一趟水要往山下走好几里路,用黄牛为哨所运水。战士们用一台熊猫牌收音机听新闻、听广播,一块上海牌手表,谁站岗谁戴。从1962年到1982年的20年里,一代代哨所官兵年年坚持种树,可是由于土质和缺水,一直没有栽活一棵树,直到哨兵程富胜种活了"小白杨",才让这个艰苦的哨所增添了绿色。

1982年,程富胜回家探亲之际,向母亲富吉梅讲述起塔斯提哨所的艰苦条件后,母亲毅然决然挖出为儿子准备的结婚用的10棵白杨树苗,要求儿子种到塔斯提哨所去。年轻的儿子不懂妈妈的深意,因为塔斯提哨所恶劣的环境,不想白费力气种这10棵小白杨。妈妈语重心长地告诉儿子:"我们的祖先都驻守过卡伦,你现在驻守的哨所就是卡伦,树扎了根,人心就会定,人走了,树还在,证明你守过边防，尽过职责，无愧于国家和祖先。"母亲的这句话在程富胜的心里深深地扎下了根。

时值初春，天气还未转暖，程富胜用自己最贵的军大衣包裹着10棵小树苗，带到了塔斯提哨所。天气转暖后，他和战友一起将小树苗种了下去，通过从山下运来优质土壤、3公里外小河里提水、废弃油桶做防护罩等方式，精心呵护10棵小白杨。终于，有1棵小白杨战胜了牲畜啃食、烈日暴晒、风沙摧残的重重磨难，扎下了根，抽出了枝丫，茁壮成长，哨所增添了一位"特殊战友"，妈妈的嘱托终于落地生根，爱国主义精神也在抽枝发芽。

程富胜服役的17年间，始终牢记着母亲的话："锡伯人活着是守边的战士，死去是卫国的忠魂。"他深知守边任务比天大。他尽职尽责，喂马养牛，搞好后勤，开汽车26万公里安全无事故，每年超额完成节约油料的指标。当兵17年，他荣立了三次三等功。转业后，他始终坚守本色，不为虚名浮利所动，在单位干着辛苦的工作，从来不抱怨，先后六次被评为先进工作者和优秀共产党员。他就像哨所前的小白杨，扎根在贫瘠荒凉的塔斯提，顽强地生长，默默无闻，甘于奉献，生动地诠释了忠于祖国、扎根边疆、建设家园、蓬勃向上的精神。"小白杨"戍边文化教育基地建成后，他主动报名当义务讲解员，给每一名游客讲解"小白杨"的故事，同时他积极参与各类公益活动，希望在他的手里把这种精神传播到全国各地，让戍边爱国主义精神成为社会主流，教育引导人民像小白杨一样忠于祖国，为祖国的各项事业积极奋斗。

通过程富胜的积极行动和社会各界人士的共同努力，塔城建立了"小白杨哨所展馆"，盐城援建了扎库齐牛录乡"小白杨戍边文化教育基地",社会各界志愿服务团队多次邀请程富胜同志宣讲,也对志愿活动冠以"小白杨"之名,让爱国主义精神发扬光大,源远流长。

扎库齐牛录乡"小白杨"戍边文化纪念馆是察布查尔锡伯自治县全新打造的爱国主义教育基地,通过不断宣传"忠于祖国、扎根边疆、建设家园、蓬勃向上"的精神,将人民群众中那种自发的、蕴藏很深的对国家深厚热爱的感情挖掘梳理出来,将这种伟大的爱国精神与真挚的爱国情怀浸入人民群众的骨髓与血液中。

小白杨主人公程富胜随县宣传部、伊犁记者赴塔城小白杨边防连采访

组织返乡大学生进行爱国主义教育活动

扎库齐牛录乡基本情况

扎库齐牛录乡隶属于伊犁哈萨克自治州察布查尔锡伯自治县,位于县城东南中部12公里处,辖区占地面积51.7万亩,耕地面积7.8万亩,有大片春秋草场和可垦芨芨草滩。全乡下辖5个行政村,由以哈、汉、锡伯为主要人口的12个民族组成。该乡以唱红大江南北的军旅歌曲《小白杨》历史背景为依托,建立了"小白杨"红色教育文化基地,发扬忠于祖国、扎根边疆、建设家园、蓬勃向上的爱国主义精神。同时,该乡素有"锡伯贝伦艺术之乡"的美称,现有自治区级"贝伦舞"非物质文化传承人1人、州级"贝伦舞"非物质文化传承人2人、民间艺人10人。建有贝伦舞传习所及民间贝伦舞传承人艺术团体,锡伯族"贝伦"文化底蕴深厚。

98 屯垦戍边的激情岁月

——新疆生产建设兵团第一师十二团"塔河五姑娘"的故事

20世纪50年代,农一师(第一师阿拉尔市的前身)发出"向塔里木进军"的号召,拉开塔里木大开发的序幕。为解决新垦土地的灌溉问题,农一师决定从塔河上游引水,在南岸修建一条大干渠。1958年5月,挖渠大会战打响了。

亘古荒原上,没有路,没有电,没有水,也没有机械,环境极其艰苦,劳动强度相当大。最初,组织上担心妇女吃不消,不让妇女参战。新疆生产建设兵团第一代女知青王世卿、王华玲、郭桂荣、赵桂荣、赵爱莲5位姑娘悄悄尾随共青团农场(现为十二团)大部队出发了。

突击队的王队长发现有姑娘跟着,又惊讶又生气。劝她们回去,姑娘们不服气。

"让她们去吧,不用半个月,她们就会主动要求撤退",有人建议。

王队长最终妥协了。

她们与后续到来的20多个姑娘一起,组成了一支女青年突击队,王世卿出任队长。

在烈日的暴晒下,塔里木盆地的地表温度高达40℃以上,男人们可以光着膀子,她们不行啊,半天下来,汗渍干了湿,湿了又干,衣服变成了白花花、硬邦邦的花衣裳;1米的土层中,没有任何水分,沙土从柳条筐里漏,装一筐漏半筐,姑娘们撕了自己的床单铺在框底,确保工效不打折扣;一米以下的土层,土被地下水泡得又黏又重,坎土曼挖不起,铁锹粘住甩不掉,两个半筐挑不动,45°渠坡上不去……

不满一周,姑娘们脸黑了,手破了,衣烂了,鞋没了,一个月后,20多个姑娘,走得只剩下五个姑娘,女青年突击队缩小成五姑娘突击队。

"决不当逃兵,只要有决心,没有战胜不了的困难。"在王世卿的带领下,五姑娘互相鼓励,给自己打气,并向指挥部提出"坚持到底,决不撤退"。

挖渠运土毕竟是体力活儿,女人的体力先天不如男人,如何保证完成每天10立方米的定额?姑娘们决定,白天顶班干,晚上加

塔河五姑娘

班干！晚饭后，她们悄悄带上火把或手电筒，借着晚上凉快，一干就是几个小时。

困了，靠着柳筐眯一会儿；累了，扯开嗓子唱上几句家乡戏，山东姑娘

塔河五姑娘成员

王世卿，跟着四个河南姑娘学会了唱豫剧；实在瞌睡得撑不住了，就咬一口赵桂荣从伙房里"偷"出来的辣椒。有一晚，迷迷糊糊的王世卿，把挑出去的土又挑了回来，引得姑娘们哈哈大笑。

就这样，五姑娘突击队的工效迅速上升，把小伙子们都甩在了后面。指挥部就组织五名最壮的小伙子，与她们展开擂台赛。她们仍然采用黑白连轴转、苦干加巧干的方法，打退了一批批挑战者，并创下了人均日挖运土方72立方米的纪录，超过整个工地的24个男青年突击队。

不久后，五姑娘突击队受到农一师和兵团团委的表彰。1959年，自治区电视台拍摄了一部名为《塔河五姑娘》的纪录片，五姑娘声名远扬，被人们亲切地称为"塔河五姑娘"。在自治区劳模表彰大会上，她们被授予"穆桂英小组"称号。今天的阿拉尔市三五九旅屯垦纪念馆里，为她们树起一座群雕。

如今，"塔河五姑娘"的事迹成了党史学习教育的鲜活教材。第一师阿拉尔市和周边县市党员干部到三五九旅屯垦纪念馆开展党史学习教育，都要来到"塔河五姑娘"雕像前，重温她们战天斗地的历史。

"塔河五姑娘"的事迹,是老一辈军垦战士与恶劣的自然环境抗争,创造"让荒漠变绿洲、变城市"的屯垦戍边伟业的缩影。她们的事迹,不但让人感动,更让人震撼。

十二团基本情况

十二团成立于1958年5月4日。团场位于塔里木河南岸,与阿拉尔市仅一河之隔,团场东接阿沙公路,南起阿和公路,西连图木舒克,北通阿塔公路,位于一河两岸、三路三桥交会处,具有独特的地缘优势,是阿拉尔市的交通枢纽。

全团辖区面积493.3平方公里,农用地面积31.8万亩,其中耕地22.51万亩、园地9.25万亩(红枣7.7万亩、香梨0.7万亩、苹果0.3万亩、葡萄核桃0.55万亩),种植业可实现年产量棉花8万吨、特色林果6.2万吨,其中红枣3.6万吨、苹果0.69万吨、香梨1.7万吨。

99 他的青春将永远芬芳

——新疆生产建设兵团第四师"中国薰衣草之父"的故事

1963年8月,品学兼优的团支部书记徐春棠从上海轻工业学校香料专业毕业,响应党的号召参加边疆建设,分配到新疆生产建设兵团农四师清水河农场(后改番号65团,今并入66团),在园林队做了一名农业技术员。

为摆脱对进口外国薰衣草精油的依赖,中国科学院和原轻工业部香料研究所从国外引进了薰衣草种子,但先后在国内多地试

中国薰衣草之父——徐春棠

种都未成功。伊犁与法国普罗旺斯同纬度,气候和土壤条件也非常相似,1964年,试种任务下达到新疆生产建设兵团。新疆生产建设兵团确定由农四师清水河农场和谊群农场承担试种任务,徐春棠承担起这一重任。

那时拿来的法国薰衣草种子只有两个品种各5克,徐春棠在园林连试种了一小块地,仅有几平方米,每天守护、观察、记录、研究……因为没见过薰衣草长啥样,连地里的草也不敢轻易拔,徐春棠照着书本上的黑白图片一株株地辨别。因昼夜温差较大,徐春棠

就用芦苇和麦草编织草帘，晚上盖早上揭，天天如此。

薰衣草种子小、皮厚，不易发芽，最初出苗率只有1.4%。徐春棠从种植冬小麦中受到启发，试验冬播，经过7年反复实践，使出苗率提高到75%。开始是用结出的薰衣草草籽繁育，后来用枝条扦插。新疆的冬季十分寒冷，薰衣草植株越冬是令人头疼的难题。经过多年的观察和试验，徐春棠采取埋土越冬的办法，使越冬率提高到95%以上。寒来暑往，历经无数次的失败，徐春棠终于使薰衣草渡过了出苗、成活、繁育、越冬几大难关，薰衣草的培育在伊犁河谷逐步扩大面积。

1967年4月，原轻工业部决定在农四师清水河农场和谊群农场创建全国薰衣草生产基地，并要求从试种转入生产种植。1966年至1969年培育种苗10.4亩，为扩大生产提供了条件。1971年，65团种植薰衣草76亩、产精油15公斤，被原轻工业部确定为国家薰衣草精油生产基地。1973年，经过品种更新，徐春棠自行设计制造了蒸馏锅，不断改进精油提炼工艺，薰衣草精油产量大幅提高，亩产值高达1000多元。1980年，65团薰衣草种植面积发展到2071亩，精油产量1502.2公斤。1984年的精油产量比1980年的两倍还多。

1984年9月，在全国薰衣草工作会议上，通过了由徐春棠主要负责的《薰衣草引种栽培加工应用技术研究》课题。经专家鉴定，农四师生产的薰衣草精油质量达到国际水平，完全能代替进口产品，为中国重要天然香料品种填补了一项空白。

1990年，农四师5个团场种植薰衣草8965亩，精油总产达35.7吨。农四师生产的薰衣草精油获"部优产品"称号，不仅满足了国内需求，还开始少量出口，中国终于摆脱了对进口薰衣草"洋油"的依赖。

从1964年参与薰衣草试种工作，到2005年因病去世，徐春棠40年如一日坚持对薰衣草的种植、生产、加工等进行记录，积累了数十万字的笔记、数万字的授课稿，这些成为珍贵的专业资料。他用10克种子、40年心血，把伊犁河谷变成了"中国薰衣草之乡"；他起草制定了中国第一个薰衣草精油生产加工标准，最终成为国家标准；他奔走呼吁，加快了新疆生产建设兵团四师和伊犁薰衣草产业的整合升级，推动了伊犁香料产业的良性发展。徐春棠被誉为"中国薰衣草之父"，实至名归。

徐春棠为祖国尽早结束薰衣草香料完全依赖进口的历史做出了重要贡献。他把40多年的美好年华献给了军垦事业，献给了薰衣草。把青春献给祖国建设事业的人，他的青春永远芬芳！

伫立在薰衣草观光园里的徐春棠塑像

第四师可克达拉市基本情况

第四师可克达拉市地处新疆伊犁河谷，面积6641平方公里，人口26.62万人。第四师下辖19个团场，可克达拉市于2015年4月12日成立，行政区域面积979.71平方公里，市域人口9.6万人，主要由63团、64团、68团全部区域和66团、67团部分区域组成。

历史上这里是古丝绸之路中道要冲，今天这里是"一带一路"建设面向中亚、欧洲市场的重要门户，地理位置优越，对外贸易便捷、经贸活动频繁。这里是世界三大薰衣草产地之一、全国最大天然香料薰衣草基地，还是新疆生产建设兵团粮油产品基地、玉米制种基地，全国超细型细毛羊生产基地。

100 忠于祖国 献身兵团
——新疆生产建设兵团第十师185团一面国旗和一座水坝的故事

"我家住在路尽头,界碑就在房后头;界河边上种庄稼,国境线旁牧羊牛。"185团,这个中哈边境的一线团场,和新疆生产建设兵团其他一线团场一样,团场职工就在国境线边上种地、放牧、巡逻。这里有这样一位团场职工,15年如一日,每天日出而作时,在庄稼地头举行升国旗仪式。这个人就是沈桂寿,他的名字已载入185团团志。

1964年,沈桂寿从江苏支边来到185团,是一名普通的团场职工。每天老沈在地里耕作,抬眼就可以看见哈萨克斯坦的小镇阿连谢夫卡,可以看见对方哨兵的瞭望塔。

1979年春,一天,老沈刚下到地里,就远远看见对方的士兵在升国旗,看上去格外庄严。老沈环顾身后四周,除了茂密的庄稼外什么都没有。他暗下决心,要把中国的国旗升起来。

第二天,沈桂寿步行一整天,来到35公里之外的185团部。他要买一面国旗。然而,他跑遍了团部附近所有的商店也没有买到。

这没有难倒老沈。回家后,他找出家中的红布,和老伴一起连夜缝制了一面国旗。然后又花了整整一天的时间,在庄稼地边用石头垒起一个台基,竖上了桦木旗杆。

又一次太阳升起的时候,国境线那边士兵升旗时,一面中国国旗在老沈的庄稼地旁冉冉升起。

15年后，老沈要退休回老家去了，但仍念念不忘升旗。他嘱咐接替自己工作的年轻人：照顾好庄稼，每天一定要升国旗，要让外国人知道，这是中国的领土。

此后，185团龙口民兵哨所出现了一个每天升旗的人，他叫马军武。他和妻子为什么会把升国旗的仪式一直坚持下去呢？这源于一场关乎国土面积的特大洪水。

185团所在地有一条叫"阿拉克别克"的小河，历史上边界尚未划定时，中苏一直以自然河为分界线。1988年春天，这条小河

185团抗洪救灾

突发百年不遇的洪水，洪流冲垮了中方一侧的龙口，向地势低洼的185团境内奔涌而来，形成了一条新河道，把好几个连队圈成了孤岛。如果滔滔洪水不能重回界河故道，就意味着这几个连队所在的55.5平方公里国土将自然并入苏联境内。

在大量房屋被冲垮的危难时刻，185团战士想的不是自身和财产的安危，而是我们的国土一寸也不能丢失！全团上千人奋不顾身扑上去，大量农用车开进河中，百多名男女青年跳入洪水，只有一个念头——拦水筑坝！他们用胸膛阻拦汹涌的洪水，用生命捍卫神圣的国土！这次堵坝，共牺牲了3名军垦战士。5月8日，防洪大坝胜利合龙，阿拉克别克河乖乖地回到了故道。

为绝后患，185团在龙口设立了一个民兵哨所——一间土屋，并把"军垦二代"马军武夫妇派到那儿负责巡边和看守水坝分水闸。那里气候严寒又是著名的蚊区，冬天鹅毛大雪能盖住房门，入夏铺天盖地的蚊虫叮死过树上的乌鸦。夫妻俩在水坝一守就是30多年，穿烂了几十套军便服，磨破了上百双鞋。在马军武夫妇的心中，守卫疆土就是最大的责任。他们每天必须做的，是升国旗、巡逻。

2012年，马军武被授予全国道德模范、全国劳动模范称号。

如今，升国旗已成为全团各单位每天的仪式。每天清晨，全团职工都会齐集在各单位标准的旗杆下，迎着冉冉上升的朝阳升起鲜艳的五星红旗。

作为边境一线团场，185团始终坚守初心使命，从稳定边疆、守护边防、捍卫国土和民族团结出发，几代人60年如一日扎根边疆，坚守在沙漠周边和边境沿线，履行守土有责、守土担责、守土尽责的职责使命。

185团基本情况

新疆生产建设兵团第十师185团成立于1962年。团场位于阿勒泰山西南边缘国境线上，额尔齐斯河流入北冰洋出境口处，与哈萨克斯坦共和国接壤。团场距十师北屯市230公里，距哈巴河县75公里，辖区面积907.95平方公里，边境线长85.4公里，被誉为"西北边境第一团"。团场下辖7个连队、1个社区，6个事业单位，12个党支部，常住人口3468人，户籍人口3443人，农牧一线职工人数824人，党员463名，干部65名，社区、连队"两委"56人，少数民族193人，现有耕地49242.96亩。团场光热资源丰富，农业主要以种植业为主，适合种植小麦、油葵、玉米、打瓜等。2013年，被农业部评为"新疆生产建设兵团无公害种植业产品（打瓜）"基地。